隐逸之间

陶渊明精神世界中的自然、历史与社会

唐文明 著

生活·讀書·新知 三联书店

Copyright © 2025 by SDX Joint Publishing Company.
All Rights Reserved.
本作品版权由生活·读书·新知三联书店所有。
未经许可，不得翻印。

图书在版编目（CIP）数据

隐逸之间：陶渊明精神世界中的自然、历史与社会／唐文明著. -- 北京：生活·读书·新知三联书店，2025. 1. --（三联人文）. -- ISBN 978-7-108-07985-5

Ⅰ. B235.95；B222.05

中国国家版本馆 CIP 数据核字第 20246FN102 号

责任编辑	苏诗毅
装帧设计	何　浩
责任校对	陈　明
责任印制	李思佳

出版发行　生活·讀書·新知 三联书店
　　　　　（北京市东城区美术馆东街 22 号 100010）
网　　址　www.sdxjpc.com
经　　销　新华书店
印　　刷　三河市航远印刷有限公司
版　　次　2025 年 1 月北京第 1 版
　　　　　2025 年 1 月北京第 1 次印刷
开　　本　880 毫米 × 1092 毫米　1/32　印张 10
字　　数　183 千字
印　　数　0,001－5,000 册
定　　价　69.00 元

（印装查询：01064002715；邮购查询：01084010542）

给 泽 培

目 录

引言
逸民还是隐者
    陶渊明的思想定位问题 1

渴望不朽与纵浪大化
    从《形影神》组诗看陶渊明的自然观念 11

    形、影之苦与陈寅恪的新自然说 15

    陶渊明的神不灭论 36

    陶渊明的反报应论 60

    《神释》正解 72

自真风告逝，大伪斯兴
    从《饮酒》组诗看陶渊明的历史哲学 77

    写作背景与文本结构 87

    说避世之缘由 98

    明归隐之志趣 147

    申不就之主意 171

    陈饮酒之隐情 187

表弘道之初心　202

虽有父子无君臣
　　从《桃花源记并诗》看陶渊明的社会理想　221
　　仙与隐　223
　　隐与儒　245
　　陈寅恪《桃花源记旁证》的谋篇布局　261

余 论
儒教隐逸主义的另一种可能性　281

参考文献　301
后　记　309

引　言

逸民还是隐者

陶渊明的思想定位问题

人的思想离不开其生活处境。陶渊明生活在晋、宋易代之际，处境自有其复杂性与艰难性。按照目前多数学者的认知，陶渊明既在桓玄手下干过事，也在刘裕手下干过事；而桓玄与刘裕，先后都成了东晋的篡臣。可以想见，对于注重名节的陶渊明而言，在这种情况下能够不降志辱身而保全性命，就是一件很不容易的事了。据萧统《陶渊明传》记载，江州刺史檀道济去看望陶渊明，发现陶渊明躺在床上，因贫困挨饿已多日。于是就有了下面的对话：

>　　道济谓曰："贤者处世，天下无道则隐。今子生文明之世，奈何自苦如此？"对曰："潜也何敢望贤，志不及也。"道济遗以梁肉，麾而去之。[1]

---

[1] 在萧统的叙述脉络中，似乎这件事发生在陶渊明早年，其实不然。（转下页）

说实话，这则对话看得我心惊肉跳，我甚至试图想象陶渊明回答檀道济时的表情。陶渊明肯定会认为用"天下无道"来描述他所处的时代非常恰当，而这当然也是他决意归隐的原因所在；不过，当面对由新朝任命的地方官将篡夺而立的新朝称为"文明之世"，他是无法与其理论一番的。对于地方官给他的馈赠，他表面上接受，等其走后又"麾而去之"，这正是其态度的鲜明表达。

陶渊明的政治处境如此，他的文化处境又如何呢？魏晋时期玄学大盛，其主题或可概括为"课自然以责名教"。而名教与自然之争到了西晋一统时期，也逐渐倾向于像裴頠、郭象那样的调和立场。到了东晋，尤其是陶渊明生活的时代，一个新的变化是佛学的发展。可以说，经史之学、玄学与佛学，构成陶渊明生活世界中三种最重要的思潮。[1] 就这三种思潮对于陶渊明思想的影响而言，我们应当有如下基本认识。首先，陶渊明是在经史之学的浸润中长大的。"少年罕人事，游好在六经"，这是陶渊明最清楚不过的自我道白。陶集引用《论语》的次数仅少于《庄子》，这是陶渊明"游好在六经"的显著

（接上页）檀道济于元嘉三年（耶稣纪元426年）继王弘为江州刺史，其时已是宋世，而晋已灭亡六年。因此，此事当系于元嘉三年，见古直：《陶靖节年谱定本》，收入《层冰堂五种·层冰文略续编》，台湾编译馆中华丛书编审委员会，1984年，第459页。（下俱仅注作者、作品名与页码，余者同。）

[1] 这里我把经学与史学放在一起合称"经史之学"，是考虑到汉代真正发展起来的史学是以经学为基础的。

表现。而《史记》《汉书》中的人物事迹、思想观念不时地出现在陶渊明的笔下，这也表明陶渊明深深浸润于正统经史之学所营造的文化氛围中。其次，陶渊明对《庄子》相当熟稔，其思想观念深受《庄子》的影响。至于魏晋时期的玄学讨论是否或在何种程度上影响到陶渊明，我们从陶渊明的诗文中无法获得清晰的判断，但不难看到的是，在玄学讨论中出现的一些时代性的思想主题同样也出现在陶渊明的诗文中。最后，陶渊明与慧远、刘遗民、周续之、颜延之等人的交往足以说明佛学在陶渊明的生活世界中也扮演了一定的角色；而且，陶渊明受佛学影响极小，这是不争的事实，但慧远等人从佛学立场上开展出来的一些重要的思想主题也是陶渊明感兴趣或必须面对的，这也是不争的事实。

晋、宋易代之际复杂而艰难的政治处境，再加上儒、道、佛三教思想交锋、交流的文化处境，使得陶渊明在直面自己所处时代的问题时产生的思想也呈现出复杂的面向。真德秀说：

> 予闻近世之评诗者曰："渊明之辞甚高，而其指则出自老、庄；康节之辞若卑，而其指则原于六经。"以余观之，渊明之学，正自经术中来。故形之于诗，有不可掩。《荣木》之忧，逝川之叹也；《贫士》之咏，箪瓢之乐也。《饮酒》末章有曰："羲农去我久，举世少复真。汲汲鲁中叟，弥缝使其淳。"

渊明之智及此，是岂玄虚之士所可望耶？虽其遗宠辱，一得丧，真有旷达之风，细玩其词，时亦悲凉感慨，非无意世事者。或者徒知义熙以后不著年号，为耻事二姓之验，而不知其眷眷王室，盖有乃祖长沙公之心，独以力不得为，故肥遁以自绝，食薇饮水之言，衔木填海之喻，至深痛切，顾读者弗之察耳。渊明之志若是，又岂毁彝伦、外名教者可同日语乎？〔1〕

这是以陶渊明自始至终为名教中人，且理由不限于"耻事二姓"一事。以渊明之旨出自老、庄，这当然是更为常见的观点，毕竟归隐不肯出仕的行为往往被关联于道家。〔2〕过去也有人说渊明"早会禅"，乃至誉渊明为"第一达摩"，〔3〕这当然是完全不顾历史而进行的纯粹思想性的

---

〔1〕北京大学北京师范大学中文系、北京大学中文系文学史教研室编：《陶渊明资料汇编》上册，中华书局，1962年，第104页。

〔2〕如朱子说："渊明所说者庄、老，然辞却简古；尧夫辞极卑，道理却密。"见朱熹：《朱子语类》第一百三十六卷，收入朱熹撰，朱杰人、严佐之、刘永翔主编：《朱子全书》第十八册，上海古籍出版社、安徽教育出版社，2010年，第4222页。

〔3〕施德操《北窗炙輠录》曰："渊明诗云：'山色日夕佳，飞鸟相与还。此中有真意，欲辨已忘言。'时达摩未西来，渊明早会禅。此正夫云。"葛立方《韵语阳秋》曰："不立文字，见性成佛之宗，达摩西来方有之，陶渊明时未有也。观其《自祭文》则曰：'陶子将辞逆旅之馆，永归于本宅。'其《拟挽词》则曰：'有生必有死，早终非命促。'其作《饮酒》诗则曰：'采菊东篱下，悠然见南山。''此中有真意，欲辨已忘言。'其《形影神》二篇，皆寓意高远，盖第一达摩也，而老杜乃谓'渊明避俗翁，（转下页）

解读，与陶渊明自己的心路历程完全无涉。

关于陶渊明的思想该如何定位，让我们先来看朱子的两处说法：

> 陶渊明，古之逸民。[1]

> "杜子美'暗飞萤自照'语只是巧，韦苏州云'寒雨暗深更，流萤度高阁'，此景色可想，但则是自在说了。"因言：《国史补》称韦'为人高洁，鲜食寡欲。所至之处，扫地焚香，闭阁而坐。'其诗无一字做作，直是自在，其气象近道，意当爱之。"问："比陶如何？"曰："陶却是有力，但语健而意闲。隐者多是带气负性之人为之，陶欲有为而不能者也，又好名。韦则自在，其诗直有做不着处便倒塌了底。晋、宋间诗多闲淡，杜工部等诗常忙了。陶云'身有余劳，心有常闲'，乃《礼记》'身劳而心闲则为之也'。"[2]

（接上页）未必能达道'，何邪？东坡论陶子《自祭文》云：'出妙语于纩息之余，岂涉生死之流哉！'盖深知渊明者。"均见《陶渊明资料汇编》上册，第56页、第64页。
[1] 朱熹：《朱子语类》第一百三十六卷，收入朱熹撰，朱杰人、严佐之、刘永翔主编：《朱子全书》第十八册，第4222页。
[2] 朱熹：《朱子语类》第一百四十卷，收入朱熹撰，朱杰人、严佐之、刘永翔主编：《朱子全书》第十八册，第4325页。

朱子一处说他是逸民,一处说他是隐者,其实若以《论语》为依据,则逸民与隐者本是两个不同的概念。[1]《论语·微子》记载了楚狂接舆、长沮、桀溺和荷蓧丈人等几位隐者的事迹,然后说到逸民:

> 逸民:伯夷、叔齐、虞仲、夷逸、朱张、柳下惠、少连。子曰:"不降其志,不辱其身,伯夷、叔齐与?"谓:"柳下惠、少连,降志辱身矣。言中伦,行中虑,其斯而已矣。"谓:"虞仲、夷逸,隐居放言,身中清,废中权。我则异于是,无可无不可。"[2]

此章在理解上有难点,此处我们仅就"逸民"概念做一说明。对于孔子说自己"无可无不可",朱子引用孟子说孔子的话来解释:"孟子曰:'孔子可以仕则仕,可以止则止,可以久则久,可以速则速。'所谓'无可无不可'也。"然后引用谢良佐的话来说明七人何以为逸民:"七人隐遁不污则同,其立心造行则异。伯夷、叔齐,天子

---

[1] 后世隐与逸从并称到合称,乃至正史中设置"隐逸传"一目,这标志着隐与逸的界限在人们的认知中逐渐模糊。
[2] 此处孔子说"我则异于是,无可无不可",虽然是接在论虞仲、夷逸的话后面,但却是针对前面提到的所有类型的逸民而言的,也就是说,这里的"是"正是指所有类型的逸民而不是仅指虞仲和夷逸。皇侃与朱子都做如是解,参见程树德撰:《论语集释》第四册,中华书局,1990年,第1286页。

不得臣，诸侯不得友，盖已遁世离群矣，下圣人一等，此其最高与！柳下惠、少连，虽降志而不枉己，虽辱身而不求合，其心有不屑也。故言能中伦，行能中虑。虞仲、夷逸，隐居放言，则言不合先王之法者多矣，然清而不污也，权而适宜也，与方外之士害义伤教而乱大伦者殊科。是以均谓之逸民。"[1]其中"乱大伦"一语，正来自《论语·微子》中记载的子路对隐者的批评：

> 子路从而后，遇丈人，以杖荷蓧。子路问曰："子见夫子乎？"丈人曰："四体不勤，五谷不分，孰为夫子？"植其杖而芸。子路拱而立。止子路宿，杀鸡为黍而食之，见其二子焉。明日，子路行以告。子曰："隐者也。"使子路反见之。至则行矣。子路曰："不仕无义。长幼之节不可废也，君臣之义如之何其废之？欲洁其身而乱大伦。君子之仕也，行其义也。道之不行，已知之矣。"

由此可见，逸民与隐者的区别在于逸民不废君臣之伦而隐者相反。于是问题就是，既然逸民与隐者一样隐居不仕，那么，何以言其不废君臣之伦？说逸民不废君臣之

---

[1] 朱熹：《四书章句集注》，收入朱熹撰，朱杰人、严佐之、刘永翔主编：《朱子全书》第六册，第230页。另，朱子以"遗"释"逸"，似乎是将"逸民"等同于"遗民"，其实后世"遗民"特指只认自己曾经出仕过的前朝而不肯出仕新朝的人，外延上比"逸民"更小。

逸民还是隐者 | 7

伦，意思是说，就人类实现其本性的积极生活而言，逸民承认君臣一伦的重要性，认为君臣一伦与父子一伦皆属于自然，皆出于人的本性。而隐者则否认君臣一伦在人类实现其本性的积极生活中的重要性，认为父子一伦属于自然，出于人的本性，君臣一伦则出于人为，不属于自然。对君臣一伦的肯认与否弃正是儒家与道家在人伦问题上的一个重要区别，因此，从基本立场上说，逸民属儒家，隐者属道家，这是区别逸民与隐者的要点所在。由此亦可推知，逸民与隐者虽然在行为上都表现为隐居不仕，但其理由并不相同。逸民选择逃逸于政治之外，仅仅是因为他们想要在一个乱世中保持其品节，或者有激于世无明君而逃逸，或者眷念于旧君之谊而逃逸，其隐含的信念却是承认君臣一伦乃人之大伦，是有君主义。[1]而隐者却认为君臣一伦的存在或相应的人为主义正是世道浇漓的重要原因，因此他们选择隐居，其隐含的主张其实是无君主义。

那么，陶渊明到底是逸民还是隐者？此一问题的提出显然与过去学术界讨论陶渊明到底是儒家还是道家的问题类似，只不过我们这里对问题的提法更切近陶渊明

---

[1] 关于伯夷之为逸民，持有君主义而非无君主义，可以参考孟子的叙述："伯夷，目不视恶色，耳不听恶声。非其君不事，非其民不使。治则进，乱则退。横政之所出，横民之所止，不忍居也。思与乡人处，如以朝衣朝冠坐于涂炭也。当纣之时，居北海之滨，以待天下之清也。故闻伯夷之风者，顽夫廉，懦夫有立志。"（《孟子·万章下》）

自己的精神生活。直观地看，无论是像伯夷、叔齐、柳下惠等孔子所说的逸民，还是像长沮、桀溺、荷蓧丈人等《论语》中记载的隐者，以及孔子之后的历史时段中出现的一些隐逸之士，都多次出现在陶渊明的笔下，且对于这两类在基本立场上并不一致的高洁之士，陶渊明都给予了由衷的赞扬。或者，从陶渊明引用最多的两部著作是《庄子》与《论语》这一点上，似乎也能看出，他的思想里既有儒家的面向，又有道家的面向。要回答这个问题，我们当然需要避免标签化的解读，因为实际的情况正是，陶渊明内在于自身的政治与文化处境，对他所遭遇的一些人生问题进行了力所能及的思想探索。虽然他并未写作过我们现在所认为的那种哲学性的议论文，而是通过诗歌和散文表达自己的思想，但这既不意味着他对当时的那些主流的哲学性讨论不了解，也不意味着他通过自己的强力探索所达到的思想境界不深刻。可以说，在玄学早已开辟的儒、道互质与会通的历史背景中，又直面佛学的发展所带来的挑战，陶渊明忠实于自己的实际生活体验，形成了自己具有独特旨趣的深邃思想。

本书从《陶渊明集》中精心挑选了《形影神》《饮酒》《桃花源记并诗》这三篇作品，从哲学的进路展开深入、细致的解读，并将这三篇中蕴含的深邃思想关联于陶渊明的其他作品，充分揭示陶渊明精神世界中的自然、历史与社会。《形影神》组诗的主题是自然，这可以从这首诗简短的序言中明显地看到：面对形、影各自所遭遇的苦，神试图通过辨析何谓自然以开释二者。而贯穿于《饮酒》组诗的一个核心看法是"道丧向千载"，这是陶渊明历史哲学的一个精炼表达，对于我们理解陶渊明的归隐行动与思想定位至关重要。至于《桃花源记并诗》，王安石一句"虽有父子无君臣"，准确地道出了桃花源里的社会秩序，而这正是我们的一个主要关注点。正是从对这三篇作品的深度解读中，我们能够清晰地看到陶渊明由儒而隐的心路历程；对陶渊明所流连的思想地带和其独特的思想旨趣，我们也能够提出不同于以往的新看法。而且，将陶渊明具有独特旨趣的深邃思想关联于原始儒学的核心义理，还有助于我们进一步思考儒教隐逸主义的另一种可能性。

渴望不朽与纵浪大化

从《形影神》组诗看陶渊明的自然观念

要理解陶渊明的思想,《形影神》具有特别的重要性。清人马璞认为"渊明一生之心寓于《形影神》三诗之内",这是一个颇具代表性的看法。[1]在发表于1945年的《陶渊明之思想与清谈之关系》一文中,陈寅恪说:"渊明著作文传于世者不多,就中最可窥见其宗旨者,莫如《形影神》赠答释诗,至《归去来辞》、《桃花源记》、《自祭文》等尚未能充分表示其思想,而此三首诗之所以难解亦由于是也。此三首诗实代表自曹魏末至东晋时士大夫政治思想人生观演变之历程及渊明己身创获之结论,即依据此结论以安身立命者也。"[2]《形影神》能否代表魏晋时期士大夫政治思想人生观演变之历程暂且不

---

[1] 见《陶渊明资料汇编》下册,第36页。
[2] 陈寅恪:《金明馆丛稿初编》,生活·读书·新知三联书店,2001年,第220页。

论,但说此组诗代表陶渊明自己对生死问题的定见,则可以说是陶学界的一个比较普遍的看法。在脱稿于1946年的《〈形影神〉诗与东晋之佛道思想》一文中,逯钦立说:"盖渊明诗文,其'颇示己志'之语,虽属屡见,而皆因事托心,偶尔及之,求其专篇发挥其思想者,实唯此《形影神》之作也。"[1]这显然也是将《形影神》理解为颇能呈现陶渊明思想的一个代表性作品。[2]

尽管在《形影神》对于理解陶渊明思想具有特别的重要性这一点上存在着广泛的共识,但在对此组诗的具体理解上却存在着较大的分歧。上引三位论者都提到此组诗颇为难解,大概也是因为注意到了这一点。为了读

---

[1] 逯钦立:《逯钦立文存》,中华书局,2010年,第261页。
[2] 关于此组诗的写作时间,逯钦立在《陶渊明年谱稿》的"义熙九年"条下说,《形影神》诗,当作于是年或是年后",又加按语说明如此断言的理由:"此诗当针对释慧远《形尽神不灭论》及《佛影铭》而发,示其不同于佛法之见解。慧远于元兴三年著《形尽神不灭论》,而是年则又因立佛影作《万佛影铭》。《铭》云:'廓矣大象,理玄无名,体神入化,落影离形。'至此并形影神三者连言之。渊明命题之意,于此可以显见。又案慧远元兴元年,与刘遗民等建斋立誓,共期西方。元兴三年作《形尽神不灭论》,又尝作《释三报论》及《明报应论》,皆忧于生死报应而为者,抑所谓营营惜生也。故此以自然辨之。"见逯钦立:《逯钦立文存》,第226—227页。陶渊明与慧远、刘遗民等人的交往一定有一个过程,不见得陶渊明与他们一交往就表达其不同见解。刘遗民于义熙十年(耶稣纪元414年)为柴桑令,而陶集中有《赠刘柴桑》《酬刘柴桑》二诗,是陶渊明拒绝接受慧远、刘遗民等人招他去归隐庐山的明证,而《形影神》组诗所欲表达的,极有可能是陶渊明拒绝慧远、刘遗民等人之招的深层理由。既然慧远于义熙十二年去世,那么,我认为《形影神》组诗的写作时间应该在义熙十年或十一年。

者在阅读本篇时整体理解上的方便,我们将此组诗全文抄录如下。

形 影 神

贵贱贤愚,莫不营营以惜生,斯甚惑焉,故极陈形、影之苦,言神辨自然以释之。好事君子,共取其心焉。

形 赠 影

天地长不没,山川无改时。草木得常理,霜露荣悴之。
谓人最灵智,独复不知兹。适见在世中,奄去靡归期。
奚觉无一人,亲识岂相思?但余平生物,举目情凄洏。
我无腾化术,必尔不复疑。愿君取吾言,得酒莫苟辞。[1]

---

[1] "无改"或作"如故",意相近,以"无改"为正。"山川无改时"接下一句"草木得常理",可知此处"无改"是指山川之理无改。关于此组诗中"常理"概念的形而上意见下文的分析。"荣"或作"憔",意皆通。若作"憔",则"霜露"泛指寒气,"憔悴"则指草木之死;若作"荣",则"霜露"实指霜与露,"荣悴"则指草木之生死更替,即"一岁一枯荣"之义。既然此诗主题是死亡,而生死又紧密相关,那么,作"憔悴"切题,作"荣悴"也切题,且意味更丰富,故以"荣悴"为正。"知"或作"如",非。向秀《难嵇叔夜养生论》中阐述人为万物之灵时将人与草木、鸟兽加以对比,其实表达的是古代中国尚未受到佛教很大影响时关于"存在之等级"的一个共识性看法,当然也为陶渊明所认可,而且是呈现于《形影神》中的一个至关重要的看法:"夫人受形于造化,与万物并存,有生之最灵者也。异于草木:草木不能避风雨,辞斤斧。殊于鸟兽:鸟兽不能远网罗而逃寒暑。有动以接物,有智以自辅,此有心之益,有智之功也。若闭而默之,则与无智同,何贵于有智哉!有生则情,称情则自然。若绝而外之,则与无生同,何贵于有生哉!"基(转下页)

影　答　形

存生不可言，卫生每苦拙。诚愿游昆华，邈然兹道绝。
与子相遇来，未尝异悲悦。憩阴若暂乖，止日终不别。
此同既难常，黯尔俱时灭。身没名亦尽，念之五情热。
立善有遗爱，胡可不自竭？酒云能消忧，方此讵不劣！[1]

神　释

大钧无私力，万理自森著。人为三才中，岂不以我故？
与君虽异物，生而相依附。结托既喜同，安得不相与？
三皇大圣人，今复在何处？彭祖寿永年，欲留不得住。

（接上页）于人是万物之灵或人与天地并列为三才的看法而说人不如草木，文义大乖。故"知"作"如"当是形近而误。作"如"则只能将"独复不如兹"理解为人不如草木，于是取意于草木的再生，以此来圆"人不如草木"之说，如黄文焕注云："今年既悴之草木，明年复可发荣，人不能也。""灵智"与"知"语义对应，正是理解"谓人最灵智，独复不知兹"一句的关键。这就涉及"知"误为"如"带来的另一个问题。若为"如"则"兹"就只能被理解为接上句，而"独复不如兹"就只能被理解为人不如草木。其实"兹"是接下句"适见在世中，奄去靡归期"，直指人的死亡。也就是说，"谓人最灵智，独复不知兹"的意思是：虽说人因有草木、鸟兽所没有的心智而为万物之灵，为三才之一，但独独对于人的死亡这件事无所知。又《饮酒》第十一有"死去何所知，称心固为好"之句。目前所存最早的《陶渊明集》版本是宋刻递修本，正是作"知"而以"如"为异文，汤汉注本始误以"如"为正，其后版本多沿袭汤汉注本。"岂相思"或作"相追思"，意皆通而以前者为正。"岂相思"中的"岂"以疑问形式表达出一种不确定意味，与下一句"但余平生物"中的"但"字构成呼应，若无"岂"字则"但"字无所着落。"化"或作"云"，意相近。

〔1〕"阴"或作"荫"，意相近。"可"或作"为"，细究前者语气更足。"讵"或作"诚"，非。作"诚"语义相反。

老少同一死,贤愚无复数。日醉或能忘,将非促龄具?立善常所欣,谁当为汝誉?甚念伤吾生,正宜委运去。纵浪大化中,不喜亦不惧。应尽便须尽,无复独多虑。[1]

形、影之苦与陈寅恪的新自然说

既然序文中说"极陈形、影之苦,言神辨自然以释之",那就表明此组诗的主旨必然落在《神释》一首。这是历代论陶诗者所承认的理解方向,当然也是正确的理解方向。清人汪洪度说:"《形赠影》乃挥杯劝影之言,《影答形》言饮酒不如立善之为正,皆从无可奈何中各想一消遣之法,设两造以待神为之释也。"[2]可以说是非常清晰地描述了此组诗的行文结构。但理解上的复杂性超出了这个从对行文结构的直观分析得出来的简单结论。无论是《形赠影》中所表达的"得酒莫苟辞"的生活态度,还是《影答形》中所表达的"立善有遗爱"的生活态度,在陶渊明的诗文中都有多处反映,且都是陶渊明多次表

---

[1] "理"或作"物",非。理由详见后。"既喜"或作"善恶",细究前者更佳。"既喜"与"安得"构成语义递进。"与"或作"语",细究前者更佳。王叔岷引车柱环《陶潜诗补笺稿》认为"结托既喜同"已有相与之义,故不必再言"相与",当为"相语"。其实"喜同"言相遇之喜,"与"言相与之情,正好构成语义递进。"相与"也是六朝讨论形神关系的文献中经常出现的一个词,详见后文的分析。"寿"或作"爱",细究前者更佳,"寿"与"欲"构成差异性对应,"寿"言事实,"欲"言心理。
[2] 见《陶渊明资料汇编》下册,第36页。

示认同的生活态度。正因为如此,在陶学史上对《形影神》的主旨的理解出现了两种看法,它们都认为此组诗的主旨虽然是通过《神释》一首表达出来的,但其实最终还是落在《形赠影》或《影答形》所呈现出来的生活态度上,只是需要对之进行一定方式的修正。具体落实到对《神释》的理解,这两种看法都认为,神并没有在形与影所提倡的生活态度之外提出第三种生活态度作为同时开释形与影的依凭,而是用形与影中的一个所提倡的生活态度——经由一定方式的修正——来开释另一个。

让我们来仔细分析一下这两种在陶学史上颇具代表性的看法。第一种看法一般为重视道家思想对陶渊明的影响的学者所持,在现代陶学史上,以逯钦立的论述最为充分。逯钦立的核心论证是,"得酒莫苟辞"的生活态度在陶渊明诗文中随处可见,是东晋时期的风气所致,更是陶渊明赞赏的一种生活态度,因此,针对"营营以惜生"的生活态度,陶渊明以"得酒莫苟辞"为最终的解脱之道。就是说,"得酒莫苟辞"不仅是形针对形之苦而提出来的解脱之道,也是神针对影之苦而来开释影的解脱之道,此即"以酒忘情,为渊明生平得力之处"之说:

> 《形赠影》云:"但余平生物,举目情凄洏。"《影答形》则云:"身没名亦尽,念之五情热。"此皆惜生,此皆情累之也。唯形虽有情累,形亦已有遣

情之方,所谓"得酒莫苟辞",即以酒忘情是也。则此形所喻者,已非常人之所可及。以酒忘情,为渊明生平得力之处。故此义陶集中屡见之。……则形之所行,正渊明之以服膺者可知也。[1]

顺此进一步的推论是,既然以酒忘情已属常人所不可及,那么,序文中所谓"营营以惜生"者其实际所指就不是形而是影。顺此更进一步的推论是,《神释》中"三皇大圣人,今复在何处?彭祖寿永年,欲留不得住。老少同一死,贤愚无复数"就是"针对影言而诘之也",而"日醉或能忘,将非促龄具?立善常所欣,谁当为汝誉"就是"言影方欲以酒遣情,而又恐促龄,方欲立心为善,而又悲不为人誉,忽此忽彼,为状至惨,营营惜生之情,至此濒于极境,乃至于患得患失矣",而"甚念伤吾生,正宜委运去。纵浪大化中,不喜亦不惧。应尽便须尽,无复独多虑"就是"直斥影之虑此虑彼,营生而致伤生,因示之以委运之道"。[2] 一言以蔽之,《神释》中神主要是针对影之苦而以形所提倡的"得酒莫苟辞"的生活态度来开释影。

这个理解显然与序文中神同时针对形、影之苦进行开释的行文结构不相符合,也与"三皇大圣人,今复在何

---

[1] 逯钦立:《逯钦立文存》,第271页。
[2] 同上书,第272—273页。

处"与"彭祖寿永年,欲留不得住"分别针对影与形而言、"日醉或能忘,将非促龄具"与"立善常所欣,谁当为汝誉"分别针对形与影而言的一般理解不相符合。尤其是,按照一般的理解,"日醉或能忘,将非促龄具"意味着神对以酒忘情的生活态度的根本质疑,意思是说,神通过反问指出,饮酒虽然能使人暂时忘记因为想到必有一死而生出的巨大苦痛,但并不能真正克服这个巨大苦痛,饮酒伤身反倒会促使人更早地走向死亡;而按照逯钦立的理解,既然神不仅不反对形所提倡的以酒忘情的生活态度,而且还基于对这一生活态度的高度肯定去开释影,那么,势必就不能将"日醉或能忘,将非促龄具"理解为是对以酒忘情的生活态度的根本质疑。于是我们看到,逯钦立将"彭祖寿永年,欲留不得住"一句与"日醉或能忘,将非促龄具"一句勾连起来,反推出一个并无文本根据的论据:"彭祖善养生又必不以酒害其身。"[1]

这一论据的言下之意是说,如果一个人喜爱饮酒但又能够做到像彭祖那样不以酒害身,那么,这意味着面对死亡他已经达到了一种常人所不可及的解脱之道,尽管他最终仍无法避免一死。反过来说,如果一个人喜爱饮酒但做不到像彭祖那样不以酒害身,那么,他就必须面对因为喜爱饮酒而导致的短命之苦。按照这一理解,神对影的开释就在于针对影所面对的立善无人赞誉之苦

---

[1] 见逯钦立:《逯钦立文存》,第272页。

而提倡以酒忘情以克服之，神对形的开释就在于针对形所提倡的以酒忘情以及由此可能导致的短命之苦而提倡不以酒害身。于是，以酒忘情但不以酒害身，就被理解为《形影神》的主旨，从而也就被理解为"神辨自然以释之"的真实含义。不过，从上面的分析已然能够看出，这显然不是对《形影神》主旨的一个正确的理解。

第二种看法一般为重视儒教思想对陶渊明的影响的学者所持，尤其是在儒教文化占据主流地位的前现代中国具有更为广泛的接受性。宋人陈仁子辑《文选补遗》卷三十六记载了一段解释《影答形》的话："生必有死，惟立善可以有遗爱，人胡为不自竭于为善乎？谓酒能消忧，比之此更为劣尔。观渊明此语，便是孔子朝闻道夕死，孟子修身俟命之意；与无见于道、留连光景以酒消遣者异矣。"[1]这里特别指出陶渊明与孔孟思想的一致性，但还没有明确将这一点理解为《形影神》的主旨。明人黄文焕《陶诗析义》卷二云："立善系神之责任，'常所欣'三字，拈出本怀。有意于以善沽名，不如忘名以立善。'谁汝誉'三字，打断名根。"又记明人沃仪仲之言曰："晋人喜放达，立善两字，重复提醒，足为名教干城。若徒以纵酒风味见夸，恐竹林七贤，尚与五柳先生同床异梦。"[2]强调立善为《形影神》的主旨并由此而断言

---

[1] 见《陶渊明资料汇编》下册，第33—34页。
[2] 同上书，第42页。

陶渊明"足为名教干城",这一看法的要点在于认为神是以立善不必求名的生活态度来开释形与影,其前提当然是将"立善常所欣,谁当为汝誉"的反问解读为神以立善不必求名的生活态度来质疑影所提倡的立善以求名的生活态度,因此才有"'谁汝誉'三字,打断名根"的说法。基于这一看法还原全诗的意思,就意味着,针对形所提出的以酒忘情的生活态度,影提出立善遗爱为解脱之道,但这恰恰意味着影陷入了立善以求名的苦痛,于是神以立善不必求名来开释影,从而也开释形。

清代也有不少人同意这种看法。方东树曰:"以任化为正,终是没把鼻,仍自以立善为正,但不必求人誉耳。"[1]方宗诚曰:"《神释》所云'立善常所欣,谁当为汝誉',破除留名之私,非谓不必立善也。委运纵浪大化,不喜不惧,应尽须尽,无复多虑,是谓顺天理而行,与孟子'顺受其正,修身以俟'同旨。"[2]现代学者中持这种看法的代表人物是徐声扬,他说:"渊明认为以酒作为尽一生之欢的工具和借立善以邀名的,在本质上与'营营以惜生'没有区别。一个人应该是寄于酒而不溺于性,立以善而不邀以名,这样便不会'甚念伤吾生',而可以'正宜委运去',自然可以'纵浪大化中,不喜亦不

---

[1] 见《陶渊明资料汇编》下册,第44页。
[2] 同上书,第37页。

惧，应尽便须尽，无复独多虑'了。"[1]

上文已指出，这种看法的前提是将"立善常所欣，谁当为汝誉"的反问解读为神以立善不必求名的生活态度来质疑影所提倡的立善以求名的生活态度。然而这是错误的。对"立善常所欣，谁当为汝誉"这个反问的正确理解，应当如上引逯钦立所言，在于"方欲立心为善，而又悲不为人誉"。其实，只有从司马迁在《伯夷列传》最后的议论出发，才能得到"立善常所欣，谁当为汝誉"一句的正解。在此让我们引出司马迁议论的全文：

> 或曰："天道无亲，常与善人。"若伯夷、叔齐，可谓善人者非邪？积仁洁行如此而饿死！且七十子之徒，仲尼独荐颜渊为好学。然回也屡空，糟糠不厌，而卒蚤夭。天之报施善人，其何如哉？盗跖日杀不辜，肝人之肉，暴戾恣睢，聚党数千人横行天下，竟以寿终。是遵何德哉？此其尤大彰明较著者也。若至近世，操行不轨，专犯忌讳，而终身逸乐，富厚累世不绝。或择地而蹈之，时然后出言，行不由径，非公正不发愤，而遇祸灾者，不可胜数也。余甚惑焉，傥所谓天道，是邪非邪？
>
> 子曰："道不同不相为谋。"亦各从其志也。故

---

[1] 徐声扬：《〈形影神〉主旨探究》，载《九江师专学报（哲学社会科学版）》，1987年第3期，第10页。

曰:"富贵如可求,虽执鞭之士,吾亦为之。如不可求,从吾所好。""岁寒,然后知松柏之后凋"。举世混浊,清士乃见。岂以其重若彼,其轻若此哉?"君子疾没世而名不称也。"贾子曰:"贪夫徇财,烈士徇名,夸者死权,众庶冯生。""同明相照,同类相求。""云从龙,风从虎,圣人作而万物睹。"伯夷、叔齐虽贤,得夫子而名益彰。颜渊虽笃学,附骥尾而行益显。岩穴之士,趣舍有时若此,类名堙灭而不称,悲夫!闾巷之人,欲砥行立名者,非附青云之士,恶能施于后世哉?[1]

对于此处议论,过去的解读很少有正确的。人们往往误以为司马迁在第一段中是在质疑天道,往往也看不到司马迁在第二段中其实是通过引述孔子的言论提出对天道的正确理解,即对天道的感应论解读。实际上,司马迁在第一段中并不是在质疑天道,而是在质疑对天道的报应论解读;在第二段中,司马迁提出并肯定了对天道的感应论解读,突显了圣人以名为教的天道论意义。[2] 基于对天道的感应论解读和圣人以名为教的天道论意义,我们就能理解,司马迁为何说伯夷、叔齐虽贤,若没有

---

[1] 司马迁撰,裴骃集解,司马贞索隐,张守节正义:《史记》第七册,中华书局,1982年,第2124—2127页。
[2] 参看我在《自真风告逝,大伪斯兴》一篇中的详细分析。

孔子的表扬则其名不彰。

如果将这种看法与司马迁在《史记·孔子世家》最后以孔子为至圣的看法关联起来，那么，可以说司马迁最大程度地突显了孔子所立教化的重要意义。

> 太史公曰：诗有之："高山仰止，景行行止。"虽不能至，然心乡往之。余读孔氏书，想见其为人。适鲁，观仲尼庙堂车服礼器，诸生以时习礼其家，余祗回留之不能去云。天下君王至于贤人众矣，当时则荣，没则已焉。孔子布衣，传十余世，学者宗之。自天子王侯，中国言六艺者折中于夫子，可谓至圣矣！[1]

司马迁以孔子为至圣的看法意味着他接受了儒教传统对孔子的最高肯定，令人想起《中庸》中关于孔子"如四时之错行，如日月之代明"的特别描述，也令人想起宋人所谓"天不生仲尼，万古长如夜"的特别说法。如果说这正是此处议论中一个很容易被人忽略的要点，那么，应当看到，司马迁在这里还特别提及"若至近世"，其实是在感慨圣人不作、孔子之道不行正构成了他所处时代的历史现实。就是说，只有明白了司马迁以孔子为划时代新纪元的

---

[1] 司马迁撰，裴骃集解，司马贞索隐，张守节正义：《史记》第六册，第1947页。

那种特别的历史意识，我们才能够真正理解他在此处议论中流露出的那种感时伤世的悲悯情绪。而且，正是在由圣人不作、孔子之道不行而生出的强烈的感伤情绪中，司马迁才提到"岩穴之士"的善名"堙灭而不称"的问题，其直白的表达无疑就是，正如伯夷、叔齐的善名传扬端赖"折中六艺"的孔子一样，后世那些品行高洁的隐逸之士，他们的善名传扬也端赖孔子之道的实行。

可以说，陶渊明完全领会了司马迁上述议论的全部意蕴，而这也正是"立善常所欣，谁当为汝誉"的意旨所在。其实，《饮酒》其二就是对司马迁上述议论的诗歌形式的改写：

积善云有报，夷叔在西山。善恶苟不应，何事空立言？
九十行带索，饥寒况当年。不赖固穷节，百世当谁传？

"积善云有报，夷叔在西山。善恶苟不应，何事空立言？"说的就是伯夷、叔齐的故事，其意旨即是反对对天道的报应论解释。"九十行带索，饥寒况当年。不赖固穷节，百世当谁传？"说的是隐士荣启期的故事，其言论见于《孔子家语·六本》或《列子·天瑞》，故事场景正是孔子与他的问答。由是可知，"不赖固穷节，百世当谁传"一句，一方面引用了《论语》中"君子固穷"的典故来刻画荣启期的品行节操，另一面也隐含着荣启期的品行节操端赖孔子与他的对话而传扬于世，但百世之后，随着圣人不作、孔子之道不行，荣启期之高名亮节也就无人传扬了。[1]

陶渊明对圣人不作、孔子之道不行的时代感慨，也表现在他所谓"道丧向千载"的历史论断中。《饮酒》之三曰：

> 道丧向千载，人人惜其情。
> 有酒不肯饮，但顾世间名。
> 所以贵我身，岂不在一生。
> 一生复能几，倏如流电惊。
> 鼎鼎百年内，持此欲何成。

那么，此处的"道丧向千载"究竟是什么意思呢？在《示周续之祖企谢景夷三郎》一诗中，也出现了"道丧向千载"的表达：

> 负疴颓檐下，终日无一欣。药石有时闲，念我意中人。
> 相去不寻常，道路邈何因？周生述孔业，祖谢响然臻。
> 道丧向千载，今朝复斯闻。马队非讲肆，校书亦已勤。
> 老夫有所爱，思与尔为邻。愿言诲诸子，从我颍水滨。

---

[1] 另外，使用遗爱之典，本来就有突出孔子的意思。《左传·昭公二十年》载："及子产卒，仲尼闻之出涕，曰：'古之遗爱也。'"意思就是说，子产继承了古人行仁政的遗风，而其善名正是靠孔子传扬于后世。

渴望不朽与纵浪大化

从这里的语境可以清楚地看到，"道丧向千载，今朝复斯闻"紧承上一句"周生述孔业，祖谢响然臻"而来，"道丧向千载"正是指圣人不作、孔子之道不行。孔子卒于耶稣纪元前479年，距渊明（耶稣纪元365年—427年）出生843年，距渊明去世905年，这就是"道丧向千载"的确实含义。

从前面的分析中业已看到，《形影神》的主题是人对不朽的渴望。或者说，正是因为人有对不朽的渴望，才产生了形、影之苦。形之苦首先在于认识到人必有一死，长生不老绝无可能。如果人的身体能够长存的话，人就可以达到不朽，这是出现在《形影神》中的第一个追求不朽的方案。但这个方案一上来就被形否决了，于是形才提出了"得酒莫苟辞"的生活态度，提倡通过饮酒来忘记人因为想到自己必有一死而生出的巨大苦痛。对于形所指出的苦痛，影颇有同感，因此形之苦也是影之苦，是影所感受到的第一重苦痛。但对于形所倡导的以酒忘情的生活态度，影并不赞同，而是提出以立善遗爱为追求不朽的方案。清人温汝能已明确指出，此组诗中的"立善"即指立德、立功、立言，它们在《左传》的记载中正是被刻画为"三不朽"。[1]就是说，针对人因为想到自己必有一死而生出的巨大苦痛，影提倡以正统儒教所倡导的不朽观念来克服之。

---

[1] 见《陶渊明资料汇编》下册，第40页。

对于形、影各自提出的克服死亡的方案，神都提出了质疑。"日醉或能忘，将非促龄具"的质疑引出了形所遭受的更深一重苦痛：饮酒或许能够让人暂时忘记人因为想到自己必有一死而生出的巨大苦痛，但并不能够从根本上克服这种巨大苦痛，还有可能让人因为饮酒过度而短命。"立善常所欣，谁当为汝誉"的质疑引出了影所遭受的更深一重苦痛：圣人不作、孔子之道不行的凄惨现实，意味着立善遗爱的道路根本走不通。于是，神对于形与影的开释，就既不是以形所提出的得酒忘情来开释影，也不是以影所提出的立善遗爱来开释形，而是通过辨析自然，针对形与影所遭受的双重苦痛加以开释。

此处应当说明一下陶渊明何以用"影"来代表儒教立场。陈寅恪并未明确讨论这个问题，而是基于《影答形》中"身没名亦尽"之句而直接将"影"看作名教立场（亦即儒教立场）的代言者。如果我们说影就是指名，或者说将形影关系理解为形名关系，这似乎也构成一个解答，但其实并无进一步的确切证据，只是一个有方向性的联想而已。逯钦立将《形影神》的写作关联于义熙九年（耶稣纪元413年）慧远立佛影作《万佛影铭》的事件，认为"渊明形影神之命题，必针对此事为之"。[1]他的理由是，正是在慧远的《万佛影铭》中，影才成为一个与形、神相关的主题被郑重讨论，而这就构成了陶

---

[1] 见逯钦立：《逯钦立文存》，第269页。

渊明写作《形影神》的争论背景。此说的问题在于，慧远笔下的佛影是指佛像，就此义而言，我们还是无法理解陶渊明何以用"影"来代表儒教立场。不过，慧远在《万佛影铭》中的确专门论及对影的概念的理解，具体说来，他以"独发于莫寻之境"与"相待于既有之场"的关系来类比形与影的关系，所谓"独发类乎形，相待类乎影"，并基于佛教的法身概念而言形与影"原无二统"（《广弘明集》卷十五）。在慧远的思想中，以"相待于既有之场"论影，其实已经非常接近以因果论影，这一点自然也不可能构成陶渊明用"影"来代表儒教立场的理由，尽管慧远对影的概念的理解在不预设佛教立场的前提下作为语义上的共识可能得到陶渊明的认可。

其实，儒教经典中对影的概念的理解，才是这一问题的真正答案所在。《尚书·大禹谟》云："惠迪吉，从逆凶，惟影响。"孔安国传云："吉凶之报，若影之随形，响之应声，言不虚。""惠迪吉，从逆凶"的意思是说，从善则吉，行恶则凶。孔传的解释则是说，善与吉、恶与凶之间的彼此相应，正如影与形、响与声之间的彼此相应一样真实不虚。也就是说，此处的影或影响，正是指善恶与福祸之间的相应，亦即"福善祸淫"，而注者常常以"感应之迅速"解释之，无论对感应做何种具体理解。其实这就是陶渊明用"影"来代表儒教立场的原因所在。如前所析，既然陶渊明并不将善恶与福祸之间的相应直接归诸天道，而是在质疑"对天道的报应论解读"

的基础上将之归诸孔子之道是否实行这一点上,那么,按照对影的概念的这一理解,影之苦也就是因圣人不作、孔子之道不行而导致的善恶与福祸不相应之苦,而这正是"立善常所欣,谁当为汝誉"的质疑所要表达的。[1]

通过对以上两种陶学史上颇具代表性的看法的分析与辩驳,我们也恰当地澄清了形、影之苦究竟何谓。这样,我们就能够恰当地聚焦于《神释》一首,来看神如何开释处于不同苦痛之中的形与影。这自然是理解《形影神》主旨的正确思路,而陈寅恪正是在这一思路上提出他的新自然说的。现在就让我们从分析陈寅恪的看法说起。

陈寅恪是从自然与名教的关系,以及不同主张者不同的政治态度来讨论《形影神》的主旨的,具体说来,他认为,陶渊明

> 既不尽同嵇康之自然,更有异何曾之名教,且不主名教自然相同之说如山、王辈之所为。盖其己身之创解乃一种新自然说,与嵇、阮之旧自然说殊

---

[1] 由此也不难看出,慧远以"相待于既有之场"论影与《尚书·大禹谟》以"吉凶之报"论影在对影的概念的理解上存在着语义上的共识,只是慧远会将这一语义理解嵌入佛教色彩浓厚的因果报应论,而儒教立场则倾向于将这一语义理解嵌入儒教特别重视的感应论。也有明确的证据表明慧远熟悉《尚书·大禹谟》中的影响观念,如在《明报应论》一文中就有"形声既著,则影响自彰"的说法,见僧祐撰,李小荣校笺:《弘明集校笺》,上海古籍出版社,2013年,第286页。

异,惟其仍是自然,故消极不与新朝合作,虽篇篇有酒,而无沉湎任诞之行及服食求长生之志。夫渊明既有如是创辟之胜解,自可以安身立命,无须乞灵于西土远来之学说,而后佛徒妄造物语,以为附会,抑何可笑之甚耶?[1]

陈寅恪这里所谓主旧自然说者,是指嵇康、阮籍、刘伶等人,这些人大都为求长生而学神仙,但也提倡饮酒作乐的生活态度。而后者正是此组诗中形针对人必有一死的苦痛同样提出的生活态度。另一方面,影针对形之苦而提出的立善遗爱的生活态度,则代表名教立场。按照陈寅恪的理解,通过神之口表达出来的陶渊明的真实看法,既不同于旧自然说,也不同于来自名教立场的立善说。于是,在关于《神释》一首的按语中,陈寅恪进一步申言陶渊明发明新自然说以"两破旧义":

> 此首之意谓形所代表之旧自然说与影所代表之名教说之两非,且互相冲突,不能合一,但己身别有发明之新自然说,实可以皈依,遂托于神之言,两破旧义,独申创解,所以结束二百年学术思想之主流,政治社会之变局,岂仅渊明一人安身立命之

---

[1] 陈寅恪:《金明馆丛稿初编》,第220—221页。

所在而已哉!〔1〕

"两破旧义,独申创解",正符合《形影神》的行文结构,这无疑是正确的理解思路。认为陶渊明在《形影神》中提出的新自然说并非仅是陶渊明一人安身立命之所在,而是代表了曹魏末至东晋时士大夫政治思想人生观演变之历程,则清晰地表明了陈寅恪史学研究中的夷夏关切与文明意识。那么,陈寅恪所谓的新自然说,究竟是什么意思呢?这就必然涉及他对陶渊明与佛学关系的看法。从前面所引的论及新自然说的那一段文字中我们已经看到,陈寅恪明确反对那种认为陶渊明的生活态度深受佛学影响的观点,针对关于陶渊明曾加入慧远主持的莲社的有关文献记载,陈寅恪指斥其为"后世佛徒妄造物语"。陈寅恪做出这一判断,并非有特别的文献根据,而主要是出于理断:

> 或疑渊明之专神至此,殆不免受佛教影响,然观此首结语"应尽便须尽,无复独多虑"之句,则渊明固亦与范缜同主神灭论者。……又子真所著神灭论云:"若知陶甄禀于自然,森罗均于独化,忽焉自有,恍尔而无,来也不御,去也不追,乘乎天理,各安其性。"则与渊明神《释诗》所谓"纵浪大化中,不喜

---

〔1〕 陈寅恪:《金明馆丛稿初编》,第223页。

亦不惧。应尽便须尽，无复独多虑"。及《归去来辞》所谓"聊乘化以归尽，乐夫天命复奚疑"等语旨趣符合。惟渊明生世在子真之前，可谓"孤明先发"耳。[1]

聚焦于《神释》一首的末尾，陈寅恪将陶渊明解读为神灭论者，这样他就将陶渊明与持神不灭论的慧远等佛教徒的立场彻底分开了。在神灭论者那里，死亡意味着形尽神灭。所谓新自然说，即是基于形尽神灭来理解人的生命的自然过程，进而基于形尽神灭的信念而主张"委运顺化"的生活态度。或者说，基于形尽神灭的信念而提倡委运顺化，就是陈寅恪所谓新自然说的要旨所在。

陶渊明主张神灭论，陈寅恪提出的这个看法在现代具有广泛的接受性，尤其是在经过了逯钦立的进一步申说之后，几乎成了现代陶学史上最为广泛的共识。在陈寅恪的文章发表的第二年，即1946年，逯钦立写成《〈形影神〉诗与东晋之佛道思想》一文，详细阐述了慧远的报应论和形尽神不灭论，并援引关于形神关系的更多文献（特别是来自道家传统的文献与被僧祐收入《弘明集》中的佛教护法文献）来论证《形影神》正是陶渊明为了反对慧远的观点而作。在慧远那里，神不灭论是其报应论的理论前提之一。逯钦立认为，陶渊明正是通过反对慧远的神不灭论来反对其报应论的。也就是说，逯钦

---

[1] 陈寅恪：《金明馆丛稿初编》，第223—224页。

立也认为陶渊明持神灭论,其理据与陈寅恪的理解完全一样:

> "纵浪大化","应尽便尽",即《归去来辞》"聊乘化以归尽"之意,此又肯定神之必灭也。据此,渊明本谓形神俱化,所谓"反复终穷,自然之数"。而与慧远形尽神不灭之论,适为相反。[1]

逯钦立将陶渊明在《神释》一首中的看法理解为对道家传统中"自然无为之道"的一种新的阐发,因而可以说他与陈寅恪类似,也认为陶渊明在《形影神》中提出了一种新自然说。而且,陈寅恪认为陶渊明的新自然说既反对当时佛教信徒的形尽神不灭论,也反对当时道教信徒为求长生而学神仙的旧自然说,这一点也为逯钦立所主张。他说:"渊明形神俱灭之说,则兼就当时之佛道两家而一切反之也。……夫沙门主神主报应,道士重形重长生,彼此之观点虽异,而其束于教惑于物者,则无不同,徒托名俗外,非自然无为之道也。"[2] 与陈寅恪不同的是,逯钦立不仅明确地将陶渊明的新自然说理解为他对道家传统中自然无为之道的新阐发,而且认为陶渊明将魏晋时期的以酒忘情说纳入了他对自然的理解,因而

---

[1] 逯钦立:《逯钦立文存》,第275页。
[2] 同上书,第276页。

最终以"归返自然之得生乐趣"来论说《形影神》的主旨，认为这才是此组诗中神所倡导的生活态度：

> 宗主自然，自一方言之，为免伤生。但自另一面言之，即是得生。渊明于此诗既力斥惜生者之违反自然，而于他篇，则又尝发挥其归返自然之得生乐趣。[1]

顺此，逯钦立还提出，《形影神》所倡导的生活态度类似于王羲之在《兰亭序》中所表达出来的那种生活态度："夫人之相与，俯仰一世。或取诸怀抱，悟言一室之内；或因寄所托，放浪形骸之外。虽趣舍万殊，静躁不同，当其欣于所遇，暂得于己，快然自足，不知老之将至。"其实，《形影神》中明确说到"不喜亦不惧"，与王羲之所言"欣于所遇，暂得于己，快然自足"的生活态度并不完全同调。

按照陈寅恪、逯钦立的理解，陶渊明的新自然说的要旨在基于形尽神灭的信念而提倡委运顺化，于是，所谓"神辨自然以释之"，就被理解为神通过向形与影说明形尽神灭的道理来开释形与影。问题在于，这种说明在何种意义上是一种有效的开释呢？如果说对于一个因必有一死而感到苦痛但又渴望不朽的人，你告诉他生命本

---

[1] 逯钦立：《逯钦立文存》，第279页。

来就是如此,灵魂会随着肉体一同死亡,然后他就释然了,这是什么意思呢?这种开释似乎是可能的,即通过理性思考得出形尽神灭的结论从而彻底打消原先生出的渴望不朽的念头。但如果不去打消原先渴望不朽的念头,那么,得出形尽神灭的结论就不仅不是一种有效的开释,而是更加坐实乃至加重了原先的苦痛。紧扣《形影神》的语脉,如果说"神辨自然"是指神向形与影"辨明"形尽神灭之理,那么,这一"辨明"难道不正意味着将形与影打回到原先的苦痛境地吗?这一"辨明"难道不正意味着在宣告形、影之苦根本上无法排遣,只能无可奈何地接受吗?[1]

---

[1] 陶学史上有类似理解者是深受佛学影响的宋人叶梦得,但他并不像现代学者如陈寅恪、逯钦立那样认为《形影神》表达出陶渊明达观的生活态度,而是认为陶渊明在《形影神》中表达出来的见识并不高明,流于佛教所谓的"断常见":"陶渊明作形影相赠与神释之诗,自谓世俗惑于惜生,故极陈形影苦,而释以神之自然。《形赠影》曰:'愿君取吾言,得酒莫苟辞。'《影赠形》曰:'立善有遗爱,胡为不自竭?'形累于养而欲饮,影役于名而求善,皆惜生之弊也。故神释之曰:'日醉或能忘,将非遐龄具!'所以辨养之累。曰:'立善常所忻,谁当为我誉?'所以解名之役。虽得之矣,然所致意者仅在遐龄与无誉。不知饮酒而得寿,为善而皆见知,则神亦将汲汲而从之乎?似未能尽之也。是以极其知,不过'纵浪大化中,不喜亦不惧,应尽便须尽,无复独多虑',谓之神之自然耳。此释氏所谓断常见也。此公天姿超迈,真能出生而遗世,不但诗人之辞,使其闻道而达一关,则其言岂止如斯而已乎?"见《陶渊明资料汇编》下册,第33页。关于断常见,可从沈绩在为梁武帝《立神明成佛义记》一文所写的序中获得一个清晰的理解:"惑者闻识神不断,而全谓之常;闻心念不常,而全谓之断。云断则迷其性常,云常则惑其用断。因用疑本,谓在本可灭;因本疑用,谓在用弗移。莫能精求,互起偏执,乃使天然觉性,自没浮谈。"见僧祐撰,李小荣校笺:(转下页)

陶渊明的神不灭论

在不去打消渴望不朽的念头的前提下，以形尽神灭为自然之理根本无法起到开释形与影的作用，这一点意味着陈寅恪、逯钦立对《神释》的理解存在着根本性的错误。实际上不难想到，以神灭论来解读"应尽便须尽，无复独多虑"嫌涉过度诠释。对此句更为严谨的解读应当是，这里的"尽"是指形之尽，从形神关系的角度来说就是指形神分离这一事件，并不一定预设形神俱灭。也就是说，持形尽神灭论者能够说"应尽便须尽，无复独多虑"，持形尽神不灭论者同样能够这么说，甚至更有底气这么说。因此我的看法其实是，陶渊明深受当时神不灭论的影响而主张神不灭论，陈寅恪、逯钦立都因为过度诠释而误以为陶渊明主张神灭论。以下对此详细申说。

陈寅恪、逯钦立都将《形影神》与慧远写作于元兴三年（耶稣纪元404年）的《沙门不敬王者论》第五篇《形尽神不灭论》相联系、相对照，这无疑是一个正确的

（接上页）《弘明集校笺》，第451—452页。叶梦得此处并未明说"纵浪大化中，不喜亦不惧。应尽便须尽，无复独多虑"所表达的生活态度究竟是佛教所谓的断见还是常见。如若他认为此生活态度落入断见，则就是以神灭论来理解《形影神》的第一人；如若他认为此生活态度落入常见，则就是以神不灭论来理解《形影神》的第一人。既然叶梦得以来自佛学立场的批评态度论断陶渊明笔下的"神辨自然"，那么，无论他是以断见还是常见来理解《神释》中所表达的生活态度，都算不上是真知陶渊明之心者。另外，基于前面的分析可知，叶梦得此处以"解名之役"来理解"立善常所欣，谁当为汝誉"，这也是错误的。

思路，尽管他们的理解出现了根本性的错误。那么，慧远在这一篇中是如何论说形尽神不灭的呢？

《形尽神不灭论》采取了问难与答释的形式。问难者说：

> 夫禀气极于一生，生尽则消液而同无。神虽妙物，故是阴阳之所化耳。既化而为生，又化而为死；既聚而为始，又散而为终。因此而推，故知神形俱化，原无异统，精粗一气，始终同宅。宅全，则气聚而有灵；宅毁，则气散而照灭。散则反所受于天本，灭则复归于无物。反覆终穷，皆自然之数耳，孰为之哉？若反本则异气，数合则同化。亦为神之处形，犹火之在木，其生必存，其毁必灭。形离则神散而罔寄，木朽则火寂而靡托，理之然矣。假使同异之分昧而难明，有无之说必存乎聚散。聚散，气变之总名，万化之生灭。故《庄子》曰："人之生，气之聚，聚则为生，散则为死。若死生为彼徒苦，吾又何患？"古之善言道者，必有以得之，若果然耶？至理极于一生，生尽不化，义可寻也。[1]

问难者的主要观点是"神形俱化"，其论说的出发点是以气来说神与形。神与形有精粗之别，但都是由气所构成，

---

[1] 僧祐撰，李小荣校笺：《弘明集校笺》，第265—266页。

所以说二者"原无异统",且神与形的生与灭也就被理解为气的聚与散。就是说,神与形本源都是气,本质上不是相异之物,且随着气之聚散而同时生灭。在运用火薪之喻说明这个道理之后,问难者又退一步说,即使神与形的同与异很难说得清楚,但总还是能够以气之聚散来说明有无的,然后以"善言道者"为誉而引用庄子的话作为证明。可以看到,以气之聚散说生灭,且以神与形分别对应于精气与粗气,这都可以说是当时讨论的共识。但也正因为如此,在对神与形的性质是同还是异的进一步理解上存在着可能的分歧:就神与形都来源于气而言,可以说神与形无异统;就神与形一精一粗而言,又可以说神与形为异物。

答释者的回应当然就是慧远的看法:

> 夫神者何耶?精极而为灵者也。精极则非卦象之所图,故圣人以妙物而为言。虽有上智,犹不能定其体状,穷其幽致,而谈者以常识生疑,多同自乱。其为诬也,亦已深矣。将欲言之,是乃言夫不可言。今于不可言之中,复相与而依俙。神也者,圆应无生,妙尽无名,感物而动,假数而行。感物而非物,故物化而不灭;假数而非数,故数尽而不穷。有情则可以物感,有识则可以数求。数有精粗,故其性各异;智有明暗,故其照不同。推此而论,则知化以情感,神以化传,情为化之母,神为情之

根。情有会物之道，神有冥移之功。但悟彻者反本，惑理者逐物耳。

古之论道者，亦未有所同，请引而明之。庄子发玄音于《大宗》，曰："大块劳我以生，息我以死。"又"以生为人羁，死为反真"，此所谓知生为大患，以无生为反本者也。文子称黄帝之言曰："形有靡而神不化，以不化乘化，其变无穷。"《庄子》亦云："特犯人之形，而犹喜之。若人之形万化，而未始有极。"此所谓知生不尽于一化，方逐物而不反者也。二子之论，虽未究其实，亦尝傍宗而有闻焉。论者不寻方生方死之说，而惑聚散于一化；不思神道有妙物之灵，而谓精粗同尽，不亦悲乎！

火木之喻，原自圣典，失其流统。故幽兴莫寻，微言遂沦于常教，令谈者资之以成疑。向使时无悟宗之匠，则不知有先觉之明，冥传之功，没世靡闻。何者？夫情数相感，其化无端，因缘密构，潜相传写，自非达观，孰识其变？自非达观，孰识其会？请为论者验之以实：火之传于薪，犹神之传于形；火之传异薪，犹神之传异形。前薪非后薪，则知指穷之术妙；前形非后形，则悟情数之感深。惑者见形朽于一生，便以为神情俱丧，犹睹火穷于一木，谓终期都尽耳。此曲从养生之谈，非远寻其类者也。就如来论，假令神形俱化，始自天本，愚智资生，同禀所受。问所受者，为受之于形耶？为受之于神耶？若受之于形，凡在有形皆化而为神矣；若受之于神，是为以神传神，则丹朱与帝尧齐圣，重华与瞽瞍等灵。其可然乎？其可然乎？如其不可，固知冥缘之构，著于在昔；明暗之分，定于形初。虽灵钧善运，犹不能变性之自然，况降兹已还乎？验之以理，则微言而有征；效之以事，可无惑于大道。[1]

慧远的答释包含三大要点，此处依次简要分析，并顺带说明与陶渊明《形影神》中思想的可能关联。首先，神是"精极而为灵者"，是"精灵"，就是说，虽然可以承认神的来源也是气，但因其精之极而与来源于粗气的形产生了性质上的根本差异。这意味着慧远一上来就诉诸形神为异物说。李幸玲已经指出，从六朝讨论形神关系的大量文献中可以看到一个非常确定的思想关联：主张神灭论者都以形神无异统为说，主张神不灭论者都以形神为异物为说。[2]而《神释》一首有"与君虽异物，生而相依附"一句，正是神对形所说。基于这个思想关联推论，则可知陶渊明必持神不灭论。

其次，慧远引庄子"反本"之说与文子所引黄帝

---

[1] 僧祐撰，李小荣校笺：《弘明集校笺》，第267—270页，分段略有改动。
[2] 见李幸玲：《六朝神灭不灭论与佛教轮回主体之研究》，收入《台湾师范大学国文研究所集刊》第三十九号，台湾师范大学国文研究所，1995年。

"神不化"之说进一步说明形尽神不灭。文子所引黄帝之言明确说"形有靡而神不化",若以此来解释庄子"反本"之说,则后者即指不化的神在形神分离之后回返其本源。庄子原来的表述并未明确这样说,从而可能有不同解释,这意味着慧远是将神不灭的思想追溯至文子所引黄帝的"形有靡而神不化",并基于"形有靡而神不化"的思想来解释庄子的"反本"之说。如前所引,逯钦立已经指出,《神释》一首的核心看法可以恰当地理解为陶渊明对庄子"自然无为之道"以及相应的生死观的一种新的阐发。从慧远这里的论述可以看到,基于神不灭论解释庄子的自然说及生死观,其理本顺。

再次,慧远对火薪之喻重新阐发,以说明形尽神不灭论,并顺此进一步为佛教的报应论张目。从中土文献来看,火薪之喻也是来自庄子,曾被桓谭用来说明形尽神灭论。而此喻亦见诸印度佛教经典,所以慧远才说"火木之喻,原自圣典"。既然以火比神,以薪比形,而言"火之传异薪,犹神之传异形",那么,基于庄子所言"薪尽火传"之说,就可推导出形尽神不灭的结论,从而也隐隐指向佛教的报应论。最后一段论及父子本性殊异的现象,也是试图说明,基于佛教的报应论能够对父子本性殊异的现象做出合理的解释。慧远这里的辨释当然是有针对性的,要重构其对话的语境则需要回溯慧远更早时期与戴逵关于报应论的那场争论。

戴逵于太元十八年或十九年(耶稣纪元393年或394

年)作《释疑论》一文,[1]文中正是从质疑"天道无亲,常与善人"开始,试图基于对性的理解而提出分命论来解释现实中善恶与福祸并不相应的现象:

> 夫人资二仪之性以生,禀五常之气以育。性有修短之期,故有彭殇之殊。气有精粗之异,亦有贤愚之别。此自然之定理,不可移者也。是以尧、舜大圣,朱、均是育;瞽瞍下愚,诞生有舜;颜回大贤,早夭绝嗣;商臣极恶,令胤克昌;夷叔至仁,饿死穷山;盗跖肆虐,富乐自终;比干忠正,毙不旋踵;张汤酷吏,七世珥貂。凡此比类,不可称数,验之圣贤既如彼,求之常人又如此。故知贤愚善恶,修短穷达,各有分命,非积行之所致也。(《广弘明集》卷十八)

戴逵以分命论来解释现实中善恶与福祸并不相应的现象,认为这些现象"非积行之所致",就将质疑的矛头对准了佛教的报应论。慧远在收到戴逵的《释疑论》及一封信后,即命弟子周续之作答,周续之即撰《难释疑论》,阐明因果报应之真实不虚,但戴逵并不认可,又作《答周居士难释疑论》,并再次致信慧远,说明自己的观点,于

---

[1] 这是日人木村英一的看法,参见李小荣:《〈弘明集〉〈广弘明集〉述论稿》,巴蜀书社,2005年,第409页。

是，慧远作《三报论》以为答释。在《三报论》中，慧远指出，分命论的问题在于其论说由于受到儒教的影响而限于仅从一世来看待善恶与福祸并不相应的现象。其言下之意是，对报应论的全面理解应当基于三世，而不应当像分命论那样仅仅基于一世。进而，慧远指出，基于对报应论的正确理解，也就是三报论，就能够看到，现实中那些善恶与福祸并不相应的现象不仅与报应论不相违背，而且只有基于报应论才能够得到合理的解释。慧远论及此意时最关键的一段话是：

> 倚伏之势，定于在昔；冥符告命，潜相回换。故令祸福之气，交谢于六府；善恶之报，舛互而两行。是使事应之际，愚智同惑，谓积善之无庆，积恶之无殃；感神明而悲所遇，慨天殃之于善人。[1]

不难看到，这里"倚伏之势，定于在昔；冥符告命，潜相回换"的说法其实与《形尽神不灭论》最后一段所说"冥缘之构，著于在昔；明暗之分，定于形初"的意思基本相同。由此也不难想到，慧远在《形尽神不灭论》最后一段对于父子贤愚不同、本性殊异的现象的解释正是基于他的三报论。概而言之，他的意思是说，子受形于父，因此父子有同禀之形；若父子贤愚不同，本性殊异，

---

[1] 僧祐撰，李小荣校笺：《弘明集校笺》，第290页。

如尧与丹朱、瞽瞍与舜，则其根源不能归诸同禀之形，只能归诸形初之神；而形初之神，正是由前世而来，即"著于在昔"，因此父子形初之神有明暗之分，就只能归诸前世之因果了。[1]这样，现实中父子贤愚不同、本性殊异的现象，就通过三报论得到了合理的解释。

值得指出的是，《三报论》中提到"立德立功之舜"，又说到"遗爱不能忘"，而这正是《形影神》中"立善有遗爱"的主题所涉。《形尽神不灭论》最后部分说到"虽灵钧善运，犹不能变性之自然"，而在《形影神》中则有"大钧无私力""正宜委运去""神辨自然以释之"等表达，正可见其可能的关联与影响。不过，既然陶渊明认可司马迁对天道的报应论解读的质疑，那么，他反对慧远所主张的报应论，则是毫无疑问的。

《形影神》中论形神关系，还有一个重要概念，即"理"。"理"在诗中出现了两次，一次是《形赠影》中的"草木得常理，霜露荣悴之"，一次是《神释》中的"大钧无私力，万理自森著"。对于后一句，人们不太好理解，于是就出现了异文，即将"理"改为"物"，成了"大钧

---

[1] 将贤愚寿夭之别归诸形初之神，这种看法早已见于罗含的《更生论》（收入《弘明集》卷四）。如果说慧远此处受其影响，那么，其论述的不同之处就在于，由前世而来的形初之神承负着前世的因果，而罗含并未明确论及这一层。换言之，在慧远的理解里，神虽不灭，但它因与形的结合而随因缘发生变化，承负其业果。由此亦可知，罗含的更生论，认定存在"悬定"的、不变的神，其实有流于常见的嫌疑。

无私力，万物自森著"。这种改动看起来使文意更合乎常识，其实属于滥改。以"草木得常理，霜露荣悴之"一句而言，如果说"霜露荣悴之"指向形的由生而灭，又由灭而生，那么，"草木得常理"则突出了理的非生灭性，即恒常性，也就是说，这一句可以说是将恒常不变的理与生灭过程中的形对举。以"大钧无私力，万理自森著"一句而言，既然"大钧"之天运指向万物受形而生、由生而灭的过程，那么，这一句也正是将超然独绝的理与生灭过程中的形对举。这个分析表明，理在陶渊明对形神关系的看法中具有重要的意义。由此我们必须提到当时另一篇讨论形神关系的重要文章，即郑鲜之的《神不灭论》。

郑鲜之，字道子，"晋时为桓伟辅国主簿。与刘裕善，刘裕即帝位，迁鲜之为太常都官尚书，又出为丹阳尹、豫章太守，元嘉三年（四二六）为尚书右仆射"[1]。郑鲜之生于东晋兴宁二年（耶稣纪元364年），比陶渊明年长一岁，于刘宋元嘉四年（耶稣纪元427年）与陶渊明同年去世。根据李小荣的分析，郑鲜之的《神不灭论》可能作于东晋隆安四年（耶稣纪元400年）至元兴三年（耶稣纪元404年）之际，是与慧远的《形尽神不灭论》同时甚或比之稍早写成的一篇重要文章。[2] 现有文献无

---

[1] 僧祐撰，李小荣校笺：《弘明集校笺》，第241页，笺注〔一〕。
[2] 李小荣：《〈弘明集〉〈广弘明集〉述论稿》，第493页。元代释念常撰《佛祖历代通载》卷七论述慧远《沙门不敬王者论》时云："及宗炳著《明佛论》，颜延之析《达性论》，周颙驳《夷夏论》，郑道子著（转下页）

法证明陶渊明与郑鲜之有过交集,而慧远、王弘与颜延之是既与郑鲜之有交集又与陶渊明有交集的重要人物,由此我们推测,陶渊明是有可能看到郑鲜之这篇文章的。

从结构上看,郑鲜之的《神不灭论》包括两部分:第一部分是一篇关于神不灭论的本论,包括引论和申论;第二部分是问难与答释,包括五个层层递进的问答回合。让我们首先来看本论部分:

> 多以形神同灭,照识俱尽,夫所以然,其可言乎一世,既以周孔为极矣。仁义礼教,先结其心;神明之本,绝而莫言。故感之所体,自形已还;佛唱至言,悠悠弗信。余坠弱丧,思拔沦溺,仰寻玄旨,研求神要,悟夫理精于形,神妙于理。寄象传心,粗举其证,庶鉴诸将悟,遂有功于滞惑焉。

> 夫形神混会,虽与生俱存,至于粗妙分源,则有无区异。何以言之?夫形也,五脏六腑,四肢七窍,相与为一,故所以为生。当其受生,则五常殊授,是以肢体偏病,耳目互缺,无夺其为生。一形之内,其犹如兹,况神体灵照,妙统众形?形与气

(接上页)《神不灭论》,皆禀远是正焉。"对这一说法,有两点需要澄清。首先,说郑鲜之《神不灭论》受到慧远《形尽神不灭论》的影响或许是对的,但说其"禀远是正"则肯定忽略了郑鲜之思想的独特性;其次,引文中所言宗炳、颜延之、周颙的著作皆晚于郑鲜之的著作,都是在慧远去世之后写成。

息俱运,神与妙觉同流。虽动静相资,而精粗异源,岂非各有其本,相因为用者邪?近取诸身,即明其理,庶可悟矣。一体所资,肌骨则痛痒所知,爪发则知之所绝,其何故哉?岂非肌骨所以为生,爪发非生之本耶?生在本则知存,生在末则知灭。一形之用,犹以本末为兴废,况神为生本,其源至妙,岂得与七尺同枯,户牖俱尽者哉?推此理也,则神之不灭,居可知矣。[1]

第一段是本论的引论,郑鲜之首先从神灭论说起,指出神灭论的主张是由于"以周孔为极"而只"言乎一世";接着在肯定周孔"仁义礼教"的基础上指出周孔之教对于"神明之本"未有言说,而"神明之本"正是佛所唱说的"至言";然后说明自己虽身陷沉沦之俗世,但心怀超拔之高情,经过不断探索终于领悟到"理精于形,神妙于理"这个关于人与万物的构成的真理。郑鲜之在形与神之间加入了一个"理"的概念,于是问题就是,此处的理究竟是指什么?通过语境分析可以断言,此处的理一定与聚焦于自然世界(言乎一世)的周孔之教有关,具体而言,此处的理是指包括人在内的一切自然事物禀受于天地的性理。以汉代已降所理解的周孔之教而言,

---

[1] 僧祐撰,李小荣校笺:《弘明集校笺》,第239—240页,断句、标点有改动。

人禀受于天地的性理就是仁、义、礼、智、信，即此文第二段特别提及的"五常"。[1]不过，在郑鲜之看来，人禀受于天地的性理相同，并不意味着说人的本性相同，原因正在于第二段所言，"当其受生，则五常殊授"。若仍以尧与丹朱、瞽瞍与舜为例，既然身为父子，则形有所继，但父子本性殊异，原因正在于"当其受生，则五常殊授"。至于"理精于形，神妙于理"的确切含义，则可以分两层来理解。首先，"于"表示比较，此即意味着说，理与形相比较有精粗之别，神与理相比较有不测与可测之别；其次，"于"也表示结合，此即意味着说，理与形虽一精一粗，但二者相结合才能生物，神与理虽一不测一可测，但神在理与形结合时亦随理而与形结合。此即是以理赋形而神随来理解包括人在内的一切自然物的生成。

第二段是本论的申论，郑鲜之首先以形神二元（"形神混会"）来分析生命现象；接着说明能够使生命成为一个整体的力量是随理而来的神；然后从形、神的不同功能（"形与气息俱运，神与妙觉同流"）引出形神异源、

---

[1] 李小荣认为第二段中的"五常"是指"金、木、水、火、土"，而非指"仁、义、礼、智、信"，见僧祐撰，李小荣校笺：《弘明集校笺》，第241页，笺注〔三〕。这种看法是错误的。原文说"夫形也，五脏六腑，四肢七窍，相与为一，故所以为生。当其受生，则五常殊授，是以肢体偏病，耳目互缺，无夺其为生"，是说人之生命是因为禀受了仁义礼智信五常之性，所以才能将五脏六腑、四肢七窍统而为一，即所谓"相与为一"。

相因为用的观点；最后通过身体的比喻来说明形神各有其本，而神为生本，并由此推论神不灭。从申论部分可以看到，郑鲜之的《神不灭论》与慧远的《形尽神不灭论》类似，主要通过形神异源说来推论神不灭。但看起来与慧远不同的是，郑鲜之特别基于"理精于形，神妙于理"这个他在引论中就提出来的基本观点来申说神不灭。就这一点而言，我们还是能够找到他与慧远论说的相似性或相关性。如前所引，慧远《形尽神不灭论》的最后一段正是诉诸父子本性殊异只能归诸形初之神，而不能归诸同禀之形来反驳神灭论，从而为神不灭论张目，而郑鲜之"理精于形，神妙于理"的观点则是通过在形神关系中引入理的概念来把握性，正如我们在前面的分析中所呈现的。将二者对比一下不难看到，郑鲜之通过以"理"说"性"而将理的概念引入形神关系的讨论，表明他在形神关系问题上的论法比慧远的更为精微，甚至可以看作宋儒"性即理"命题的一个思想史远源。与此相关，既然说包括人在内的一切自然物的性理正是周孔之教最为关切的问题，那么，郑鲜之思想中的儒佛合演倾向也是非常明显的。

　　第一个问难的关键在于"既孰有本已尽，而资乎本者独得存乎？"一句，问难者基于形神异源的观点引出此问，意思是说，形神异源固然可以承认，但形神既然会合于个体生命，即是以个体生命为其根本，那么，当个体生命不存在的时候，神还能够独自存在吗？可见，问难者毫不理会郑鲜之在本论中提出的"神为生本"的观点，而是以"生为神本"来分析生命现象，并由此推导出形不存（本已尽）则神（资乎本者）也不得独存的结论，与慧远《形尽神不灭论》所载问难者的问难如出一辙。对此，郑鲜之的回答是：

> 夫万化皆有也，荣枯盛衰，死生代互，一形尽，一形生，此有生之终始也。至于水火，则弥贯群生，赡而不匮，岂非火体因物，水理虚顺，生不自生，而为众生所资，因即为功，故物莫能竭乎？同在生域，其妙如此，况神理独绝，器所不邻，而限以生表冥尽，神无所寄哉？因斯而谈，太极为两仪之母，两仪为万物之本，彼太极者，浑元之气而已。犹能总此化根，不变其一，矧神明灵极，有无兼尽者耶？其为不灭，可以悟乎？[1]

从这个回答可以看到，郑鲜之在此其实提出了三不灭的观点：神不灭，理不灭，气不灭。其中尤其是"神理独绝，器所不邻"的观点，与前面"理精于形，神妙于理"的观点紧紧呼应。注家如刘立夫、李小荣，皆以此观点出自《周易·系辞上》"形而上者谓之道，形而下者谓之器"，确为正解。前面已经分析过，郑鲜之的基本

---

[1] 僧祐撰，李小荣校笺：《弘明集校笺》，第242页，断句、标点有改动。

观点可以概括为理赋形而神随,而此处则特别说明神、理正与形相对,都属于形而上者。[1]至于此处提出的气不灭,或许需要强调的是,郑鲜之这里的气是指作为形的来源的混元之气,就是说,形有尽,但作为形的来源的气则是不灭的。

第二个问难聚焦于神形相资(即神形相助)的问题。问难者的出发点是"理与形为生,终不相违",即对于个体生命而言,理与形始终不相违离,究其缘由则在于"神形未尝一时相违",即神与形始终不相违离;问难者的推论是,若持神不灭论,则意味着神不资形,继而无法解释神、理与形始终不相违离的生命现象。这个问难显然与慧远《形尽神不灭论》中所载之问难者申说的神形俱化也是类似的,但差别在于,这个问难特别从理的观念切入,仍与前面以神-理-形的三重概念架构来理解包括人在内的一切自然物的生成这个基本观点相关。对此,郑鲜之的回答聚焦于从形、神各自的本源来解释神形相资,此即他所谓的"循本而释之":

> 夫火,因薪则有火,无薪则无火。薪虽所以生

---

[1] 如前所述,慧远曾援引庄子以气统说形、神之源,又以精、粗分辨形与神,即以神为精极而灵者。可以看到,郑鲜之"神理独绝,器所不邻"的理解意味着他不可能接受神亦来源于气的看法,因为如果是那样,神就不属于形而上而属于形而下了。这正如在朱子的思想中,心不可能属于气,否则它就属于形而下了。

火,而非火之本,火本自在,因薪为用耳。若待薪然后有火,则燧人之前,其无火理乎?火本至阳,阳为火极,故薪是火所寄,非其本也。神形相资,亦犹此矣。相资相因,生途所由耳,安在有形则神存,无形则神尽?其本惚恍,不可言矣。请为吾子广其类以明之,当薪之在水则火尽,出水则火生。一薪未改,而火前期,神不赖形,又如兹矣。神不待形,可以悟乎?[1]

可以看到,郑鲜之这里也与慧远一样通过重新阐发火薪之喻来申说神不灭,但相应于问难者基于神-理-形的三重概念架构,他的阐发方式与慧远有一个显著的不同,亦即特别突显理的概念。尤其是"燧人之前,其无火理乎?"的诘问,明确指向理独立于形而存在的观点,紧扣前面"神理独绝,器所不邻"所表达出的形而上与形而下的区分。按照郑鲜之的这一分析,既然理独立于形而存在,神则是在理赋形时随理而与形结合,那么,就不能说形为神、理之本,而应当说形为神、理所寄,这是理解神形相资的关键。而由此得出神不赖形、神不待形的观点,也就顺理成章了。

第三个问难基于第二个问答回合中答释者得出的结论而提出。问难者认为,郑鲜之虽然还承认神形相资的

---

[1] 僧祐撰,李小荣校笺:《弘明集校笺》,第243页。文字与断句皆有改动。

说法，但其实他的观点是神形不相资，或者说"虽曰相资，而本不相关"。既然如此，佛教所主张的"陶神济形"就成问题了。这里的言下之意是说，如果认为神与形各自有其本源，虽然在个体事物的生成过程中二者结合在一起，但毕竟神与形不相关而有彼此之分，那么，陶铸神就只能对神起作用，而不能对与其"本不相关"的形起作用，于是也就不能够说陶神济形了。对此，郑鲜之的回答是：

> 神虽不待形，然彼形必生；必生之形，此神必宅；必宅必生，则照感为一，自然相济；自然相济，则理极于陶铸；陶铸则功存，功存则道行；如四时之于万物，岂有心于相济哉？理之所顺，自然之所至耳。[1]

郑鲜之这里通过申说形必生、神必宅而提出神形自然相济的观点，其中还特别表明"自然"的含义在于顺理，"岂有心于相济哉？"的反问正是为了强化自然即顺理的意蕴。基于神形自然相济的观点，则不难理解佛教陶神济形的教诲。需要指出的是，神形自然相济的观点，以及由此而来的陶神济形的教诲，也能为儒教与道家所同意，尽管

---

[1] 僧祐撰，李小荣校笺：《弘明集校笺》，第244页。

在各自的义理脉络中存在着重要差异。[1]郑鲜之这里以顺理来解释自然,也是其思想的一大亮点,不难看到其仍是紧扣"理精于形,神妙于理"这个基本观点。

第四个问难基于第三个问答回合中答释者得出的结论而提出。问难者从"形神虽异,自然相济"出发,通过重新阐发火薪之喻,联系佛教的报应论与轮回说继续质疑答释者前面提出的"形神不相资之论"。[2]问难者的推论是,既然说神形自然相济,有如火之在薪,而从"薪无意于有火,火无情于寄薪"可以推导出"非此薪之火,移于彼薪然后为火",那么,也就不能说与此形相结合的此一个体的神移到了彼,成为与彼形相结合的另一个体的神,而只能说有一个超然于此形与彼形的独立不变的神,但这一点就与佛教必须认定有一个承受因果报应的轮回主体的看法相龃龉了。概而言之,这个问难其实是基于前面形神不相资的看法推导出一个超然于众形的永恒不变的神的观念,而把它与承受因果报应的轮回主体的观念放在一起进行归谬,要么从前者质疑后者,要么从后者质疑前者。从佛教的立场看,若是认为有一个超然于众形的永恒不变的神的

---

[1] 陶神济形说既然强调了神的重要性,在当时的语境中自然还是与佛教有更为密切的关系,此点见诸慧远《三报论》篇末:"佛经所以越名教绝九流者,岂不以疏神达要,陶铸灵府,穷源尽化,镜万象于无象者也。"从历史的维度看,这其实也是预示了儒、道传统在佛教影响下的思想发展方向。

[2] 如前面所分析的,这是问难者对答释者观点的断言。

观念,则意味着落入了常见。对此,郑鲜之的回答是:

> 所谓形神不相资,明其异本耳。既以为生,生生之内,各周其用。苟用斯生以成罪福,神岂自妙其照,不为此形之用邪?若其然也,则有意于贤愚,非忘照而玄会。顺理玄会,顺理尽形,化神宅形,子不疑于其始,彼此一理,而性于其终邪?[1]

郑鲜之的意思是说,前面辨析了"形神不相资",是为了说明形神异本,但前面也同样辨析了"神形自然相济",因此,就对生命现象或"生生"过程的理解而言,一方面要明确形神异本,另一方面还要强调神形相济,后者也就是"神为形用"。神为形用意味着神并不超然于形而独立自照,关联于前面已经提及的佛教陶神济形的教化观念,这也就是说,一个作为承受因果报应的轮回主体的神,不可能是一个超然于众形的永恒不变的实体。不难看出,郑鲜之这一答释的主旨其实就是佛教对常见的反驳。郑鲜之还进一步分析了导致常见的思想根源,即"有意于贤愚"。要清晰地还原他这里的推论,恰当的方法正是联系慧远《形尽神不灭论》最后一段的论述。正如我们已经指出的,慧远在那里的意思是说,父子贤愚不同,本性殊异,不能归诸同禀之形,只能归诸形初之

---

[1] 僧祐撰,李小荣校笺:《弘明集校笺》,第245页。

神，而形初之神正是由前世而来，承负着前世的因果。郑鲜之这里的进一步辨析也是说，如若认为形初之神是彻底超然于众形的永恒不变的实体，则是错误的。既然神为形用，神就不是与形之所用毫无关系的一个超然出尘的精灵，而是在为形所用的过程中累积而成的一个灵果。也就是说，变化着的神以形为宅而表现出来的个体事物的本性，就是此个体事物的神在以往的变化过程中累积而成的结果。至于这一变化过程的开端，则必须诉诸同一之理。这一点是慧远未能论及甚或不能认可的。[1]

在这个答释中，郑鲜之使用了始与终的观念来说明理与性的关联，即以理为始，以性为终，由此引发了第五个问难，也是该文的最后一个问难："三世周回，万劫无算；贤愚靡始，而功显中路。无始之理玄，而中路之功末，孰有在末之功，而拔无始之初者邪？"[2]可以看到，这个问难正是针对理始性终说中的开端问题而提出的。对此，郑鲜之通过发挥前面已经阐述过的"神理独绝，器所不邻"的观点而对开端问题加以澄清。既然理是形而上者，也就

---

[1] 以人为例，从实际情况看，具体个人之间的人性呈现出明显的差异，而理解这种差异的关键在于说明，具体个人的人性是与构成此人的形相结合的那个神在其长期变化过程中累积的结果，而就人之为人的理而言，则是一样的。另外，此处"顺理玄会，顺理尽形"与前面的"理精于形，神妙于理"意思相近而表达方式有异："顺理玄会"是说要从与理的关联去领会神，是对"神妙于理"的认识论表达；"顺理尽形"则是说要从与理与形的结合去描述自然物的生成，是对"理精于形"的现象学表达。
[2] 僧祐撰，李小荣校笺：《弘明集校笺》，第245页。

是说，理在自然之上，是超自然的实在，与此相对，"既生既化，罪福往复"的因果报应则是"自然所生"，那么，就不能说理具有时间上的开端，此即"理无始终，玄极无涯"，而自然层面的生灭过程则是"始终无穷"的。概而言之，郑鲜之此处的答释是对前一个回合的答释语以始与终的观念来理解理与性的关联的一个修正，因为问难者的问难使他意识到理始性终说容易招致的误解。具体而言，说"性于其终"并无问题，但说"理于其始"则很容易使这里的"始"被误解为时间上的"始"。"理于其始"仍然可以成立，但这里的"始"是形而上意义的"始"，而非形而下意义的"始"。实际上我们看到，郑鲜之试图将始与终的观念置换为本与末的观念来重新刻画理与性的关联，也就是将原来的以理为始、以性为终的理始性终说置换为以理为本、以性为末的理本性末说，并以"自末征本，动失其统"来回应理解可能流于常见的问难者。在这篇文章的最后，郑鲜之再提父子贤愚不同、本性殊异的问题，正是要试图以此证明理本性末说和与此相关的化神宅形说的合理性，从而为"自为方内"的"周孔之教"与遭受迂阔之讥的"佛理"同时辩护。[1]

---

[1] "夫禀灵乘和，体极淳粹，尧生丹朱，顽凶无章，不识仁义，瞽瞍诞舜，原生则非所育，求理应传美。其事若兹，而谓佛理为迂，可不悟哉！"见僧祐撰，李小荣校笺：《弘明集校笺》，第246页。对于郑鲜之所持具有形而上意义的性理观念，慧远自然不会接受。由此亦可推知，如果说慧远的思想完全立足于其佛学信仰而保持系统性，那么，郑鲜之的思想则呈现出明显的儒佛合演的特征。

渴望不朽与纵浪大化 | 57

在梳理了郑鲜之《神不灭论》中的核心思想之后，让我们再来看一下《神释》起首的这几句："大钧无私力，万理自森著。人为三才中，岂不以我故？与君虽异物，生而相依附。结托既喜同，安得不相与？"不难看出，这几句正是此组诗序文中所说"神辨自然"的具体落实处，而《神释》末尾"纵浪大化中，不喜亦不惧。应尽便须尽，无复独多虑"的生活态度，也正应当基于《神释》起首这几句所表达的自然说来理解。[1] 首先，正如前面分析过的，"大钧无私力"与"万理自森著"相对而言，前者是指形的生灭变化，后者则指理的超然独绝。这意味着陶渊明与郑鲜之一样也认为形有生灭，而理是超然独绝的实在，其隐含的意思或许正是"理精于形"。其次，"人为三才中，岂不以我故"表层的意思是说人因为有其神从而与天、地一道位列三才，但从此句紧承上句"大钧无私力，万理自森著"的语脉来看，陶渊明是在先说了形与理之后进一步说到神，其中有将神与理紧密关联起来的明显意味，其隐含的意思或许正是"神妙于理"。换言之，陶渊明这里与郑鲜之一样，是以神-理-形的三重概念架构来刻画宇宙内万物的生成。于是也就

---

[1] 包括陈寅恪在内的很多学者都将"神辨自然以释之"中的"自然"理解为一种生活态度，因此理解上就将重心落在了《神释》末尾的几句，而不是起首的这几句上。其实，陶渊明这里的"自然"正是指宇宙内万物的生成问题，也就是说，首先是宇宙论问题，因而理解上的重心应当落在起首的几句。

可以说，对陶渊明"人为三才中"的完整理解应当是：人因为有其神与理从而与天、地一道位列三才。[1]再次，"与君虽异物，生而相依附"这一句是在说形神为异物，如前所析，这意味着陶渊明必持神不灭论。这一点也与郑鲜之一样。最后，"结托既喜同，安得不相与？"这一句，显然正是基于前面所说的形神异源而申说形神相济之义，正如郑鲜之所做的那样。

由此可见，与其说陶渊明的形神观受到慧远的影响，还不如说他受到企图基于方内与方外的区别与联系而将儒教与佛理合演于一炉的郑鲜之的影响，其中对理的重视正是其形神思想的一个关键特点。不过，既然郑鲜之的神不灭论也可能受到慧远的影响，那么，说陶渊明的形神观同时受到慧远和郑鲜之的影响就是一个更为平实的结论。在陶学史上明确意识到陶渊明持神不灭论的学者是清人何焯与温汝能。何焯就《形影神》评论说："末篇言纵欲足以伐生，求名犹为愿外，但委运以全吾神，则死而不亡，与天地俱永也。"[2]此处明确点出神"死而不亡，与天地俱永"，即以神不灭论理解《神释》中的基本观点。温汝能在《神释》末尾的注中说："形影有尽时，惟神则不灭。"又说："此篇释上。日醉二句，释前

---

[1]"人为三才中"，首先是对人这个类的性质的一个断言。这也就意味着，指向事物的类的性质的理是三才说成立的基础，尽管神能够从实际世界中个体人的存在的角度而说"人为三才中，岂不以我故"。

[2]见《陶渊明资料汇编》下册，第43页。

篇,立善二句,释后篇,末总言人生天地,顺受其正,则超脱形影,神自不灭,不喜不惧,应尽须尽,是为圣为贤本领,成仁成义根源。若徒以旷达语赏之,非深于陶者也。"[1]此处亦是明确以神不灭论解读《神释》中的基本观点。

陶渊明的反报应论

陶渊明虽然与慧远、郑鲜之一样持神不灭论,但他并不接受佛教的报应论与轮回说。神不灭论能够成为报应论与轮回说的前提,但持神不灭论者并不一定接受报应论与轮回说。如前所论,"立善常所欣,谁当为汝誉"的感叹表明陶渊明完全接受司马迁《伯夷列传》最后议论中的核心观点,这构成陶渊明认可感应论而反对报应论的重要证据,尽管他在《饮酒》其二中所反对的报应论并不同于佛教以因果轮回为立论基础的报应论。陶渊明反对佛教的报应论与轮回说,其实也隐藏在《形影神》的另一个重要表达中,此即来自《周易》的三才说。《周易》以天、地、人为三才而言三才之道:"立天之道曰阴与阳,立地之道曰柔与刚,立人之道曰仁与义。"(《说卦传》)这也意味着说,三才之道正是对孔子之道的一个恰当概括。在《形影神》中,三才说出现在两处。一处是

---

[1] 温汝能:《陶诗汇评》,新文丰出版公司,1980年,第24—25页。

〔宋〕佚名 《归去来兮辞书画卷》(局部)
美国波士顿艺术博物馆藏

〔明〕李在 《归去来兮辞图》之"云无心以出岫"
辽宁省博物馆藏

〔宋〕赵孟頫 《渊明归去来辞》(局部)
台北故宫博物院藏

〔宋〕李公麟 《渊明归隐图》(局部)
美国弗利尔美术馆藏

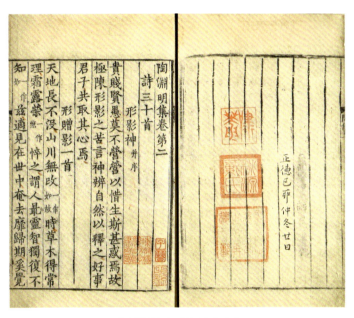

宋刻遞修本《陶靖節集》

歸去來兮辭并序

余家貧耕植不足以自給幼稚盈室缾無儲粟生生所資未見其術親故多勸余爲長吏脫然有懷求之靡途會有四方之事諸侯以惠愛爲德家叔以余貧苦遂見用爲小邑于時風波未靜心憚遠役彭澤去家百里公田之利（耕一作）足以爲酒故便求之及少日眷然有歸歟之情何則質性自然非矯勵所得飢凍雖切違已交病嘗（曾一作）從人事皆口腹自役於是悵然慷慨深愧平生之志猶望一稔當斂裳宵逝尋程氏妹喪于武昌情在駿奔自免去職仲秋至冬在官八十餘日因事順心命篇曰歸去來兮

宋汤汉注《陶靖节先生诗》书影

在《形赠影》"谓人最灵智，独复不知兹"一句。此句中"独复不知兹"接下句，但"谓人最灵智"则是承上句"草木得常理，霜露荣悴之"，意思是将人与草木万物相比而突出人为万物之灵。另一处是在《神释》"人为三才中，岂不以我故"一句。此句直接说人与天地并列而为三才之一，其实也是突出人与万物相比更为高级，此即前面注释中所说的存在之等级的观念。那么，何以说《形影神》中关于三才说的表达意在反对佛教的报应论与轮回说呢？

简单重构一下陶渊明在《神释》一首中关于人的看法就是，人与万物的区别就其类而言在于理的不同，就其个体而言在于神的不同。基于神-理-形的三重概念架构而对三才说的这一重申，其言下之意是说，佛教那种泯除人与动物之差别而以一切有情为众生的观念是不成立的。如果佛教的众生观不成立，那么，报应论与轮回说也就不成立。在现有文献中，我们并未找到与陶渊明同时或之前的任何材料，明确以《周易》的三才说来反对佛教的众生观，从而反对佛教的报应论与轮回说。[1]

---

[1] 罗含《更生论》开篇即引用向秀的话说："天者何？万物之总名。人者何？天中之一物。"从全文来看，此说实构成罗含发明其更生论的思想基础。细究可知，向秀此说其实隐含着对儒教三才说的解构。罗含在文中虽然也强调万物存在差别，但并未以三才的高度论天、地、人。孙盛的《与罗君章书》（同样收入《弘明集》卷四）反驳罗含的更生论，但亦未从三才说立论。或许陶渊明重申三才说正是被罗含《更生论》所激发，若是如此，亦可见陶渊明与魏晋玄学家的思想分歧。

渴望不朽与纵浪大化

但在陶渊明去世后约七年发生的一场争论中,这个论说清晰地出现了。刘宋元嘉十一年(耶稣纪元434年),何承天为了支持慧琳前一年所作《白黑论》中的观点而作《达性论》。在《白黑论》中慧琳就有"三仪灵长于宇宙,万品盈生于天地"的说法,其中"三仪"即指天、地、人三才。在《达性论》中,何承天一开篇即充分发挥儒教的三才说来反对佛教的众生观:

> 天以阴阳分,地以刚柔用,人以仁义立。人非天地不生,天地非人不灵,三才同体,相须而成者也。故能禀气清和,神明特达,情综古今,智周万物;妙思穷幽赜,制作侔造化。……安得与夫飞沉蠉蠕,并为众生哉?若夫众生者,取之有时、用之有道,行火俟风暴,畋渔候豺獭,所以顺天时也。[1]

在其后二人的往复争论中,三才说与众生观的对峙一直是一个核心主题。[2]我们知道,颜延之与陶渊明私交甚笃,但他也深受佛教影响而出入于儒佛之间。显然在这个问题上颜延之并不与陶渊明站在同一立场。而何承天像陶渊明一样以儒教三才说来反对佛教的众生观,从

---

[1] 僧祐撰,李小荣校笺:《弘明集校笺》,第191—192页。
[2]《弘明集》卷四收录了此次争论的相关论文六篇:《达性论》《释何衡阳〈达性论〉》《答颜永嘉》《重释何衡阳》《重答颜永嘉》《又释何衡阳》。

而反对佛教的报应论和轮回说，但他又不像陶渊明那样持神不灭论。根据现有文献，我们也无法判断何承天的《达性论》是否受到陶渊明《形影神》的影响，但就重申儒教三才说来反对佛教的众生观从而反对佛教的报应论和轮回说这一议题而言，陶渊明自是先发者。[1]

陶渊明诚然反对慧远等佛教徒主张的报应论与轮回说，但慧远阐述报应论与轮回说的方式仍对陶渊明有重要影响，这一点也不应被忽视。前面已经分析过《形影神》与慧远的《三报论》之间可能存在的对话关系，现在让我们再来看看慧远阐述报应论的另一篇重要文章——《明报应论》——对陶渊明的可能影响。《明报应论》的写作时间大约在东晋隆安四年（耶稣纪元400年），[2]该文的内容由桓玄针对报应论提出的三个问题和慧远对这三个问题的回答构成。可以合理地猜想，桓玄针对报应论可能提出不止三个问题，而被慧远保存在《明报应论》中的三个问题则是他从桓玄的诸多提问中精心挑选出来的。以下对《明报应论》一文略做梳理与分析。

杀生是否招致报应，这是《明报应论》所载桓玄所提的第一个问题。佛教认为杀生会招致报应，桓玄则从

---

[1] 通过对有关《宋书》编撰的若干史料的分析，刘奕推测，《宋书·隐逸传》中的《陶潜传》可能出自何承天、徐爰之手，而非沈约所撰。这意味着何承天可能了解陶渊明的思想。参见刘奕：《诚与真：陶渊明考论》，上海古籍出版社，2023年，第16—17页。

[2] 李小荣：《〈弘明集〉〈广弘明集〉述论稿》，第422页。

慧远等当时佛教徒认可的形神异源说与形尽神不灭论出发，推论杀生不会招致报应。他的推论过程是：既然认可形神异源和形尽神不灭，而杀生只对形产生影响，那么，杀生就无害于神；既然杀生无害于神，那么，杀生就不会招致报应。[1]在第二个问题中，桓玄基于惯常信念中的"自然之道"而质疑报应："若因情致报，乘感生应，则自然之道，顺何所寄哉？"[2]可见桓玄同意慧远的看法，把报应与感应理解为同一回事，统言之即是说情感导致报应。桓玄的第二个问题的要点是说，既然报应来自人的情感，那就意味着报应是人为的，于是就和大家普遍相信的"自然之道"相龃龉了。

慧远将这两个问题关联在一起回答。对于第一个问题，慧远首先肯定桓玄从形神异源说出发进行推论是智慧的表现，所谓"慧观之所入，智刃之所游"。根据语境可知，此处的"智刃"是针对心而言，"慧观"则是针对物而言。接着他指出，认为杀生无害于神其实是在人达到"彼我同得，心无两对"的境界时才可能有的觉悟，他更以佛教经典中记载的"文殊案剑"的例子来说明这

---

[1] 原文为："佛经以杀生罪重，地狱斯罚，冥科幽司，应若影响。余有疑焉。何者？夫四大之体，即地水火风耳。结而成身，以为神宅，寄生栖照，津畅明识。虽托之以存，而其理天绝，岂唯精粗之间，固亦无受伤之地。灭之既无害于神，亦由灭天地间水火耳。"僧祐撰，李小荣校笺：《弘明集校笺》，第281—282页。另外，注意此问中正是以影响理解报应，即"应若影响"。

[2] 见僧祐撰，李小荣校笺：《弘明集校笺》，第282页。

一点。[1]在说明如何达到"彼我同得,心无两对"的境界时,慧远从两个方面展开。首先是要能够认识到神与形的结合属于庄子所说的"假于异物,托于同体"。我们知道,这正是桓玄推论的出发点。慧远如此描述达到此境界与觉悟的状态:

> 于是乘去来之自运,虽聚散而非我,寓群形于大梦,实处有而同无。岂复有封于所受,有系于所恋哉?[2]

不能不说,这与《神释》最后所表达的委运顺化的境界与觉悟颇为类似。如果说这是人针对内在心灵的觉悟,那么,第二个方面正是人针对外在事物的觉悟。对此,慧远是以设问的方式和批评性的口吻展开他的论述的:

> 若斯理自得于心而外物未悟,则悲独善之无功,感先觉而兴怀。于是思弘道以明训,故仁恕之德存焉。[3]

慧远的意思是说,如果能够觉悟到心灵的自由但还不能

---

[1] 见僧祐撰,李小荣校笺:《弘明集校笺》,第283页。
[2] 同上书,第283页。
[3] 同上书,第283页。

够觉悟到外物不过是因缘变化所生,就会将希望寄托在立善存德的主张之上。立善存德正是儒教所倡导的主张,也正是《形影神》中由影所代表的主张,而"悲独善之无功,感先觉而兴怀"也正与"立善常所欣,谁当为汝誉?"表达了类似的感慨,尽管背后的理解可能并不一样。

文章的题目既然是《明报应论》,那么,直接阐明报应的存在及其根源仍是作者最为关切的。慧远的论述策略是,先顺着桓玄的思路高度肯定"彼我同得,心无两对"的达观境界与觉悟,然后语锋一转,接着说,如果从达到此等达观境界与觉悟的状态反推未达到此等达观境界与觉悟的状态,就能够明白报应的存在及其根源。既然桓玄在第二个问题中已经提出报应根源于人的情感,那么,慧远也就顺此过渡到对第二个问题的回答中去了。我们看到,慧远首先基于佛教的因果报应论来"批判性"地解释来自《周易》的感应论:

夫因缘之所感,变化之所生,岂不由其道哉?无明为惑网之渊,贪爱为众累之府。二理俱游,冥为神用;吉凶悔吝,唯此之动。无明掩其照,故情想凝滞于外物;贪爱流其性,故四大结而成形。形结,则彼我有封;情滞,则善恶有主。有封于彼我,则私其身而身不忘;有主于善恶,则恋其生而生不绝。于是甘寝大梦,昏于同迷,抱疑长夜,所存唯著。是故失得相推,祸福相袭,恶积而天殃自至,罪成则地狱斯罚。此乃必然之数,无所容疑矣。[1]

无明对慧观而言,贪爱对智刃而言。既然情感源于无明与贪爱,那么,感应就不过是对因果报应的另一种刻画方式而已。由此,执着于情感以及由情感所带来的结果也就意味着未能从因果中觉悟。在基于因果报应而对感应做出"批判性"解释之后,慧远紧接着提出了他对"自然之道"的解构式理解:

> 何者?会之有本,则理自冥对;兆之虽微,势极则发。是故心以善恶为形声,报以罪福为影响。本以情感,而应自来;岂有幽司,由御失其道也。然则罪福之应,唯其所感,感之而然,故谓之自然。自然者,即我之影响耳,于夫主宰,复何功哉?[2]

以因果报应来解释感应之所以是"批判性"的,首先是因为以因果来解释报应是"批判性"的。简而言之,以因果来解释报应意味着对报应做出了一个去神秘化的解释。此即是说,报应并不意味着背后有个神灵在干预,只不过是对因果关联的一种特别表达而已。若从感应的

---

[1] 僧祐撰、李小荣校笺:《弘明集校笺》,第285页。
[2] 同上书,第285页。

角度说，就是报应只不过是由情感所导致的自然结果而已。于是，所谓自然，不过就是人的情感的影响而已，并非另有什么主宰。自然只不过是因缘变化的复杂过程而已，慧远对"自然之道"的这种理解不仅解构了儒教那种以天心主宰为基础的目的论的自然说，也解构了道家那种以反对人为为旨趣的自然说。这是他以因果论解读儒教经典中的感应论的一个自然的结果。

如前所述，陶渊明反对对天道的报应论解读，认可对天道的感应论解读，这意味着他绝对不会同意慧远基于因果报应论而对桓玄所说的"自然之道"的彻底解构。而且，他也不会走向否定天心主宰的目的论立场，而是与郑鲜之类似，试图通过神-理-形的三重概念架构建立他的自然说。进而言之，陶渊明不可能同意慧远的因果自然说，关键在于他接受了具有形而上意义的性理观念。此处应当明确，这个具有形而上意义的性理观念正是道家反对人为的自然说的理论基础，因为如果不首先认定万物有其性理，那么，道家所崇尚的反对人为的"自然而然"就失去了根基；但与此同时，这个具有形而上意义的性理观念也为儒教所认可，只是在对性理具体内容的理解上与道家呈现出差异，比如说，儒教将孝慈与仁义统一于性理，道家则以孝慈为性理而以仁义为人为。因果自然说彻底抽掉了具有形而上意义的性理概念，仅仅从外在的动力因的视角上理解感应现象，因而同时构成对儒教自然说与道家自然说的解构。慧远的这一思想在当时的思想语境中自然是非常激进的，也意味着中国思想史上自然观念的一大转折。由此我们来看《形影神》序文中"神辨自然以释之"的陈述，它表明陶渊明此组诗提出的性理自然说，其实就是针对慧远的因果自然说而立论的。[1]

在阐明了他对"自然之道"的理解之后，慧远继续申说其对形神问题的看法，要点在于说明"神之居宅"并非"无情，无痛痒之知"，这与前述郑鲜之在阐明神形不相资的基础上再来阐明神形相济颇有类似之处，其实也是要强调，应当避免以常见来理解神不灭，这当然也是要为其佛教信仰做理论辩护。在一番较细致的分析之后，他以概括性的口吻说：

> 夫神形虽殊，相与而化；内外诚异，浑为一体。自非达观，孰得其际耶？[2]

不难看出，"神形虽殊，相与而化；内外诚异，浑为一体"与《形影神》中神对形所说的"与君虽异物，生而相依附。结托既喜同，安得不相与？"颇为类似，尽管背后的理解并不相同。[3] 而"达观"之说，则与慧远对

---

[1] 由此亦可知，陈寅恪和逯钦立都断言《形影神》是为反对慧远而作，这一点还是正确的，尽管他们对陶渊明的自然说不甚了了，且在理解上包含着关键性的错误。
[2] 僧祐撰，李小荣校笺：《弘明集校笺》，第286页。
[3] 如前所析，陶渊明基于神-理-形的三重概念架构理解自然万物，其中形而上的性理观念是他与慧远的最大分歧所在。

《明报应论》中所载桓玄所提的第三个问题紧密相关。

桓玄所提的第三个问题是:

> 若以物情重生,不可致丧,则生情之由,私恋之惑耳。宜朗以达观,晓以大方,岂得就其迷滞以为报应之对哉?[1]

桓玄所提的第三个问题似乎已经预知了慧远对第二个问题的回答,而将之引向了对佛教以报应论为思想基础的教化进路的质疑。他的意思是说,如果知道人心的迷滞是由于私恋之情,那么,就应当将之说破而使人走向达观,为何要顺着人心的迷滞而大谈报应呢?慧远的回答紧扣这一问题,但并不是直接反对桓玄所提出的"朗以达观,晓以大方"的教化进路,而是诉诸现实中人的智愚程度来为佛教以报应论为思想基础的教化进路辩护:

> 夫事起必由于心,报应必由于事。是故自报以观事,而事可变;举事以责心,而心可反。推此而言,则知圣人因其迷滞以明报应之对,不就其迷滞以为报应之对也。何者?人之难悟,其日固久。是以佛教本其所由,而训必有渐;知久习不可顿废,故先示之以罪福;罪福不可都忘,故使权其轻重;

---

[1] 僧祐撰,李小荣校笺:《弘明集校笺》,第287页。

> 轻重权于罪福,则验善恶以宅心;善恶滞于私恋,则推我以通物。二理兼弘,情无所系,故能尊贤容众,恕己施安,远寻影响之报,以释往复之迷。迷情既释,然后大方之言可晓,保生之累可绝。夫生累者,虽中贤犹未得,岂常智之所达哉?[1]

慧远这里的中心意思是说,中贤之人尚不易摆脱因私恋之情而导致的保生之累,一般人就更为困难了,而且习染太久使人即使有所觉悟也难以马上弃绝,因此,佛教主张顺着人心的迷滞而以报应之说教育人们不断地趋善避恶就是恰当的。等到这种渐进之教所发挥的作用能够使人达到"情无所系"的境界,人心的迷滞就能够被真正消除了,而这才真正到了"朗以达观,晓以大方"的时候。在为佛教以报应论为思想基础的教化进路做辩护的同时,慧远不仅认可了桓玄在提问中所推崇的教化进路,而且将之理解为一种更高阶段的或适合于更高根器的人的教化进路。如果我们能够说此处的"保生之累"其实与《形影神》中人因"营营以惜生"而招致的"形、影之苦"基本一致,那么,不难想到,《形影神》中神开释形与影的思想方向其实正是"朗以达观,晓以大方",也就是说,正是顺着《明报应论》中为桓玄所推崇而又为慧远所认可的思想方向展开的。于是也就可以说,在

---

[1] 僧祐撰,李小荣校笺:《弘明集校笺》,第287页。

《形影神》中,陶渊明是顺着桓玄与慧远的思考,进一步提出一种他所认为的达观的生活态度以直面现实的人生苦痛。[1]

《神释》正解

至此,我们能够对《神释》一首做出清晰的解读,从而能够对《形影神》的主旨有一清晰的理解。让我们从《神释》一首的结构说起。《神释》的第一节是:"大钧无私力,万理自森著。人为三才中,岂不以我故?与君虽异物,生而相依附。结托既喜同,安得不相与?"如前所论,这正是全诗序文中"神辨自然"的具体落实处。综合前面的分析,第一节的意思可以概括为以下几个要点:首先,陶渊明基于神-理-形的三重概念架构来理解包括人在内的一切自然物的生成,具体来说,理赋形而神随是对包括人在内的一切自然物的生成的恰当描述;其次,神、理与形相对,皆为形而上者,形有尽而气不灭,神不灭且理有常;再次,人因其不灭之神与有常之理而与天地并列,为三才之一;最后,神与形结合于个体生命而互相依附,与气同运,从而宜有相与之义。可以说,这才是陶渊明自然观念的真正含义。这种渊源

---

[1] 陶渊明于隆安四年入桓玄军幕,由此可推测他对桓玄的思想有所了解。当然,他与慧远的交集已足以让我们做出这样的推测,即他可能读过《明报应论》。

于儒、道共同传统的性理自然说显然与慧远所阐发的渊源于佛教的因果自然说迥然不同。

《神释》的第二节是："三皇大圣人，今复在何处？彭祖寿永年，欲留不得住。老少同一死，贤愚无复数。日醉或能忘，将非促龄具？"这一节的内容是重述形所提出的得酒忘情的生活态度并对其提出质疑，意思非常清楚，不需要再加解释。《神释》的第三节是："立善常所欣，谁当为汝誉？甚念伤吾生，正宜委运去。纵浪大化中，不喜亦不惧。应尽便须尽，无复独多虑。"这一节的内容是重述影所提出的立善遗爱的生活态度并指出与此相关的现实之苦，进而引出委运顺化的生活态度。[1]

由此，"甚念伤吾生，正宜委运去"既然紧承上句"立善常所欣，谁当为汝誉？"，其意思就是说，太过忧心于圣人不作、孔子之道不行的凄惨现实会伤害自己的生命，诚如方东树所言："立善谁誉？今及之而后知非口头语，乃伤心语。孔子亦叹'知我其天'，即此意也。"[2] 如前所论，《形影神》包含着强烈的感时伤世的儒者情怀，与司马迁同调，正见于此处。这自然也表达出陶渊明走向委运顺化的生活态度的现实契机。本篇一开头即

---

[1] 如果有人因为注意到"日醉或能忘，将非促龄具？"与"立善常所欣，谁当为汝誉？"先后质疑形与影提出的两种生活态度从而将这两句放在一节，继而对这里的分节提出异议，那正是因为他未能从整全的视野来把握全诗的结构。

[2] 见《陶渊明资料汇编》下册，第44页。

引马璞的一句话来说明《形影神》之于理解陶渊明思想的重要性,其实若完整引用马璞的议论,可知他正是在称述陶渊明的儒者情怀:

> 渊明一生之心寓于《形影神》三诗之内,而迄莫有知之者,可叹也!其中得酒、立善、委运三层,惟一立善而已。得酒欲以消忧,何忧乎?其言曰:"黄唐莫逮,慨独在余。"则可知其所忧矣。孟子曰:"舜为法于天下,可传于后世,我犹未免为乡人也,是则可忧也。"则其忧之所证也。舜之与人为善,舜之立善也。善不立,则古今之所共忧,而乃恃酒以消之,亦无可如何之极。然以三皇之圣,而不能如大钧之长存,终不能免于忧也。忧之徒然,惟有委运而已。则委运者,渊明无可奈何之归宿处,虽古今之大圣有不能逾焉者,况渊明乎?而渊明之此心,诚孔、孟以后仅见之一人矣,谁则知之也乎?[1]

陶渊明提出委运顺化的生活态度的确有其无可奈何之处,即有感于圣人不作、孔子之道不行的凄惨现实,但"纵浪大化中,不喜亦不惧"的表达,也明显地透露出一种直面命运而随波逐浪的底气。那么,这种直面命运而随波逐浪的底气来自何处呢?很显然,这正来自陶

---

[1] 见《陶渊明资料汇编》下册,第36页。

渊明对自然的形而上信念，即他对宇宙万物的形而上肯定，包括对人作为万物之灵的形而上肯定。由此我们方能确切理解"不喜亦不惧"的真实含义：如果说"不喜"的情绪只能归因于圣人不作、孔子之道不行的凄惨现实，那么，"不惧"的勇气正来自形有尽而气不灭、神不灭且理有常的形而上信念。

或谓陶渊明委运顺化的生活态度来自庄子的"古之真人不知悦生恶死"之说，其实二者之间有着重要的不同。《庄子·大宗师》云："古之真人，不知说生，不知恶死。其出不欣，其入不距。翛然而往，翛然而来而已矣。不忘其所始，不求其所终。受而喜之，忘而复之。是之谓不以心捐道，不以人助天，是之谓真人。""其出不欣"，是说不喜于有生，"受而喜之"，是说欣于所遭遇。前者是指看待人生的整体态度，后者则是指面对遭遇的具体态度，并不矛盾。而"不喜亦不惧"紧承"纵浪大化中"一句，意味着这里的"不喜"与"不惧"都是就现实的具体遭遇而言，并非就人之有生有死而言。就是说，陶渊明的"不喜"是不喜于现实的具体遭遇，而这就与庄子面对现实的具体遭遇"受而喜之"的态度根本不同。"应尽便须尽，无复独多虑"一句，才说到面对死亡的态度，即怀着形有尽而气不灭、神不灭且理有常的形而上信念，不再因必有一死而产生焦虑。而这种对自然的形而上信念也正可以解释《归去来辞》中"乐夫天命复奚疑"的生命态度，这一点也和庄子"不知悦生,不知恶死"的生命态度不同。因此,陶渊明在《形影神》中提出的委运顺化的生活态度,是不同于庄子的另一种达观:就其基于形有尽而气不灭、神不灭且理有常的形而上信念勘破生死关而言,这是一种基于超越信念对待人生的达观态度;就其以圣人不作、孔子之道不行来刻画、理解现实的凄惨状况而言,这种基于超越信念对待人生的达观态度又承载了浓郁的淑世情怀。[1]

---

[1] 这颇让人想到北宋张载《西铭》一文最后论及生死的话:"存,吾顺事;没,吾宁也。"

自真风告逝,大伪斯兴

从《饮酒》组诗看陶渊明的历史哲学

《饮酒》组诗二十首,并一短序,是陶渊明组诗中之最长者,在陶学史上虽从未被忽视——其中最脍炙人口者当数其五,但到目前为止,无论是在理解的深度上还是在理解的整体性上,都存在着很大的不足。兹全文抄录,以便读者随时参看。

饮　酒

余闲居寡欢,兼比[1]夜已长,偶有名酒,无夕不饮[2],顾影独尽,忽焉复醉。既醉之后,辄[3]题数句

---

[1] "比",曾集刻本与汤汉注本皆注曰"一作'秋'",宜从正文。陶集不同版本异文颇多,兹以南宋绍熙三年(耶稣纪元1192年)的曾集刻本与南宋淳祐元年(耶稣纪元1241年)的汤汉注本为主要参考,就异文情况做出说明。汤汉注本异文较少,显然是他审定的结果,值得重视。
[2] "饮",曾集刻本注曰"一作'倾'",汤汉注本无此异文,宜从正文。
[3] "辄",曾集刻本注曰"一作'与'",汤汉注本无此异文,宜从正文。

自娱，纸墨遂多，辞无诠次，聊命故人书之，以为欢笑尔。

其 一

衰荣无定在[1]，彼此更共之。

邵生瓜田中，宁似东陵时。

寒暑有代[2]谢，人道每如兹。

达人解其会[3]，逝将不复疑。

忽与一樽酒，日夕欢相持[4]。

其 二

积善云有报，夷叔在[5]西山。

善恶苟不应，何事空立言[6]？

九十行带索，饥寒况[7]当年。

不赖固穷节，百世当谁传？

---

[1] "在"，曾集刻本注曰"一作'所'"，汤汉注本无此异文，宜从正文。
[2] "代"，曾集刻本注曰"一作'换'"，汤汉注本无此异文，宜从正文。
[3] "会"，曾集刻本注曰"一作'趣'"，汤汉注本无此异文，宜从正文。
[4] "相持"，曾集刻本注曰"一作'相迟'，又作'自持'"，汤汉注本无此异文，宜从正文。
[5] "在"，曾集刻本注曰"一作'饥'"，汤汉注本无此异文，宜从正文。
[6] "空立言"，曾集刻本注曰"一作'立空言'"，汤汉注本无此异文，宜从正文。
[7] "况"，曾集刻本注曰"一作'抱'"，汤汉注本无此异文，宜从正文。

其 三

道丧[1]向千载，人人惜其情。

有酒不肯饮，但[2]顾世间名。

所以贵我身，岂不在一生？

一生复能几，倏如流电惊[3]。

鼎鼎[4]百年内，持此欲何成？

其 四

栖栖失群鸟，日暮犹独飞。

徘徊无定止，夜夜声转悲。

厉响思清远，去来何依依。[5]

因值孤生松，敛翩遥[6]来归。

劲[7]风无荣木，此荫独[8]不衰。

托身已得所，千载不[9]相违。

---

〔1〕"丧"，曾集刻本注曰"一作'衰'"，汤汉注本无此异文，宜从正文。

〔2〕"但"，曾集刻本注曰"一作'惟'"，汤汉注本无此异文，宜从正文。

〔3〕"倏如流电惊"，曾集刻本注曰"一作'倏忽若沉星'"，汤汉注本无此异文，宜从正文。

〔4〕"鼎鼎"，曾集刻本注曰"一作'订订'"，汤汉注本无此异文，宜从正文。

〔5〕"厉响思清远，去来何依依"，曾集刻本注曰"一作'厉响思清晨，远去何所依'，又作'求何依'"，汤汉注本无此异文，宜从正文。

〔6〕"遥"，曾集刻本注曰"一作'更'，又作'终'"，汤汉注本无此异文，宜从正文。

〔7〕"劲"，曾集刻本注曰"一作'动'"，汤汉注本无此异文，宜从正文。

〔8〕"独"，曾集刻本注曰"一作'交'"，汤汉注本无此异文，宜从正文。

〔9〕"不"，曾集刻本注曰"一作'莫'"，汤汉注本无此异文，宜从正文。

其 五

结庐在人境,而无车马喧。

问君何能[1]尔?心远地自偏。

采菊东篱下,悠然[2]见[3]南山。

山气日夕佳,飞鸟相与还。

此中[4]有真意,欲辨已[5]忘言。

其 六

行止千万端,谁知非与是?

是非苟相形,雷同共誉毁。

三季多此事,达士[6]似不尔。

咄咄俗中愚[7],且当从黄绮。

其 七

秋[8]菊有佳色,裛露掇其英。

---

[1] "能",曾集刻本注曰"一作'为'",汤汉注本无此异文,宜从正文。
[2] "悠然",曾集刻本注曰"一作'时时'",汤汉注本无此异文,宜从正文。
[3] "见",曾集刻本注曰"一作'望'",汤汉注本无此异文,宜从正文。
[4] "中",曾集刻本作"还",又注曰"一作'中'",汤汉注本作"中",且无异文,宜从正文。
[5] "已",曾集刻本注曰"一作'忽'",汤汉注本无此异文,宜从正文。
[6] "士",曾集刻本与汤汉注本皆注曰"一作'人'",宜从正文。
[7] "愚",曾集刻本作"恶",注曰"一作'愚'",汤汉本作"恶",宜从正文。
[8] "秋",曾集刻本注曰"一作'霜'",汤汉注本无此异文,宜从正文。

泛此忘忧物，远我遗[1]世情。
一觞虽[2]独进，杯尽壶自倾。
日入群动息，归鸟趋林鸣。
啸傲东轩下，聊复得此生。

其　八

青松在东园，众草没其[3]姿。
凝[4]霜殄异类，卓然见高枝。
连[5]林人不觉，独树众乃奇。
提壶挂[6]寒柯，远望时复为[7]。
吾生梦幻间，何事绁尘羁[8]？

其　九

清晨闻叩门，倒裳往自开。
问子为谁与？田父有好怀。
壶浆远见候，疑我与时乖。

---

[1] "遗"，曾集刻本注曰"一作'达'"，汤汉注本此无异文，《文选》《艺文类聚》皆作"达"，宜从正文。
[2] "虽"，曾集刻本注曰"一作'聊'"，汤汉注本无此异文，宜从正文。
[3] "其"，曾集刻本注曰"一作'奇'"，汤汉注本无此异文，宜从正文。
[4] "凝"，曾集刻本注曰"一作'晨'"，汤汉注本无此异文，宜从正文。
[5] "连"，曾集刻本注曰"一作'丛'"，汤汉注本无此异文，宜从正文。
[6] "挂"，曾集刻本注曰"一作'抚'"，汤汉注本无此异文，宜从正文。
[7] "时复为"，曾集刻本注曰"一作'复何为'"，汤汉注本无此异文，宜从正文。
[8] "羁"，曾集刻本注曰"一作'羁'"，汤汉注本无此异文，宜从正文。

褴缕茅檐下,未足为高栖[1]。
一[2]世皆尚同,愿君汨其泥。
深感父老言,禀气寡[3]所谐。
纡辔诚可学,违己讵非迷。
且共欢此饮,吾驾不可回。

其　十

在昔曾远游,直至东海隅。
道路迥且长,风波阻[4]中涂。
此行谁使然?似为饥所驱。
倾身营一饱,少许便有余。
恐此非名计,息驾归闲居。

其十一

颜生称为仁,荣公言有道。
屡空不获年,长饥至于[5]老。
虽留身后名,一生亦枯槁。
死去何所知,称心固为好。

---

[1] "栖",曾集刻本与汤汉注本皆注曰"一作'举'",宜从正文。
[2] "一",曾集刻本与汤汉注本皆注曰"一作'举'",宜从正文。
[3] "寡",曾集刻本注曰"一作'少'",汤汉注本无此异文,宜从正文。
[4] "阻",曾集刻本注曰"一作'起'",汤汉注本无此异文,宜从正文。
[5] "于",曾集刻本注曰"一作'凳'",汤汉注本无此异文,宜从正文。

客[1]养千金躯,临[2]化消其宝[3]。
裸葬何必恶,人当解其[4]表。

其十二

长公曾一仕,壮节忽失时;
杜[5]门不复出,终身与世辞。
仲理归大泽,高风始在[6]兹。
一往便当已,何为复狐疑!
去去当奚道,世俗久相欺。
摆落悠悠谈,请从余所之。

其十三

有客常同止,趣舍邈异境。
一士常独醉,一夫终年醒。
醒醉还[7]相笑,发言各不领。
规规一何愚,兀傲差若颖。

---

[1] "客",曾集刻本注曰"一作'各',又作'容'",汤汉注本无此异文,宜从正文。
[2] "临",曾集刻本注曰"一作'幻'",汤汉注本无此异文,宜从正文。
[3] "临化消其宝",曾集刻本注曰"一作'临死镇真宝'",汤汉注本无此异文,宜从正文。
[4] "其",曾集刻本注曰"一作'意'",汤汉注本无此异文,宜从正文。
[5] "杜",曾集刻本注曰"一作'松'",汤汉注本无此异文,宜从正文。
[6] "在",曾集刻本注曰"一作'如'",汤汉注本无此异文,宜从正文。
[7] "还",曾集刻本注曰"一作'递'",汤汉注本无此异文,宜从正文。

寄言酣中客,日没烛当炳[1]。

其十四
故人赏我趣,挈壶相与至。
班荆坐松下,数斟已复醉。
父老杂乱言,觞酌失行次。
不觉知有我,安知物为贵?
悠悠[2]迷所留,酒中有深味[3]。

其十五
贫居乏人工,灌[4]木荒余宅。
班班有翔鸟,寂寂无行迹。
宇宙一何悠[5],人生少至百。
岁月相催逼[6],鬓边早已白。
若不委穷达,素抱[7]深可惜。

---

[1]"烛当炳",曾集刻本作"独何炳",并注曰"一作'当秉',又作'烛当炳'",汤汉注本注曰"一作'独何炳'",宜从正文。
[2]"悠悠",曾集刻本与汤汉注本皆注曰"一作'咄咄'",宜从正文。
[3]"有深味",曾集刻本与汤汉注本皆注曰"一作'固多味'",宜从正文。
[4]"灌",曾集刻本注曰"一作'卉'",汤汉注本无此异文,宜从正文。
[5]"一何悠",曾集刻本注曰"一作'何悠悠'",汤汉注本无此异文,宜从正文。
[6]"催逼",曾集刻本注曰"宋本作'从过'",汤汉注本无此异文,宜从正文。
[7]"抱",曾集刻本注曰"一作'怀'",汤汉注本无此异文,宜从正文。

其十六

少年罕人事，游好在六经。
行行向不惑，淹留自[1]无成。
竟抱固穷[2]节，饥寒饱所更。
敝庐交悲风，荒草没前庭。
披褐守长夜，晨鸡不肯鸣。
孟公不在兹，终以[3]翳吾情。

其十七

幽兰生前庭，含薰待清风。
清风脱然[4]至，见别萧艾中。
行行失故路，任道或能通[5]。
觉悟当念还，鸟尽废良弓。

其十八

子云性嗜酒，家贫无由得。
时赖好事人，载醪祛所惑。

---

[1] "自"，曾集刻本与汤汉注本皆注曰"一作'遂'"，宜从正文。
[2] "固穷"，曾集刻本与汤汉注本皆作"穷苦"，又注曰"一作'固穷'"，宜从正文。
[3] "以"，曾集刻本注曰"一作'已'"，汤汉注本无此异文，宜从正文。
[4] "然"，曾集刻本注曰"一作'若'"，汤汉注本无此异文，宜从正文。
[5] "任道或能通"，曾集刻本注曰"一作'前道或能穷'"，汤汉注本无此异文，宜从正文。

觞来为之尽,是谘[1]无不塞。
有时不肯言,岂不在伐国。
仁者用其心,何尝失显默。

其十九

畴昔苦长饥,投耒去学仕。
将养不得节,冻馁固[2]缠己。
是时向立年,志意多所耻。
遂尽介然分,终死[3]归田里。
冉冉星气流,亭亭复一纪。
世路廓悠悠,杨朱所[4]以止[5]。
虽无挥金事,浊酒聊可恃。

其二十

羲农去我久,举世少复真。
汲汲鲁中叟,弥缝使其淳。
凤鸟虽不至,礼乐暂得新。
洙泗辍微响,漂流逮[6]狂秦。

---

[1] "谘",曾集刻本注曰"一作'语'",汤汉注本无此异文,宜从正文。
[2] "固",曾集刻本与汤汉注本皆注曰"一作'故'",宜从正文。
[3] "终死",曾集刻本注曰"一作'拂衣'",汤汉注本无此异文,宜从正文。
[4] "所",曾集刻本注曰"一作'疎'",汤汉注本无此异文,宜从正文。
[5] "杨朱所以止",曾集刻本注曰"一作'杨歧何以止',又作'杨生所以止'",汤汉注本无此异文,宜从正文。
[6] "逮",曾集刻本注曰"一作'待'",汤汉注本无此异文,宜从正文。

诗书复何罪？一朝成灰尘。
区区诸老翁，为事诚殷勤。
如何绝世下，六籍无一亲？
终日驰车走，不见所问[1]津。
若复不快饮，空负头上巾。
但[2]恨多谬误，君当恕醉人。

写作背景与文本结构

《饮酒》作于义熙末陶渊明不应朝廷征召之后，这是我们关于此组诗首先应当确定的一个认识。沈约《宋书·隐逸传·陶潜传》云："义熙末，征著作佐郎，不就。"[3] 汤汉注《饮酒》其十九"亭亭复一纪"一句时结合上下文云："彭泽之归，在义熙元年乙巳，此云'复一纪'，则赋此《饮酒》诗，当是义熙十二三年间。"[4] 依此则陶渊明这次被征召是在义熙十二至十三年间（耶稣纪元416年—417年）。王瑶承汤汉旧注，认为此组诗作于义熙十三年，并对其十六、其十九两首中几处涉及时间点的诗句的意义做出了明确而重要的澄清："据序文'比

---

[1]"问"，曾集刻本注曰"一作'凭'"，汤汉注本无此异文，宜从正文。
[2]"但"，曾集刻本注曰"一作'所'"，汤汉注本无此异文，宜从正文。
[3]沈约撰：《宋书》第八册，第九十三卷，中华书局，1974年，第2288页。《南史·隐逸传》与此记载相同。
[4]陶潜撰，汤汉注：《宋刊陶靖节先生诗注》影印版，中国书店，2021年，第94页。

夜已长'及'既醉之后，辄题数句自娱'，则这二十首诗当都是同一年秋夜醉后所作的，因此总题为《饮酒》。又第十九首中上面说'终死归田里'，下面说'亭亭复一纪'；一纪是十二年，渊明辞彭泽令归田在晋安帝义熙元年乙巳（四〇五），因知饮酒诗当作于义熙十三年丁巳（四一七），时渊明年五十三岁。第十六首中说'行行向不惑，淹留遂无成'，是追述以前的事情，说明'四十无闻'之意，不是实际作诗的时间。第十九首中说'是时向立年'，也是追叙语气；'亭亭复一纪'，这一句是承'终死归田里'而说，不是承'是时向立年'说的。这时正是晋宋易代前夕，渊明感慨甚多。"[1]这一澄清当然是针对前人在这个问题上的一些错误看法，此处不赘述。[2]

叶嘉莹认为，其九是判断此组诗的写作背景和写作时间的关键，"是理解全组诗的一把钥匙"。具体来说，基于对"清晨闻叩门，倒裳往自开"中所含典故的分析，

---

[1] 王瑶编注：《陶渊明集》，人民文学出版社，1956年，第50页。《苕溪诗话》："此二十首，当是晋宋之际借酒以寓言。骤读之不觉，深求其意，莫不中有寄托。"转引自陶潜著，杨勇校笺：《陶渊明集校笺》，上海古籍出版社，2007年，第139页。
[2] 杨勇在《陶渊明年谱汇订》一文中也同王瑶一样将此组诗的写作时间断在义熙十三年，他说："知《饮酒》诗作于一时，而皆在诏征著作佐郎不就之时。"杨勇对于前人在这个问题上的一些错误看法做了更详细的辨析，特别针对已有的多种陶渊明年谱，参见陶潜著，杨勇校笺：《陶渊明集校笺》，第447—448页。对相关争论的概括性分析亦可参看龚斌：《试论陶渊明〈饮酒〉二十首》，收入氏著：《南山的真意：龚斌说陶渊明》，上海古籍出版社，2023年，第211—212页。

她断言，陶渊明此组诗就是因不应朝廷征召而作。"倒裳"的典故出自《诗经·齐风·东方未明》："东方未明，颠倒衣裳；颠之倒之，自公召之。"叶嘉莹认为，陶渊明此处使用"倒裳"的典故，就是在暗示他被朝廷征召这件事："刘裕篡夺了政权之后，新的朝廷曾经征召陶渊明出去做官，可是陶渊明不肯做官，他决定回到自己的田园去种田，再也不出去了。你要知道，这首诗就正是暗示了这个意思。"[1]叶嘉莹还结合《饮酒》序言进一步阐发了她的这个看法："我以为，这首诗是理解陶渊明这一组诗的关键，而且暗示了他为什么写这样一组诗。陶渊明家里那么穷，不可能有钱买好酒，可是他在"饮酒"诗的序言里说'偶有名酒，无夕不饮'。这酒是哪里来的？我们读了这一首才知道，是有人给他送来了这些酒，并且对他说了这一番话，这才是他写这一组"饮酒"诗的真正原因。"[2]

关于《宋书》陶渊明义熙末被征召为著作佐郎的记

---

[1] 叶嘉莹：《叶嘉莹说陶渊明饮酒及拟古诗》，中华书局，2015年，第98页。将《饮酒》其九的写作与陶渊明义熙末被征一事联系起来，已见于古直的《陶靖节诗笺定本》与《陶靖节年谱定本》。在《陶靖节诗笺定本》中，古直说："详味此诗实为却聘之作。《宋书》本传云：'义熙末，征著作佐郎，不就。'殆即咏此事也。详见年谱。"而根据古直在《陶靖节年谱定本》中的交代，这一看法来自吴汝纶《古诗钞》自注："'吾驾不可回'，此诗殆作于征著作郎称疾不就时。"两处引文分别见《层冰堂五种·层冰文略续编》，第335页，第443页。
[2] 叶嘉莹：《叶嘉莹说陶渊明饮酒及拟古诗》，第101—102页。

载，颜延之《陶征士诔》所记有所不同："有诏征著作郎，称疾不赴。"萧统《陶渊明传》和《晋书·陶渊明传》亦说是"征著作郎"。那么，陶渊明这次被征召，究竟是以著作佐郎的名义还是以著作郎的名义呢？刘奕考察了这个问题并给出了他的回答。他认为应当以沈约所记的"著作佐郎"为是；而对于颜延之等人所记之"著作郎"，他认为可能是由于"著作佐郎"脱漏"佐"字所导致的结果。刘奕还提出一个文献上的史料来证成他的看法。根据《宋书》相关记载，从义熙元年到义熙十二年（耶稣纪元416年），著作郎一直是徐广。因此，如果能够确定陶渊明这次被征召是在义熙十二年前，那么，朝廷就不可能以著作郎的名义征召他。而刘奕正是认为陶渊明这次被征召是在义熙十二年前。《宋书·周续之传》云："既而闲居读《老》《易》，入庐山事沙门释慧远。时彭城刘遗民遁迹庐山，陶渊明亦不应征命，谓之浔阳三隐。"逯钦立等人据此认为可以根据周续之、刘遗民入庐山与慧远交往的时间及浔阳三隐之称呼的形成时间来判断陶渊明被征召的时间。[1] 刘奕重拾此议，又引用《晋书·陶潜传》在引录《归去来辞》之后的一句话作为佐证："顷之，征著作郎，不就。"在他看来，既然"顷之"的意思是"不久"，那么，恰当的结论就是，陶渊明

---

[1] 相关讨论可参见龚斌：《陶渊明年谱考辨》，江西人民出版社，2018年，第192页。

被征召为著作郎或著作佐郎的时间就应当与他"辞官彭泽令相隔并不太久"。推论至此,刘奕也对沈约将陶渊明被征召为著作郎或著作佐郎的时间断在"义熙末"这一点提出了质疑。[1]换言之,他倾向于通过进一步解释《晋书》的记载来质疑《宋书》的记载。

对此,龚斌的辨析仍然有力:"以上诸说多据'浔阳三隐'的传说考订陶渊明不就著作郎之年,再据刘遗民的卒年,推断陶渊明不应征命的时间,这其实未必能得其实。据《宋书·周续之传》叙续之'入庐山事沙门释慧远,时彭城刘遗民遁迹庐山,陶渊明亦不应征命,谓之浔阳三隐',时在刘毅镇姑孰之前。又《通鉴》卷一一五《晋纪》三七胡注,时刘毅以豫州刺史镇姑孰。若胡注可信,这至迟在义熙六年,'浔阳三隐'之名已播在人口。渊明不应征命当不止一次。义熙六年之前,州府可能征召渊明,渊明不就。"[2]也就是说,《周续之传》中所载陶渊明不应征命,应该不是指义熙末被征召为著作郎或著作佐郎这次,而是更早的一次,因而不能被用来作为判定陶渊明何时被征召为著作郎或著作佐郎的证据。至于《晋书》中所言"顷之",毕竟是一个比较模糊的表达,尤其是从后来的写作者的时间点来看,五年或十年似乎都可以说是"顷之"。而以写作时间较晚的

---

[1] 参见刘奕:《诚与真:陶渊明考论》,第46—50页。
[2] 龚斌:《陶渊明年谱考辨》,第192—193页。

《晋书》来质疑写作时间较早的《宋书》，也不合考证的常理。

不过，刘奕考证出徐广在义熙元年到义熙十二年一直任著作郎的史事反倒能够成为陶渊明这次被征召发生在义熙末的一个旁证。既然徐广于义熙十二年从著作郎"迁秘书监"，意味着著作郎的位置在义熙十二年才出现了空缺，那么，这时朝廷欲召陶渊明为著作郎就是一件合情合理的事。龚斌在汤汉、王瑶所论的基础上，重新计算了"亭亭复一纪"所指的时间。他将《丙辰岁八月中于下潠田舍获》中"曰余作此来，三四星火颓"之句与《饮酒》其十九中"冉冉星气流，亭亭复一纪"之句关联起来，认为这两处所指的时间相同；而既然在前一首诗中，陶渊明说自己从辞彭泽令那一年（义熙元年）到丙辰年（义熙十二年）正好是十二年，那么，"亭亭复一纪"所指的时间也就应当是义熙十二年而非义熙十三年。因此他得出结论说，《饮酒》组诗的写作时间当是义熙十二年。他还提出了另一个旁证，即义熙十二年颜延之仍在江州，如果《饮酒》其十四中的"故人"是指颜延之的话，那么，这个时间也能对得上。[1] 综合以上看法，我认为龚斌的分析最为完备、精确，也就是说，《饮

---

[1] 陶渊明著，龚斌校笺：《陶渊明集校笺（修订本）》上册，上海古籍出版社，2019年，第250页。龚斌还根据《宋书·武帝纪》及《宗炳传》所载义熙十二年刘裕辟士的史实提出"渊明或许也在此年与宗炳、周续之并为征辟"的猜测，见龚斌：《陶渊明年谱考辨》，第193页。

酒》组诗作于义熙十二年秋冬时节。

确定了此组诗的写作背景与写作时间，我们就能够对其内部次序与整体结构做一理解了。由于陶渊明在序言中说"纸墨遂多，辞无诠次"，因此不少人认为《饮酒》类同"杂诗"，二十首的排列并无特别的次序，从而也就谈不上整体结构的问题了。如谭元春说："妙在题是《饮酒》，只当感遇诗、杂诗，所以为远。"[1]甚至王夫之都说："《饮酒》二十首，尤为泛滥。"[2]这种看法其实表明论者对于此组诗缺乏整体性的理解，至于引序言中"辞无诠次"以为之说，亦不能成立。序言中说："既醉之后，辄题数句自娱，纸墨遂多，辞无诠次，聊命故人书之，以为欢笑尔。"细察文意，"辞无诠次"是就各首诗的创作过程而言的，后面又说"聊命故人书之"，则是就作者将各首诗编排在一起而成为一组诗的过程而言的。质言之，陶渊明这里的意思恰恰是说，各首诗被创作时并无现在看到的次序，而在他"命故人书之"时才有了现在看到的次序。因此，我们甚至可以说，序言中的这段话恰恰不是为了说明此组诗是无诠次的，反而是为了说明它们是有诠次的。

陶学史上强调这二十首的安排有次序、有章法但又

---

[1] 见《陶渊明资料汇编》下册，第154页。另，最早《文选》收入《饮酒》其五、其七，就是标以"杂诗"，而后来的《艺文类聚》《续梦溪笔谈》引此同。
[2] 见《陶渊明资料汇编》下册，第166页。

多为人诟病的是明人黄文焕。他说：

> 陶诗凡数首相连者，章法必深于布置。《饮酒》二十首尤为淋漓变幻，义多对竖，意则环应。其明及酒者十一。觞忽欢持，标我之达；酒不肯饮，叹人之愚。菊佳则饮，松奇则饮，此因景而饮者也。田父见候则饮，有客同止，则彼即不饮而我仍自饮，故人挈壶则又饮，此因人而饮者也。陈孟公嗜酒，每饮，宾客满堂，古之以我招人饮者也。扬子云嗜酒，家贫不能常自给，好事载醪问奇，古之仗人资我饮者也。田父故人，为居今之酒伴，孟公、子云，为尚友之酒侣，志意多耻，不能俛随世路，则当亟以饮酒自壮自恃。六籍莫亲，未能仰追古圣，则又姑以饮酒自遣自恕。此其层层对竖之义也。其不及酒者凡九。或举所可慨，或举所可欣，令人读未竟而消愁志喜，思亟起以索尝焉。不言饮之中，益深于欲饮矣。二首积善之竟无报，可慨孰甚于此，当因愁饮。四首失群之忽得所，可欣孰大于此，当因喜饮。五首人境无喧，日夕佳气，又最可欣，当再以喜饮。六首俗中多恶，毁誉万端，又最可慨，当再以愁饮。十首追昔日远游之风波，今日幸得归家，闲居岂是容易，欣莫长焉，所当以昔日庆今日而饮。十一首叹他日死去之奚知，今日赖犹未死，光阴亦总无多，慨莫深焉，益当以他日催今日而饮。十二

首世俗相欺，申前俗恶之慨，所自决者从余，不饮复何所之。十五首人生少百，申前死去之慨，所自仗者素抱，不饮即深可惜。十五首行而路失，悟而念还，欣慨交心，为失为还，其问诸酒杯乎？此又层层对竖之义也。至其字句环应，互洗互翻，牵连只属一丝，错综分为万绪，示达则曰"达人解其会"，"达人似不尔"；寄傲则曰"啸傲东轩下"，"兀傲差若颖"；剖疑则曰"逝将不复疑"，"何为复狐疑"；戒同则曰"一世皆尚同"，"雷同共誉毁"；矢节则曰"不赖固穷节"，"竟抱固穷节"；愤俗则曰"咄咄俗中恶"，"世俗久相欺"；溯情则曰"人人惜其情"，"远我遗世情"，"终以翳吾情"；晰名则曰"但顾世间名"，"恐此非名计"，"虽留身后名"；明意则曰"此中有真意"，"人当解意表"，"志意多所耻"；考言则曰"何事空立言"，"欲辨已忘言"，"寄言酬中客"，"发言各不领"，"父老杂乱言"种种，以前说起后说，以后说洗前说，由浅入深，用翻助厚，端倪出没，步步穿插。其余语卉木则曰"采菊东篱"，曰"秋菊佳色"，曰"孤生松"，曰"东园松"，曰"班荆松下"；语飞禽则曰"失群鸟"，曰"还山鸟"，曰"趋林归鸟"，曰"班班翔鸟"；小小点缀亦皆互映浅深。至大关目、大本领所在，则归宿于孔子与六经，以为殿章闳议。举邵平、夷齐、黄绮、颜生、荣公、长公、仲理、孟公、子云，总至孔子而极；举百世三季，意中意表，行止趣舍，是非毁誉，总至六经而定。收拾最紧，而线索实从前面预伏。末章慨世曰"举世少复真"，前之自负曰"此中有真意"；末章慨世曰"六籍无一亲"，前之自负曰"游好在六经"，兼之以"道丧向千载"，"任道或能通"。多少庄论，呼应分布，遂使饮酒题目，忽成讲学坛坫，乃参差错落，却又不露一毫道学腐痕。末押一语曰"君当恕醉人"，世之不亲六籍，奔走利欲，罪或难恕，吾之游好六经，虽淹留无成，而别无他肠，但耽杯酒，罪或可恕乎？似正似谐，亦狂亦欢，诗心灵妙，真神矣化矣！诠次之工，莫工于此。而题序乃曰辞无诠次，盖藏诠次于若无诠次之中，使人茫然难寻，合汉、魏与三唐，未见如此大章法。[1]

从黄文焕对"义多对竖，意则环应"的详细阐发来看，他的解读有明显的文本根据，并非如龚斌所批评的那样是"刻意求深"。[2] 不过，像他那样紧扣饮酒这一表层主题来分析二十首中所存在的意义关联，并不能够使我们对《饮酒》的内部次序与整体结构有一个清晰的理

---

[1]《陶渊明资料汇编》下册，第154—156页。
[2] 龚斌：《试论陶渊明〈饮酒〉二十首》，收入氏著：《南山的真意：龚斌说陶渊明》，第207页以下。另如杨勇，对黄文焕的这一看法的评价是"真穿凿可笑"。见陶潜著，杨勇校笺：《陶渊明集校笺》，第140页。

解。而他认为此组诗的大关目、大本领在"归宿于孔子六经",虽然也可以说是点到了要害处,但并未能将此要害真正说清楚。在此,基于此组诗创作时无诠次而书写时有诠次的认识,我将提出一个对《饮酒》的内部次序和整体结构的新理解。

前面论及其九对于我们理解此组诗的写作背景和写作时间的关键意义,亦提及二十首中最脍炙人口的当数其五,而一般读过此组诗之后,给人印象深刻的可能还有其四、其二十等。从这几首的序数中我们能够发现某种规律,从而能够提出一个推断:《饮酒》二十首,如若分节的话,则可能是以四首为一节,因为如若以四首为一节,则五和九都处于一节的开始位置,四和二十都处于一节的末尾位置,而开始与末尾都可能是一节中的关键位置。按照这个推断,我们就能将《饮酒》组诗二十首分成五节,而各节的主旨也就向我们清晰地呈现出来了:第一节从其一到其四,说避世之缘由;第二节从其五到其八,明归隐之志趣;第三节从其九到其十二,申不就之主意;第四节从其十三到其十六,陈饮酒之隐情;第五节从其十七到其二十,表弘道之初心。五节主旨虽各有不同,但所说实为同一件事,而这正可解释黄文焕所发现的"义多对竖,意则环应"的现象。其实,"义多对竖,意则环应"——尤其是"意则环应"——不仅表现在《饮酒》的二十首之间,也表现在《饮酒》与陶渊明其他诗文之间。且《饮酒》以二十首之多而成一整体,若言其意义与其他诗文多有相应，则《饮酒》即可被视为最能表现陶渊明精神世界之全貌的绝佳代表作。[1]以下即依《饮酒》之节次展开详细阐释，并就《饮酒》二十首与陶渊明其他诗文之意义相应处逐一提点。

说避世之缘由

第一节四首诗之间的关联只有通过正确的解读才能被看清楚。其一从"衰荣无定在"起头，直指生活中的无常体验：无论是自然之荣枯，还是人事之兴衰，看起来都是无常的。关于"彼此更共之"，在此让我们引用叶嘉莹的解读："'更'……是互相更替的意思，'共'是共同结合在一起，这句话的意思还不只是说衰败和荣华的相互交替，而是说当你衰败的时候，可能就已经种下了荣华的种子；而当你繁华荣耀的时候，也可能埋下了衰败的因由了。"[2]衰败与荣华是无常的，不仅互相更替，而且紧密地结合在一起，在直接讲出这种现象级的生活体验之后，陶渊明马上拈出历史上的一个真实例子来说明："邵生瓜田中，宁似东陵时"。邵生的故事出自司马迁《史记·萧相国世家》："邵平者，故秦东陵侯。秦破，

---

[1] 杨勇说："此实陶诗之冠冕。薛雪《一瓢诗话》：'陶征士《饮酒》，前无古人，后无来者，真有绛云在霄，舒卷自如之致。'非虚美也。"陶潜著，杨勇校笺：《陶渊明集校笺》，第139页。
[2] 叶嘉莹：《叶嘉莹说陶渊明饮酒及拟古诗》，第46页。

为布衣，贫，种瓜长安城东。瓜美，故世俗谓之东陵瓜。"陶渊明举邵平的例子只是为了证明"衰荣无定在，彼此更共之"的现象，旧注或认为陶渊明此处有自比邵平的意思，实在是大错特错，此不待辩。

接下来的"寒暑有代谢，人道每如兹"，是对"衰荣无定在，彼此更共之"现象展开的描述，是从自然与人道分别说明这种现象，从语脉看也可以解读为对这种现象的再次强调。"寒暑有代谢"容易让人想到四季的轮回，如若有人因此而认为此句所指向的是一种轮回体验，而与"衰荣无定在"所指向的无常体验并不相同，则属于过度解读。无常体验所能唤起的往往是一种伤感之情，即使表达最终落到说理上也是如此。然而，正当与无常体验相伴随的那种伤感之情有可能被以强化的方式再次唤起的时候，诗人突然语气一转，以异常肯定的口吻说："达人解其会，逝将不复疑。"之后又紧接着说："忽与一樽酒，日夕欢相持。"很容易看到，这里存在着一种情绪上的明显转变，即从那种与无常体验相伴随的伤感之情转变为一种弥漫到日常生活的大部分时间的欢乐之情。也不难想到，理解诗中所描述的这种情绪上的明显转变是理解这首诗的关键所在。

表面上看，此处的欢乐来自突然有了酒喝这件事，但从语脉还是可以读出，诗人在此更想要表达的是，能够从那种与无常体验相伴随的伤感之情转变为那种弥漫到日常生活的大部分时间的欢乐之情，端赖于达人的达观。既然"达人解其会"中的"解"意味着这句指向人的认知活动，那么，这里所描述的转变就能够被恰当地概括为，因认知上的转变而导致的情绪上的转变。对于"达人解其会"中的"达人"，注家多以为是陶渊明自喻，但从上下文来看，这里的"达人"首先不是陶渊明的自喻，而是另有所指。对于"达人解其会"中的"会"，注家多以笼统的"理"释之而再无深究，但真正的问题恰恰在于，这里的"会"或者说这里的"理"究竟是指什么。从文意看，这里的"会"就是指衰败与荣华之"更共"，于是，以"理"言之，"达人解其会，逝将不复疑"的意思就是，达人已然明白了衰荣更共之理，我们就不必再对此有所怀疑了。这就意味着说，衰荣更共是我们容易观察到的现象——观察到这一点只能使我们徒生那种伤感之情，但要明白衰荣更共背后的道理却不那么容易——明白了这一点才有可能让我们从那种伤感之情转变为那种欢乐之情，或至少是不再那么伤感。可见，要确切地理解"达人解其会"这一句，就需要明确回答这个问题：究竟什么才是达人所明白了的衰荣更共之理？与此相关，可能也需要回答：究竟谁是这里所说的达人？很显然，这首诗从"达人解其会，逝将不复疑"一下转到"忽与一樽酒，日夕欢相持"就结束了，并没有给出任何相关的答案。答案要到哪里去寻找呢？回答是：到下一首中。

以往的解释者有不少人都注意到，《饮酒》其二与《史记·伯夷列传》有密切关系。[1]尽管这意味着他们把握到了正确的解释方向,但到目前为止,对这首诗全面、深入、清晰的理解仍归阙如,而其原因恰恰在于《伯夷列传》有其难解处。[2]从结构上看,这首诗的内容包括两部分。第一部分叙述了伯夷、叔齐的故事("积善云有报,夷叔在西山"),然后提出一个疑问:"善恶苟不应,何事空立言?"第二部分叙述了荣启期的故事("九十行带索,饥寒况当年"),然后以反问的方式指向一个肯定的回答:"不赖固穷节,百世当谁传?"而在《伯夷列传》最后,司马迁有一番重要的议论,在结构上正可分为两部分:第一部分也是先叙述,后提问,意在引出疑问;第二部分则多处引用孔子的话,最后也是以反问的形式指向一个肯定的回答。仔细分析可知,《饮酒》其二的前后两部分与《伯夷列传》最后的议论的前后两部分具有明显的对应关系,前者实际上是以诗的形式而对后者的重新书写。这也就意味着,只有真正理解了《伯夷列传》,尤其是它最后两段的议论,我们才能真正理解《饮酒》其二。

---

[1] 清人沈德潜在注这一首时说:"《伯夷传》大旨已尽于此。末二句,马迁所云'亦各从其志也'。"沈德潜:《古诗源》,中华书局,2006年,第171页。现代以来的解释者大多会指出这一首与《伯夷列传》的关联。
[2] 我在前一篇分析《形影神》组诗的《渴望不朽与纵浪大化》中,已经对这一首提出了新的概要性理解,但不够全面、细致,此处做一更详细、深入的解读。

《伯夷列传》为《史记》列传之首，其重要性似乎从未被忽视，但该篇之意旨并不容易把握，如刘咸炘即认为该篇大义久晦，待他发掘刘知几、浦起龙、冯班、章学诚等人的相关看法，并注解其祖父刘沅的相关评语，才使该篇的意旨得以彰明。刘咸炘指出，《伯夷列传》"为七十列传之总序"，其主旨在阐明"考信于六艺，折衷于孔子"的史学立场：

> 此篇特举许由、伯夷二事，以明古事之多异辞，为全书考信六艺、折衷夫子发凡，非专为伯夷一人作传，不标为由、夷作传而但标伯夷者，以由事不足信，夷经孔子论定也。不然，伊尹、傅说何不立传，乃独以伯夷冠篇邪？伊、傅事迹，明著六艺，不待传也。百三十篇各有主旨，此篇主旨在考信六艺，质而言之，即谓之考信六艺列传可也。[1]

---

[1] 刘咸炘：《太史公书知意》，收入刘咸炘著，黄曙辉编校：《刘咸炘学术论集（史学编）》上册，广西师范大学出版社，2007年，第94—95页。刘知几辨析《伯夷列传》之主旨并不是为了说明"善而无报"，浦起龙即指出《伯夷列传》"当作七十列传总序观"，认为"人兼显晦，事待表章"，而该篇"所传在伯夷，所附托乃在孔子也"。冯班则明确指出《伯夷列传》为"七十列传之凡例"，而曰："本纪、世家，事迹显著，若列传，则无所不录，然大旨有二，一曰征信，不经圣人表章，虽遗冢可疑，而无征不信，如由、光是已。一曰阐幽，积仁洁行，虽穷饿崖穴、困顿生前而名施后世者，如伯夷、颜渊是已。"章学诚亦以《伯夷列传》为"七十列传作叙例"，认为司马迁借该篇"以明己之去取奉夫子为折衷"，且"篇末隐然以七十列传窃比夫子之表幽显微"。刘咸炘在发掘了这些人的看法后加按语说："前人于此篇居首之意多妄生曲说，（转下页）

我们若依此观点来看《伯夷列传》前面两段的内容，则其文脉清楚可见。让我们首先将前面两段的内容全文引出：

> 夫学者载籍极博。尤考信于六艺。《诗》《书》虽缺，然虞、夏之文可知也。尧将逊位，让于虞舜，舜、禹之间，岳牧咸荐，乃试之于位，典职数十年，功用既兴，然后授政。示天下重器，王者大统，传天下若斯之难也。而说者曰："尧让天下于许由，许由不受，耻之逃隐。及夏之时，有卞随、务光者。"此何以称焉？太史公曰：余登箕山，其上盖有许由冢云。孔子序列古之仁圣贤人，如吴太伯、伯夷之伦详矣。余以所闻，由、光义至高，其文辞不少概见，何哉？

> 孔子曰："伯夷、叔齐，不念旧恶，怨是用希。""求仁得仁，又何怨乎？"余悲伯夷之意，睹轶诗可异焉。其传曰：伯夷、叔齐，孤竹君之二子也。

（接上页）知几之论，可以廓清之，至于发明本旨，则浦氏尚属含糊。冯、章乃能精显，惟皆未知由、光及伯夷叩马之事，史公本已辨明其不足信，甚矣读书之难也。"刘沅的评语即以"考信六艺"说《伯夷列传》之主旨，刘咸炘的疏语又顺其发挥，而补冯、章之不足。另，刘咸炘说他写成此篇后才看到方苞如有《伯夷列传解》一文，所论甚畅，故附全文于后。

父欲立叔齐。及父卒,叔齐让伯夷。伯夷曰:"父命也。"遂逃去。叔齐亦不肯立而逃之。国人立其中子。于是伯夷、叔齐闻西伯昌善养老,"盍往归焉"!及至,西伯卒,武王载木主,号为文王,东伐纣。伯夷、叔齐叩马而谏曰:"父死不葬,爰及干戈,可谓孝乎?以臣弑君,可谓仁乎?"左右欲兵之。太公曰:"此义人也。"扶而去之。武王已平殷乱,天下宗周,而伯夷、叔齐耻之,义不食周粟,隐于首阳山,采薇而食之。及饿且死,作歌,其辞曰:"登彼西山兮,采其薇矣。以暴易暴兮,不知其非矣。神农、虞、夏忽焉没兮,我安适归矣?于嗟徂兮,命之衰矣。"遂饿死于首阳山。由此观之,怨邪非邪?〔1〕

司马迁一开篇即说:"夫学者载籍极博。尤考信于六艺。"依刘咸炘之见,正是直接表明全文主旨。〔2〕接着说到许由之事,指出虽有传说为凭,遗冢为证,但孔子未

---

〔1〕司马迁撰,裴骃集解,司马贞索隐,张守节正义:《史记》第七册,第2121—2123页。分段、标点略有改动。
〔2〕刘沅在此句后评曰:"一起便揭明六艺可信,不当信其他。"刘咸炘疏曰:"太史公撰百三十篇书,自黄帝,迄于汉武,全以六经、孔、孟为宗,周、秦间子书传记载古事多异辞,必奉六艺以折百家,其义散见本纪、世家、列传,本纪始于黄帝,曰'百家言黄帝者多不雅驯',此则曰'犹考信于六艺',《孔子世家》则曰'言六艺者皆折衷于夫子',此三处三言合之,便见全书宗旨。"刘咸炘:《太史公书知意》,收入刘咸炘著,黄曙辉编校:《刘咸炘学术论集(史学编)》上册,第96页。

言，故不足信。[1]第二段即过渡到伯夷之事，先引孔子之言，说明伯夷并无怨，然后引轶诗言其有怨，最后以"怨邪非邪"的反问句作结，也是以孔子之言为断，阐明轶诗言其有怨之非。[2]

---

[1] 刘沅在"何哉"后评曰："孔子旁搜六艺，是学者考信之宗，未经孔子序列，终不敢确信为有。"又曰："此段引许由、务光作衬，见孔子未言，故不敢如伯夷与之立传。"刘咸炘疏曰："考信六艺，尤必折衷孔子。六艺所无，以孔子之言为断，如黄帝、许由、伯夷是也。黄帝为本纪之首，伯夷为列传之首，文中以明著之。惟泰伯为世家之首，自来偶有说者，皆谓泰伯、伯夷皆让德，列于首以表让。此似是而非。此书之意不专在表让，自黄帝迄于汉武，所褒贬发明多矣，岂专重一让字。若云规切，当时汉武又无不让之失，且果表让，何不以尧、舜冠本纪邪？纷纷罔罔，失之目睫，不知此篇固已明言，'孔子序列古之仁圣贤人，如吴太伯、伯夷之伦'二语已表明世家冠首之意，太伯仅一见于《诗》，而其事不见于《书》，亦以孔子称之而传，与伯夷同。以黄帝、泰伯、伯夷分冠本纪、世家、列传，皆考信六艺、折衷孔子也。《太伯世家》末直引孔子'至德'数语，与此传引孔子四语正同。黄帝之事，见于《大戴记·五帝德》，出于孔子，故本纪全载之，伯夷则全不见六艺，而有孔子之言可证。若许由、随、光则六艺无之，孔子不言，且考信于舜、禹之让，而其事又背于义，何可信哉？燕哙之让子之，即由误信许由之事，谬说之误人甚矣。"刘咸炘：《太史公书知意》，收入刘咸炘著，黄曙辉编校：《刘咸炘学术论集（史学编）》上册，第97—98页。

[2] 刘沅在"怨邪非邪"后评曰："颇疑其怨。"又曰："此段乃入夷、齐，先以孔子之言为主，乃言'轶诗可异'，异者，异其与孔子之言戾也。孔子谓夷、齐不怨，而轶诗乃言其怨，故不足信。"刘咸炘疏曰："传乃轶诗之传古者，承上文，词甚明白。王若虚曰：'传曰二字，吾所不晓，迁所记古人事，孰非摭诸前书，而此独称传乎？'此真不明文势矣，经外皆称传，传事、传义无分，《毛诗传》犹间载事，经传、史传同源，章实斋已详论。《索隐》谓是《韩诗外传》，今《外传》无其事，特详载其不可信之事而驳之者，以示考信六艺、折衷孔子之准则。叩马事又见《庄子·让王》《吕氏春秋·诚廉》，独举轶诗传者，以其托于六艺也。"刘咸炘：《太史公书知意》，收入刘咸炘著，黄曙辉编校：《刘咸炘学术论集（史学编）》上册，第98页。

刘咸炘的这一观点非常有见地，的确可以说是廓清了前人在这个问题上的很多错误理解。不过，刘咸炘虽然提出了这一洞见，但他对于司马迁在《伯夷列传》中基于何种理由提出"考信于六艺，折衷于孔子"的主张并未有清晰的说明。概而言之，司马迁阐明"考信于六艺，折衷于孔子"的合理性，是基于他的天道观与教化观，而《伯夷列传》的最后两段，正是司马迁关于天道与教化的论述。从刘咸炘对其祖父刘沅关于《伯夷列传》评语的注解中，我们能够看到，刘咸炘对《伯夷列传》最后两段的理解存在着不小的问题，至少是在理解的分寸上不够到位，他也未能充分阐明最后两段与前面两段之间的意义关联，而这当然也是由于最后两段与前面两段相比有更多的难解之处。

让我们在此引出《伯夷列传》最后的议论的全文：

> 或曰："天道无亲，常与善人。"若伯夷、叔齐，可谓善人者非邪？积仁洁行如此而饿死！且七十子之徒，仲尼独荐颜渊为好学。然回也屡空，糟糠不厌，而卒蚤夭。天之报施善人，其何如哉？盗跖日杀不辜，肝人之肉，暴戾恣睢，聚党数千人横行天下，竟以寿终。是遵何德哉？此其尤大彰明较著者也。若至近世，操行不轨，专犯忌讳，而终身逸乐，富厚累世不绝。或择地而蹈之，时然后出言，行不由径，非公正不发愤，而遇祸灾者，不可胜数也。

余甚惑焉,倘所谓天道,是邪非邪?

子曰:"道不同不相为谋。"亦各从其志也。故曰"富贵如可求,虽执鞭之士,吾亦为之。如不可求,从吾所好。""岁寒,然后知松柏之后凋"。举世混浊,清士乃见。岂以其重若彼,其轻若此哉?"君子疾没世而名不称也。"贾子曰:"贪夫徇财,烈士徇名,夸者死权,众庶冯生。""同明相照,同类相求。""云从龙,风从虎,圣人作而万物睹。"伯夷、叔齐虽贤,得夫子而名益彰。颜渊虽笃学,附骥尾而行益显。岩穴之士,趣舍有时若此,类名堙灭而不称,悲夫!闾巷之人,欲砥行立名者,非附青云之士,恶能施于后世哉?[1]

第一段首先引用了"天道无亲,常与善人"的格言,然后列举了一些事例,而这些事例看起来似乎能够被解读为"善人不得善报,恶人反得善报",最后引出了一个关于天道的疑问:"倘所谓天道,是邪非邪?"对第一段的理解存在很大的问题,尤其是现代以来的一些学者,往往从中得出司马迁"不信天道"的结论。[2]其实

---

[1] 司马迁撰,裴骃集解,司马贞索隐,张守节正义:《史记》第七册,第2124—2127页。
[2] 如钱锺书针对这一段说:"马迁唯不信'天道'(divine justice),故好言'天命'(blind fate);盖信有天命,即疑无天道,曰天命不可知者,乃谓天道无知尔。天道而有知,则报施不爽,人世之成亏荣悴,(转下页)

自真风告逝,大伪斯兴 | 107

如果我们细察"倘所谓天道，是邪非邪？"这个疑问句，就可以知道，司马迁在这里并没有质疑"天道无亲，常与善人"这句格言，更没有质疑天道的存在，而是针对前面的事例分析中所呈现出来的对"天道无亲，常与善人"的报应论解读提出了质疑。[1]所谓对"天道无亲，常与善人"的报应论解读，即指这样一种看法：将天理解为一个至上的、直接施报应的主宰者，认为天以其绝对的主宰能力让善人得到善报，让恶人得到恶报。

具体一点说，在叙述了伯夷、叔齐、颜回等人的事迹之后，司马迁提出了一个质疑："天之报施善人，其何

（接上页）应各如其分，咸得所当，无复不平则鸣或饮恨吞声矣。顾事乃大谬不然，理遂大惑不解。"钱锺书：《管锥编》第一册，中华书局，1986年，第306—307页。又如贺麟也说："太史公在《伯夷列传》里，大发议论怀疑天道的公正。"贺麟：《王船山的历史哲学》，收入氏著：《文化与人生》，商务印书馆，2006年，第259页。晚近如王子今，认为这段文字表达了对天道与运命的怀疑，具有值得人们珍视的积极意义。见王子今：《千秋太史公：司马迁的史学与人类学》，书海出版社，2018年，第667页。

[1] 刘沅认为司马迁这里也是在怀疑天道，故而他评"或曰"至"其何如哉"曰："即善人以疑天道。"评"盗跖日杀不辜"至"较著者也"曰："即不善人以疑天道。"评"若至近世"至"是邪非邪"曰："此段以夷、齐为善人而穷饿，疑天道不足凭，亦世俗之论，史公借以作波澜。"刘咸炘发挥其祖父的看法，怀疑自"天道无亲"至"不可胜数也"皆或人语，"余甚惑焉"以下为司马迁语。其实这意味着他也未能正确理解这段话的意思，也错误地认为司马迁在这里是在质疑天道的存在。刘咸炘：《太史公书知意》，收入刘咸炘著，黄曙辉编校：《刘咸炘学术论集（史学编）》上册，第98—99页。

如哉？"这里的意思是说，不能将伯夷、叔齐、颜回等善人遭恶遇的现象理解为上天的报应。这是理解这个质疑的恰当分寸。质言之，司马迁这里并不是在质疑上天的存在，也不是在质疑上天的至善，从而也不是在质疑"天道无亲，常与善人"这句格言，而是在质疑对"天道无亲，常与善人"的报应论解读。接着，在叙述了盗跖的事迹之后，司马迁提出了相应的质疑："是遵何德哉？"显然这里的质疑针对的仍是对天道的报应论解释，而非天道本身，换成前面的句式就相当于说："天之报施恶人，其何如哉？"其意思显然是说，不能将盗跖等恶人得到善终的现象理解为上天的报应——正如同前面所说，不能将伯夷、叔齐、颜回等善人遭恶遇的现象理解为上天的报应一样。概言之，司马迁这里所提出的质疑是说，如果"天道无亲，常与善人"是指上天主宰着人世间的报应的话，那么，怎么会出现像伯夷那样"积仁洁行如此而饿死"和盗跖"横行天下，竟以寿终"那样的情况呢？澄清了这一点也意味着我们能够对这一段最后的疑问"倘所谓天道，是邪非邪？"做出恰当的理解：既然存在善人遭恶遇、恶人得善终的现象，那么，认为上天主宰着人世间的报应就是错误的。换言之，以报应论来理解天道是错误的。

既然以报应论来理解天道是错误的，那么，什么才是对天道的正确理解呢？与此紧密相关，对善人得恶遇、恶人得善终现象的正确理解又是什么呢？司马迁在议论的第二段其实就是要回答这两个相关的问题。如果说缺乏恰当的分寸感从而难免于过度推论是我们在理解第一段时容易发生的问题的话，那么，语义与语义关联上的不清楚则是我们在理解第二段时容易遭遇的困难。在这一段中，司马迁首先引用了一句孔子的话："道不同不相为谋。"然后说："亦各从其志也。"以"道不同不相为谋"来说明"各从其志"，这一点不难理解。而从上下文可知，这里的"亦"字，是关联于前一段中伯夷、叔齐、颜回等操行高洁之人与盗跖等操行不轨之人的区别而言的，这一点也不难理解。[1] 但是，这里拈出"各从其志"，是想说明什么呢？这是我们在理解的起点处能够提出的一个引导性问题。

同样从上下文可知，道不同不相为谋，是指善人与恶人道不同，关联于后面"同类相求"之说，此亦可以说善人与恶人"各从其类"。从现象层面看，善人与恶人的"各从其类"，是根据有德与无德来区分的，此即可概括为类由德分。而说伯夷这样的善人与盗跖那样的恶人"各从其志"，隐含的意思是说，善人之为善人，取决于其从善的志向，此即可概括为德由志趋。将类由德分与德由志趋放在一起加以推理，我们就能得到这样一个结论：人的"各从其类"，取决于人的"各从其志"，此即

---

[1] 意即孔子所言"道不同不相为谋"，亦如前面所述伯夷等人与盗跖等人的"各从其志"。

可概括为类由志分。[1]

与德由志趋相对的是福由命定，这里司马迁又引孔子的话进行对举性说明："富贵如可求，虽执鞭之士，吾亦为之。如不可求，从吾所好。"从吾所好对应于德由志趋，执鞭亦对应于福由命定，二者之对比正如孟子所言："求则得之，舍则失之，是求有益于得也，求在我者也。求之有道，得之有命，是求无益于得也，求在外者也。"（《尽心上》）也就是说，富贵福泽之求是"求在外者"，因为富贵福泽根本上来说并不取决于人的志向，是虽应当"求之有道"但终究是"得之有命"的；而仁义德行之求是"求在我者"，因为仁义德行根本上来说取决于人的志向，是"求则得之，舍则失之"的。前后句之所以能够用一个"故曰"联结，正是因为我们在澄清德由志趋时就能够对照性地呈现出求福相对于求德的不同效应模式，即福由命定。

接着，司马迁继续引用孔子的话做进一步阐发："'岁寒，然后知松柏之后凋'。举世混浊，清士乃见。"以"岁寒，然后知松柏之后凋"类比性地说明"举世混浊，清士乃见"，这一点不难理解，尤其是当我们能够从前面的分析中看到，司马迁这里想要强调的是，清士

---

[1] 刘沅在"其轻若此哉"后评曰："志字重看，知轻重则知天道而不怨。"刘咸炘疏曰："此足见史公议论虽激昂而仍归于正。"刘咸炘：《太史公书知意》，收入刘咸炘著，黄曙辉编校：《刘咸炘学术论集（史学编）》上册，第99页。

之所以为清士，乃在于其志向与德行的高洁，"举世混浊"不过是反衬出清士志向与德行的高洁而已，正如岁寒反衬出松柏之后凋一样。紧接着的是一个反问句："岂以其重若彼，其轻若此哉？"对于这个反问句，从迄今为止的研究中我们还看不到让人满意的理解。从语法层面看，理解的难点大概在于，不仅一句之中包含了"其""彼""此"三个指代词，而且整句又是一个可能导致歧义的反问句。顾炎武也曾注意到这一句的不易理解，而他提出的理解是："'其重若彼'，谓俗人之重富贵也；'其轻若此'，谓清士之轻富贵也。"[1]现代以来的解释者多以顾炎武的理解为是，其实按照顾炎武的理解，不仅这一句说不通，关联于上下文也说不通。

实际上，我们仍然能够从语法层面找到一些通向正确理解的蛛丝马迹。这一段最后提到"岩穴之士，趣舍有时若此"，从上下文可知，这里的"此"即指伯夷、叔

---

[1] 顾炎武著，黄汝成集释，栾保群、吕宗力校点：《日知录集释（全校本）》下册，上海古籍出版社，2006年，第1522页。这个解释意味着将"重"与"轻"解释为"重富贵"与"轻富贵"，而将"彼"与"此"分别解释为"俗人"与"清士"，"其"字则被看作修饰"重"与"轻"的虚词。叶嘉莹则将"岂以其重若彼，其轻若此哉？"与上一句"举世混浊，清士乃见"连读，而将"其"解读为"清士"，认为"其重若彼，其轻若此"的意思是，"那些'清士'们所看重、所认为最首要的，是'彼'；是那品德的美好与高洁，他们所看轻的，是'若此'，是像这些诸如眼前的荣华富贵、功名利禄之类的事情"。这个解释也不通，因为若如此，则"岂以"所表达的反问就无所着落了。引文见叶嘉莹：《叶嘉莹说陶渊明饮酒及拟古诗》，第58—59页。由此可见，正确理解这个反问句的关键性难点在于如何正确理解句中的"其"。

齐、颜回以及近世"择地而蹈之"者等操行高洁之士，这就为理解"其轻若此"中的"若此"提供了确切的答案。相应地，与"此"相对的"彼"即指前一段中所提到的盗跖以及近世操行不轨之人，而这也就为理解"其重若彼"中的"若彼"提供了确切的答案。[1]于是，问题就剩下，"其重若彼，其轻若此"中的那个"其"，也能够根据上下文的语法关联找到其实际所指吗？答案同样是肯定的。将前后两段关联起来读，或许我们能够想到，"其重若彼，其轻若此"一句中的"其"与前一段所说的"天之报施善人，其何如哉？"一句中的"其"是同一个"其"。也就是说，"其重若彼，其轻若此"中的"其"，指代的是天。这样，这个反问句的确切含义就清晰地呈现出来了：难道是因为上天更重视盗跖那样的人，而更轻视伯夷、叔齐、颜回这样的人吗？

很显然这个反问句仍是在质疑上一段中论及的对天道的报应论解读，其言下之意是说，既然我们相信上天是至善的，那么，就不可能相信上天更重视盗跖之类的恶人而更轻视伯夷、叔齐、颜回之类的善人。或者反过

---

[1] 司马贞《史记索隐》曰："谓伯夷让德之重若彼，而采薇饿死之轻若此。又一解云，操行不轨，富厚累代，是其重若彼，公正发愤而遇祸灾，是其轻若此。"显然前一解完全错误，而后一解虽然搞对了"彼"与"此"所对应者，但并未给出清晰、确切的理解。类似的模糊性提示也见于张守节《史记正义》："重谓盗跖等也，轻谓夷、齐、由、光等也。"二处引文俱见司马迁撰，裴骃集解，司马贞索隐，张守节正义：《史记》第七册，第2127页。

来说，既然上天不可能更重视盗跖之类的恶人而更轻视伯夷、叔齐、颜回之类的善人，那么，将伯夷等人之遭恶遇与盗跖等人之得善终解读为上天的报应就是错误的。由此也可以明白，这个反问句并不是只接着"举世混浊，清士乃见"这一句而言的，而是接着上一段和这一段前面的所有内容而言的，其深层的意思是说，既然已经讲明了德由志趋与福由命定的道理，那么，我们就不应当再以上天之报应来解读善人遭恶遇与恶人得善终的现象了。换言之，讲明了德由志趋与福由命定的道理，就意味着强有力地反驳了前述对天道的报应论解读。不过，到这个反问句为止，不仅这个反驳的要点没有被完全清晰地呈现出来，由此而来的对天道的正确理解更没有被完全清晰地呈现出来。

最关键的一句正出现在这个反问句之后："君子疾没世而名不称也。"此绝非偶然，这又是一句孔子的话！孔子的这句话包含着一个以名为教的理念，我们能够在后来的颜之推那里看到其确切含义：

> 或问曰："夫神灭形消，遗声余价，亦犹蝉壳蛇皮，兽逃鸟迹耳，何预于死者，而圣人以为名教乎？"对曰："劝也，劝其立名，则获其实。且劝一伯夷，而千万人立清风矣；劝一季札，而千万人立仁风矣；劝一柳下惠，而千万人立贞风矣；劝一史鱼，而千万人立直风矣。故圣人欲其鱼鳞凤翼，杂

杳参差，不绝于世，岂不弘哉？四海悠悠，皆慕名者，盖因其情而致其善耳。抑又论之，祖考之嘉名美誉，亦子孙之冕服墙宇也，自古及今，获其庇荫者亦众矣。夫修善立名者，亦犹筑室树果，生则获其利，死则遗其泽。世之汲汲者，不达此意，若其与魂爽俱升，松柏偕茂者，惑矣哉！"（《颜氏家训·名实》）

就是说，君子之所以重名，乃至于"疾没世而名不称"，是因为人世间善的增长，端赖于善名的不断传扬与影响，而这就是圣人以名为教的道理所在。[1]善名的不断传扬与影响，其作用模式即是感应，即"劝一伯夷，而千万人立清风矣；劝一季札，而千万人立仁风矣；劝一

---

[1] 刘沅在"恶能施于后世哉"后评曰："名湮没，不能为之作传，慨立名者之难，正为伯夷幸。"又曰："此段仍以孔子之记作传，见圣人不以遇之困改其德之贞。夷、齐虽不遇于当世，经孔子论定而终显，砥行立名者当卓然自命，安知世无如孔子者表而出之。"刘咸炘疏曰："借伯夷之饿，以疑天道，仍归于重道从志而终以垂名，明乎己之百三十篇乃以发潜德而雪其诬。如伯夷者，幸遭孔子论定，犹受诬谤，其他受诬及湮灭者何限，此思古之幽情也。史公《自序》及《与任安书》皆以'述往事、思来者'为全书宗旨，此篇之义即所谓述往、思来也。伯夷遭诬，竟因夫子而彰，则又隐然自命以继孔子而表章古之仁圣贤人也，此《自序》所以述《春秋》也。特举伯夷，而其余篇之表章古人可推。伯夷遭诬，而得据孔子之言以辨正，其他未遭诬与经孔子论定者亦可推矣。"刘咸炘：《太史公书知意》，收入刘咸炘著，黄曙辉编校：《刘咸炘学术论集（史学编）》上册，第99页。很明显，此祖孙二人论贤者"得夫子而名益彰"之意味足，而对于圣人立善名以成教化之意味则不足，其中的一个因素是二人都将这一段话与司马迁自己的遭遇关联起来了。

柳下惠，而千万人立贞风矣；劝一史鱼，而千万人立直风矣"。在引用了孔子的话说明了名的重要性之后，司马迁又引用了贾谊的一句话来进一步申说名的重要性："贪夫徇财，烈士徇名，夸者死权，众庶冯生。"贪夫与烈士的对举与前面盗跖与伯夷的对举直接对应，其意义上的关联也清晰可见：贪夫与烈士亦是各从其志，各从其类，二者之别即重利与重名之别。

接下来司马迁又一次引用了孔子的话，而这就到了整个议论的最核心处。司马迁这里所引用的是记载在《周易·乾·文言》中的一段话，是孔子在解释乾卦之九五爻辞"飞龙在天，利见大人"时所说的。司马迁的引用与原文稍异，此处引出原文：

> 子曰："同声相应，同气相求。水流湿，火就燥。云从龙，风从虎。圣人作而万物睹。本乎天者亲上，本乎地者亲下。则各从其类也。"

我们知道，乾卦讲的正是天道，所谓"乾道变化，各正性命"，而处于至尊之位的九五爻，在乾卦中的重要性自不待言。而我们也能看出，这段话讲的正是感应。在《周易正义》中，孔颖达对这段话有非常细致的解释，即是以宇宙万物感应之理阐发之："言天能广感众物，众物应之，所以利见大人；因大人与众物感应，故广陈众物相感应，以明圣人之作而万物瞻睹，以结之也。"[1]更具体地说，"同声相应，同气相求"是言"声气相感"，"水流湿，火就燥"是言"以形象相感"，这是无识之物之间的感应。"云从龙，风从虎"则是"明有识之物感无识"。最后说到"圣人作而万物睹"，则是越过有识之物与有识之物之间的感应而说到圣人与天下万物之间的感应："圣人有生养之德，万物有生养之情，故相感应也。"这就如同《周易》咸卦彖辞所言："天地感而万物化生，圣人感人心而天下和平。观其所感，而天地万物之情可见矣。"至于"本乎天者亲上，本乎地者亲下"，孔颖达的疏解也非常清楚："在上虽陈感应，唯明数事而已，此则广解天地之间共相感应之义。"[2]

概而言之，这段话其实是一个以感应为中心的天道论述，其中圣人作为宇宙万物感应的枢纽而出现在其中，圣人及其教化作为宇宙万物感应的枢纽，这一点揭示了圣人在天道运行中的特殊地位，此即《周易》"立人极"之确切含义。司马迁在议论的第二段频频引用孔子的话，即有突显至圣孔子所应有的人极地位的深长意味。但感应的机制并不意味着必然的因果关系，特别是对人这种有识之物而言，感应是否发生，或如何发生，往往取决

---

[1] 阮元校刻：《十三经注疏》上册，中华书局，1980年，第16页。
[2] 阮元校刻：《十三经注疏》上册，第16页。孔颖达亦明确指出，此处的"本乎天者"即"本受气于天者"，是指"动物含灵之属"，"本乎地者"即"本受气于地者"，是指"植物无识之属"。

于个人的心志与情意。当然，从天道论的高度上说，万物之间的感应之所以可能，端赖于万物的本性，因此不能仅从心与情的层次上理解感应。无论如何，对天道的感应论解读能够让我们明白圣人何以以名为教。具体来说，要想使这个世界上的善不断增长，也就是不断地德化这个世界，从而成就天道的运行，就必须将善与德纳入宇宙万物的感应机制之中，舍此别无他途！而将善与德纳入宇宙万物的感应机制之中，即意味着立善名以传扬之，而这就是圣人的以名为教。立善名就是立言，在这个意义上，孔子删定六经，并留下与弟子的大量谈话，都是他立善名以成教化的重大行动。回到最前面的那个问题，司马迁之所以能提出"考信于六艺，折衷于孔子"，正是基于感应论的天道观以及教化能够成就天道的独特思想。质而言之，基于至圣孔子所提出的感应论的天道观，六艺即为至圣孔子所确立的、能够成就天道的教化，这构成学者当"考信于六艺，折衷于孔子"的充足理由。

　　于是，关联于议论第一段中提出的质疑，我们就能确切地概括出司马迁在这则议论中的主要观点：首先是反驳对天道的错误理解，即对天道的报应论解读，这是第一段的内容；然后提出对天道的正确理解，即对天道的感应论解读，这是第二段的内容。对天道的报应论解读将天理解为一个至上的、直接施报应的主宰者，而这正是其错误所在，因为那样的话我们将无法解释善人遭恶遇、恶人得善终的现象。相比之下,在对天道的感应论解释中,善人遭恶遇、恶人得善终的现象被归诸命运,而这意味着,天并不被理解为一个直接施报应者。但这么说并不意味着天不再被理解为一个至上的主宰者,因为作为创造者的天仍能因其创造而保持其至上的主宰者形象。这么说也不意味着天在最初的创造之后就完全无所作为了,毕竟天在此之后还创造了圣人,尤其是至圣孔子,这是天在最初的创造之后仍有所作为的明证。在天所创造的万物中,包括被赋予了天地之心性的人,也就是作为万物之灵的人。关于人的本质以及其在宇宙中的地位,正如《礼运》论及人时所说:"人者,其天地之德,阴阳之交,鬼神之会,五行之秀气也。"质言之,人能够"赞天地之化育",而与天、地并列为三才之一,这意味着天其实是将天道运行的责任托付给了人——当然尤其是圣人及其教化。这是我们理解《周易》所说"三才之道"的要点所在。因此,所谓对天道的感应论解读,其实就是《周易》所说的"三才之道",其中在突显人的特殊地位的同时也承认命运的作用。

在这样的理解中,趋向于善而行进乃是天道之常,而天道之趋向于善,端赖于人从善从德的心志,端赖于人凭借其禀自于天的善性和由此善性的发用而导致的德行而与无常的命运进行的抗争,从而也就是,端赖于圣人以名为教的教化效应。在这个意义上,我们仍然能够说"天道无亲,常与善人",因为这句话可以被理解为,上天并非直接帮助善人，而是通过善人帮助善人，通过发挥名教的作用促进善的实现来帮助善人。对天道的感应论解读最终将天道之趋向于善归诸圣人的以名为教，这正是司马迁这则议论的主旨所在。[1]于是我们看到，在这则议论的最后，司马迁特别说明，像伯夷、叔齐、颜回以及其他操行高洁的"岩穴之士"，其善名若无孔子立言以传扬则必将"埋没而不称"，而这实在是令人悲哀之事。[2]司马迁这里当然是在突显至圣孔子的天道论意义，或者更直接地说，是在突显孔子立善名以明教化的天道论意义。联系到第一段中提及的"若至近世"，司马迁这里当然也是在悲叹孔子所立教化不兴以致风俗颓败的惨淡现实。

---

[1] 刘沅、刘咸炘都没有点出最后一段的中心意思是"感应"，表明他们都没有看到感应论的天道观以及与此相关的教化论才是司马迁在《伯夷列传》中的核心思想。刘沅总评此篇曰："伯夷让国事实，叩马而谏、耻食周粟，则流传之误。太史公特以孔子为凭，为之作传，开端即言考信六艺，当以孔子为宗，若许由、随、光让天下之事，孔子未言，即不敢信。若伯夷为古之贤人，孔子所言，当信孔子，不当信轶诗，但伯夷操行甚高，不免穷饿，殊为可悲，然今夫子论定，而终显于世，亦足慰矣。不得以为善无报，遂自甘如盗跖，因叹世不乏砥行立名之士，不得圣人品题，遂为流俗所淹没。若伯夷非孔子评定，太史公亦无从为之作传，则附青云而显者，良有厚幸。此通篇大意，向来读者不得其文义，而至以史公所疑据为实事，叩马而谏，耻食周粟，数千年以来讹以传讹，由于未解史公之意，文士又以其文法离奇，不当节节求其贯通，尤属懵懵。"刘咸炘：《太史公书知意》，收入刘咸炘著，黄曙辉编校：《刘咸炘学术论集（史学编）》上册，第100页。细察刘沅的意思，是以为司马迁疑天道而挺人道，不知人道归属天道，圣人教化正为成就天道而设。
[2] 孔子之称述伯夷、叔齐，及独荐颜回之好学，皆见诸《论语》。

现在让我们回到陶渊明的《饮酒》其二。基于前面的分析，我们可以断言，"积善云有报，夷叔在西山。善恶苟不应，何事空立言？"质疑的是对天道的报应论解读，而非天道本身，这是我们理解这四句诗的恰当分寸。也就是说，"何事空立言"的反问句，笼统地说针对的是"天道无亲，常与善人"的格言，而矛头实际对准的则是对天道的报应论解读。在现有文献中，"天道无亲，常与善人"一句见诸《老子》第七十九章，但类似的表达其实也见诸六经类文献。《尚书·蔡仲之命》云："皇天无亲，惟德是辅。"《尚书·汤诰》云："天道福善祸淫。"[1]《周易·坤·文言》云："积善之家，必有余庆；积不善之家，必有余殃。"《周易·系辞》云："善不积不足以成名，恶不积不足以灭身。"[2] 至于此类格言究竟该如何理解，报应论的解读可能是最常见的，但却难以解释善人遭恶遇、恶人得善终的现象。[3] 司马迁质疑了对天道的报应论解读，而当他提出他所认同的正确理解时，他的

---

[1] 请注意，这两处所在的两篇都属于古文《尚书》。
[2] 请注意，这两处所在的篇章都属于与孔子有密切关系的《易传》。
[3] 对于《尚书》中的说法，我们只能做报应论的解读，这一点可以从上下文看出；而如果我们将《易传》的作者归诸孔子的话，那么，对《易传》中的说法，我们就应做感应论的解读。这或许也意味着，孔子以对天道的感应论解读更新了六经中的对天道的报应论解读。另，《感士不遇赋》中说"承前王之清诲，曰天道之无亲；澄得一以作鉴，恒辅善而佑仁。夷投老以长饥，回早夭而又贫；伤请车以备椁，悲茹薇而殒身。虽好学与行义，何死生之苦辛！疑报德之若兹，惧斯言之虚陈"，也是类似的意思。

做法几乎是全部引用孔子的话，这就意味着，对天道的感应论解读，作为对天道的正确理解，在司马迁看来是由孔子揭示出来的。

"九十行带索，饥寒况当年。不赖固穷节，百世当谁传？"所传达的正是对天道的感应论解读，以及基于对天道的感应论解读而发出的直面现实的感叹。"九十行带索，饥寒况当年"说的是隐士荣启期的故事，在现存文献中见于《孔子家语·六本》或《列子·天瑞》，其场景正是孔子与荣启期的对话。也就是说，"不赖固穷节，百世当谁传？"一句，一方面引用了《论语》中"君子固穷"的典故来刻画荣启期的品行节操，另一面也隐含着说，荣启期的品行节操端赖孔子与他的对话而传扬于世，百世之后如若孔子所立教化不兴，不能发挥应有的作用，则荣启期的品行节操也就无人传扬了。这里呈现的意蕴显然与《伯夷列传》中司马迁关于天道的议论的最后部分完全吻合。如果结合其一的内容，我们就可知道，陶渊明这里潜藏的意思其实是说，由孔子揭示、司马迁精确领会并清晰陈述的对天道的感应论解读，才是对天道的正确理解，从而才意味着对衰荣更共之理的正确理解。毫无疑问，这才是"达人解其会，逝将不复疑"的正解！由此我们也就能够明白其一中的"达人"究竟是谁了：从上下文看，"达人"首先是指司马迁，因为正是司马迁在《伯夷列传》中陈述了对天道的正确理解；"达人"最终是指孔子，因为在司马迁的陈述中正是孔子揭示了对天道的正确理解。实际上，称孔子为"达人",本来就有此典故。《左传·昭公七年》记载了孟僖子的将死之言,是要让他的两个儿子从学于孔子,其中即是称孔子为"达人":

> 礼,人之干也。无礼,无以立。吾闻将有达者曰孔丘,圣人之后也,而灭于宋。其祖弗父何,以有宋而授厉公。及正考父佐戴、武、宣,三命兹益共。故其鼎铭云:"一命而偻,再命而伛,三命而俯。循墙而走,亦莫余敢侮。饘于是,鬻于是,以糊余口。"其共也如是。臧孙纥有言曰:"圣人有明德者,若不当世,其后必有达人。"今其将在孔丘乎?我若获没,必属说与何忌于夫子,使事之,而学礼焉,以定其位。

现在来看《饮酒》其三。首先应当注意其三与其二的关联。在其二中,通过改写司马迁《伯夷列传》最后的议论,陶渊明明确反对了天道的报应论解读,阐发了对天道的感应论解读,突显了孔子以名为教的宇宙论意义,而其三劈头一句"道丧向千载",正与其二中表达出来的感应论的天道信念构成了巨大的张力,其实质则是认为名教不再能够发挥作用,不再能够履行其化育功能。"道丧向千载",其实是陶渊明对其历史意识的最为凝练的表达,而此句复杂、深邃的意蕴必得经过进一步的解释才能呈现出来。注家多能指出"道丧"之典出自《庄子·缮性》之"世与道交相丧",但少有对之进行深入分析者。这里让我们将庄子关于"世与道交相丧"的叙述完整地引出来：

> 古之人,在混芒之中,与一世而得澹漠焉。当是时也,阴阳和静,鬼神不扰,四时得节,万物不伤,群生不夭,人虽有知,无所用之,此之谓至一。当是时也,莫之为而常自然。逮德下衰,及燧人、伏羲始为天下,是故顺而不一。德又下衰,及神农、黄帝始为天下,是故安而不顺。德又下衰,及唐、虞始为天下,兴治化之流,浇淳散朴,离道以善,险德以行,然后去性而从于心。心与心识,知而不足以定天下,然后附之以文,益之以博。文灭质,博溺心,然后民始惑乱,无以反其性情而复其初。由是观之,世丧道矣,道丧世矣,世与道交相丧也。

至一之世即淳朴之世,其特征是一切自然而然,不假人为,人虽有智而无所用之,或者说人无所用其心而万物各显其性。之后则是心智渐用、文为渐长而本性渐蔽、质朴渐消的过程。结合我对《老子》第三十八章的解读,[1]我们能够紧扣心性关系而如此解读这个被认为是德逐渐下衰

---

[1] 参见唐文明：《极高明与道中庸：补正沃格林对中国文明的秩序哲学分析》,生活·读书·新知三联书店,2023年,第366—367页。

的过程：三皇以仁为道，故世顺而不一。[1]世顺而不一，故五帝以义为道。五帝以义为道，故世安而不顺。[2]世安而不顺，故三王以礼为道。三王以礼为道，故文灭质，博溺心，人的本性被完全遮蔽，从而万物的本性也被完全遮蔽。人与万物的本性被完全遮蔽，意味着世丧于道，而道亦丧于世，此即所谓"世与道交相丧"。[3]

由此可见，此处"道丧"一语，其实是以无为之道或道法自然为标准而对人类历史的一种刻画，尤其关联于对皇、帝、王这三个历史阶段的评价。[4]对于无为或自然，陶渊明喜用"真"字来表达。"真"字多见于陶渊明诗文，毫无疑问是理解陶渊明思想的关键词，如"此中有真意"（《饮酒》其五），"举世少复真"（《饮酒》其二十），"真风告逝"（《感士不遇赋》序），"抱朴含真"（《劝农》），"任真无所先"（《连雨独饮》），"真想初在襟"（《始作镇军参军经曲阿》），"养真衡茅下"（《辛丑岁七月赴假还江陵夜行涂中》）等。陶渊明之贵真，当然也是来自老庄。《庄子·渔父》云："礼者，世俗之所为也；真者，所以受于天也，自然不可易也。故圣人法天贵真，不拘于俗。""真"关联于"性"，广涉人与万物。郭象

---

[1] 此处"顺而不一"的意思，我解读为人虽能顺万物之性但心不能达到至一之境。
[2] 此处"安而不顺"的意思，我解读为人虽能安其心而不能顺万物之性。
[3] 由此亦可知，"道丧"一语从表述上来看侧重于"世丧道"一面。
[4] 陶渊明有《扇上画赞》，一开篇即曰："三五道邈，淳风日尽；九流参差，互相推陨；形逐物迁，心无常准；是以达人，有时而隐。"亦可参照。

云:"夫真者,不假于物而自然也。"郭象的解释显然突出了"真"的动态义,即指人与万物本性的显现。

历史就是由人的心智的逐渐运用而引发的人与万物的本性逐渐被遮蔽的过程,这是陶渊明历史哲学的要点所在。我们因此而将陶渊明的历史哲学归诸以老子和庄子为代表的道家自然是有理由的。不过,如果我们真要去做这样的归类,又会发现陶渊明历史哲学的一个特别之处,而这个特别之处恰恰表现在,陶渊明对孔子的评价非常不同于一般所谓的道家。这一点可以从《饮酒》其二十的前半部分非常清晰地看到:"羲农去我久,举世少复真。汲汲鲁中叟,弥缝使其淳。凤鸟虽不至,礼乐暂得新。洙泗辍微响,漂流逮狂秦。诗书复何罪?一朝成灰尘。"很明显,陶渊明在此仍是在表达"真风告逝,大伪斯兴"的历史哲学,但其特别之处在于,他明确断言孔子汲汲用世的目的正是为了恢复世界的真淳,从而明确肯定了孔子的所作所为在历史中的重要意义。如果我们将这一点解读为陶渊明对孔子的道家化的理解,似乎也没什么问题,但必须指出,更为重要的是,认为孔子的努力是为了恢复世界的真淳,是为了使万物"各正性命",这是儒家立场也能够认可的一个看法。[1]

---

[1] 朱自清说:"'真'和'淳'都是道家的观念,而渊明却将'复真''还淳'的使命加在孔子身上,此所谓孔子学说的道家化,正是当时的趋势。所以陶诗里主要思想实在还是道家。"朱自清:《陶诗的深度——评古直〈陶靖节诗笺定本〉》,收入《陶渊明资料汇编》上册,第289页。

对孔子的明确肯定还包含着这样一层意思，或者说还具有某种终末论的意味：就恢复世界的真淳这一历史的终极目标而言，孔子的所作所为乃是最后的努力。孔子之后遭遇"狂秦"，意味着大道彻底沦丧。质言之，"道丧向千载"中的"道丧"，其实是断至孔子的，或者说，孔子是道的最后一个担当者。在《示周续之祖企谢景夷三郎》一诗中，也出现了"道丧向千载"的表达："负疴颓檐下，终日无一欣。药石有时闲，念我意中人。相去不寻常，道路邈何因？周生述孔业，祖谢响然臻。道丧向千载，今朝复斯闻。马队非讲肆，校书亦已勤。老夫有所爱，思与尔为邻。愿言诲诸子，从我颍水滨。"从"道丧向千载，今朝复斯闻"紧承上一句"周生述孔业，祖谢响然臻"可以看出，陶渊明这里所说的"道"与孔子的事业（"孔业"）紧密相关。[1]而这也就意味着，"道丧向千载"中的"千载"，并非如一般人所理解的那样是泛说，而是实指。[2]按照《公羊传》的记载，孔子生于耶稣纪元前552年，死于耶稣纪元前479年。以写作

---

[1] 周续之受学于范宁，为精通六经之士，后虽习佛但讲学之内容仍是关于六经，此所谓"周生述孔业"。关于周续之的生平事迹以及陶渊明与周续之的交往经历可参考齐益寿：《试论"浔阳三隐"——陶渊明三首交游诗探析》，收入氏著：《黄菊东篱耀古今——陶渊明其人其诗散论》，台湾大学出版中心，2016年，第136页及以下。

[2] 如朱子为周敦颐作《像赞》，其文曰："道丧千载，圣远言湮；不有先觉，孰开后人；《书》不尽言，《图》不尽意；风月无边，庭草交翠。"其中的"道丧千载"即是泛说。

此诗的时间（耶稣纪元416年）算，此时距孔子生年967年，距孔子卒年894年。如此，若以孔子之生为大道运行的最后阶段，而以孔子之卒为大道沦丧的开始时刻，那么，到陶渊明生活的时代（耶稣纪元365年—427年）正可以说是"道丧向千载"。换言之，"道丧向千载"的确切含义即指孔子乃是大道的最后一个担当者，孔子卒后大道彻底沦丧。[1]在陶渊明的诗文中，多处出现类似的千年意识，表明这其实是陶渊明历史哲学的最要关键。[2]也不难看出，"道丧向千载"的历史意识，正是陶渊明选择避世的主要理由，如果说他的种种遭际是他选择避世的实际原因的话。

"道丧向千载"之后是"人人惜其情"，从以往的注本来看，这一句也缺乏清晰、正确的解释。以往注家联系《五柳先生传》中"曾不吝情去留"一语，而将这里的

---

[1] 西狩获麟发生在耶稣纪元前481年，而孔子卒于耶稣纪元前479年，时间上非常接近。将孔子之卒作为道丧的历史时刻，可能隐含着指向西狩获麟的历史事件，因而也可能意味着将西狩获麟作为道丧的历史时刻。而这就又和某种经学观念比较接近了。

[2] 除了上引两处外，根据王叔岷的罗列，其他处有："千载不相违"（《饮酒》其四），"忘彼千载忧"（《游斜川》），"千载抚尔诀"（《和郭主簿》），"得知千载外"（《赠羊长史》），"千载非所知"（《己酉岁九月九日》），"千载乃相关"（《庚戌岁九月中于西田获早稻》），"千载有余情"（《咏荆轲》），"从来将千载"（《咏贫士》）。见王叔岷：《陶渊明诗笺证稿》，中华书局，2007年，第283页。在其他处或是泛说，但在说"道丧向千载"时则是实指。另，此千年意识显然不同于孟子所明确表达出来的五百年意识，即"五百年必有王者兴"的意识，尽管一千年正好能够分为两个五百年，当然也与耶稣教文明中的千禧年意识绝不相类。

"惜"解释为多少含有贬义的"吝",进而将"惜其情"解释为顾恋个人私欲之情,而以不能行道或不能任真为陶渊明在这里的潜台词,其实是大错特错的。[1]很明显,诗句从"道丧向千载"说到"人人惜其情",又从"人人惜其情"说到"有酒不肯饮,但顾世间名",若是将"惜其情"解释为顾恋个人私欲之情,则说"人人惜其情"就等同于说人人都自私,而由此引出的结果却是"有酒不肯饮",这是说不通的,因为说有酒不肯饮是由于人人都自私显然是荒谬的。其实"惜"就是"珍惜""爱惜"的意思,根本不必抓一个多少含有贬义的"吝"字来解,更不可将此处的"情"解释为个人私欲之情。

那么,这里的"情"究竟该如何理解呢?其实应关联于"但顾世间名"一句才能获得正解。逯钦立和王瑶大概都意识到了"人人惜其情"与"但顾世间名"之间的意义关联,因而他们直接将"惜其情"解释为"顾恋声名"或"顾惜声名"。这样的解释将"情"与"名"对应起来是正确的,但还是不够明确,或者说,唯有当我们明白了"情"与"名"真正的意义关联时,我们才能够获得对这一句的真正理解。对于"情"与"名"的真正的意义关联,实际上我们能够在上引颜之推论圣人何以以名为教的那段话中看到答案:"四海悠悠,皆慕名

---

[1] 如见王叔岷:《陶渊明诗笺证稿》,第283页。从字义上说,以"吝"解"惜"本不为错,但当以贬义来理解"吝",进而将"吝情"理解为顾惜个人私欲之情时,就彻底错失了正确的意义。

自真风告逝,大伪斯兴 | 129

者,盖因其情而致其善也。"此句的意思是说,人人皆有慕名之心,此可谓人之常情,而圣人顺此慕名之心导之以致善,这就是圣人以名为教的道理。也就是说,这个语境中的"情"就是指人人皆有的慕名之心。依此解再来看"人人惜其情",其意思就是,人人都珍惜他们的慕名之心。之所以说这里的"惜其情"并无贬义,是因为"惜其情"不仅是"有酒不肯饮"的原因,更是"但顾世间名"的原因。而不搞错这里的意义关联,我们才能不搞错"道丧向千载"与"人人惜其情"之间的意义关联。

那么,"道丧向千载"与"人人惜其情"之间的意义关联又该如何理解呢?结合前面关于圣人以名为教的分析,我们能够想到,在"道丧向千载"与"人人惜其情"之间其实存在着一个转折。更具体地说,大道沦丧意味着圣人以名为教的感应机制已不再能够有效地发挥作用,直接地说,这意味着立善名以致善已全然不可能。于是,接下来说"人人惜其情"的意思就是,尽管如此,但是人们仍还有着慕名之心。也就是说,在"道丧向千载"与"人人惜其情"之间,其实是以表达转折的"虽然……但是……"相联结的。这样我们就得到了对这四句的正确理解:虽然大道沦丧已近千年,但是人们仍然珍惜他们的慕名之心,于是有酒也不肯畅饮,仍然一味地追求声名。至于何以大道沦丧意味着圣人凭借感应而建立起来的以善致善的教化机制不再能够有效地发挥作用,就需要我们做出补充性的理解了。以陶渊明对"狂秦"的批判意识而言,我们可以想到的是,正是政治上的恶导致了教化不再能够发挥作用,而其背后,则是民性之恶,即民性的历史性堕落,意味着人的至善本性完全被遮蔽,以至于见于事则麻木不仁,虽或有善感亦不能通,故而无善应。当人性之善在感应机制中不再能够发挥主导性的作用,人欲之恶就会发挥主导性的作用。到了这样的历史性阶段,人类社会的互动机制就从原来的善感善应变成了恶感恶应。

一言以蔽之,大道沦丧意味着圣人以名为教的感应机制不再能够起到作用,因而追求声名已失去了本有的意义。但这并不意味着名教被彻底否弃,而是说,名教丧失其本质而蜕变为异化了的名教。用颜之推对名实相符的伦理要求的论述来说,异化了的名教就是名实完全分离后的名教。而这也就是陶渊明所说的"自真风告逝,大伪斯兴"。也就是说,真风流播之世与大伪弥漫之世的区别,正可在真名教与伪名教的区别上看到。声名涉及从现世到后世的绵延,如《孝经》所言"立身行道,扬名于后世",因而"世间名"即是"身后名"。既然追求世间名或身后名已失去了其本有的意义,那么,剩下的一个选择就是重视现世之身,此即"贵身"。于是,诗句就转入了下文:"所以贵我身,岂不在一生?一生复能几,倏如流电惊。鼎鼎百年内,持此欲何成?"

邱嘉穗《东山草堂陶诗笺》卷三解读《饮酒》其三云:"上四句叙,下六句议。'所以'二字不作接上文之

'故'字解,如古文中另起语'夫人所以'云云是也。"[1]可以说他清晰地说明了这首诗的结构。下六句的议论当然是由上四句的叙述而引发的,但这里的"所以"的确不能理解为"故"。"贵我身"与"惜其情"相对而言,一个重形,一个重名,一个重现世,一个重后世。[2]因此,"所以贵我身,岂不在一生?一生复能几,倏如流电惊"这四句不难理解,意思是说,贵我之身,即是重视此生,而此生之来与去,如同流电一样迅速。

稍难解的是最后两句:"鼎鼎百年内,持此欲何成?""鼎鼎"解为"扰攘貌"是正确的,"鼎鼎百年内"意即此生扰扰攘攘,不过百年而已。对于"持此欲何成",有争议的是这里的"此"究竟指什么。一种解释认为"'此'字指'但顾世间名'",这显然是考虑到了后六句的议论与前四句的叙述之间的意义关联。[3]另一种解释联系曹植《箜篌引》中"百年忽我遒"和《赠白马王彪》中"百年谁能持?"两句,认为"'鼎鼎'二句似本曹植诗",这当是认为"此"字指"百年"。[4]结合上下文,

---

[1] 见《陶渊明资料汇编》下册,第164页。
[2] 二者之相对应亦见诸《形影神》组诗,在其中,前者是形的生活方式,后者是影的生活方式。参见本书第一篇《渴望不朽与纵浪大化》。而同一主题亦出现在《饮酒》其十三,参见下文。
[3] 见《陶渊明资料汇编》下册,第164页。
[4] 见陶渊明著,龚斌校笺:《陶渊明集校笺(修订本)》上册,第256页。龚斌在此处只提到"百年谁能持?"一句,王叔岷曾提到"百年忽我遒"一句,见王叔岷:《陶渊明诗笺证稿》,第286页。

我们认为,后解表义偏离主题,不如前解,而前解虽在更为正确的方向上,仍不够准确。正确的方向在如何理解前四句的叙述与后六句的议论之间的意义关联上。前四句从大道沦丧说到人们仍看重声名从而有酒也不肯饮,后六句的议论实则针对这种情况提出质疑。若以"百年"解"此",则"鼎鼎百年内,持此欲何成?"当解为"此生扰扰攘攘,不过百年而已,仅仅拥有这不过百年的人生,还想要成就什么呢?"这样一来,这两句的意思似乎变成了对于人生短暂的慨叹,义虽可通实则远离了整首诗的主题。[1]既然后六句的议论是针对前四句所叙述的"有酒不肯饮,但顾世间名"的情况的质疑,那么,这里的"此"就应当是质疑前面的"情",而这样的理解也就和前面所揭示的"道丧向千载"与"人人惜其情"之间的转折关系形成呼应。也就是说,这里的"此"应当是指前面所说的人人皆有的慕名之心,于是,最后两句的正解是:此生扰扰攘攘,不过百年而已,若还一直持有慕名之心,究竟想要成就什么呢?对人人皆有的慕名之心的质疑导向的是饮酒的倡议,这就是这首诗的落脚点;而能够对慕名之心提出质疑,前提正是大道沦丧已近千年的历史判断。也就是说,最后两句的反问指向了这样的意思:大道沦丧意味着真名教的沦亡,人人虽

---

[1] 实际上曹植的两句诗"百年忽我遒""百年谁能持?"表达的正是对人生短暂的慨叹。

仍有慕名之心，但此慕名之心不再能够成为以善致善的动力，因为立名以致善的感应机制已不再能够发挥作用；如此一来，求名已经失去了本有的意义，那就不如饮酒聊以自慰了。

以汉代所区分的儒家与道家而言，陶渊明"道丧向千载"的历史意识大约在儒、道之间，而更接近于道家，尽管孔子的身影从《饮酒》组诗一开始就出现且在前三首中一直显现：在其一中是"达人"之最终所指，在其二中是使善名得以传扬于后世的立教者，在其三中是修补大道的最后努力者或大道沦丧的界线性人物。基于这样的认识，我们再来看《饮酒》其四，就会有新的发现。其四的核心意象是一只失群之鸟，全诗十二句可分为两个部分，前六句为一部分，刻画了一只失群之鸟孤独频飞、悲鸣无依的落魄形象，后六句为一部分，描绘出那只失群之鸟遇孤生之松敛翮而归，信以为安身之所的自得情态。看起来全诗文义与寓意都不难解，细究则不然。

关于诗中失群之鸟这一核心意象，以往的注家多认为是陶渊明的自况。如邱嘉穗云："此诗纯是比体。盖陶公自彭泽解绶，真如失群之鸟，飞鸣无依，故退守田园，如望孤松而敛翮，托身不相违也。公尝有《归鸟》四言诗，正与此诗意同。"这是联系《归鸟》来说明这首诗的主旨。又如吴瞻泰云："此借失群鸟以自况也。得失二字遥对，须知失处正是得。失群时不可不饮酒，得所时尤不可不饮酒。"这是以"失群"与"得所"对举来说明这首诗的主旨。又如蒋薰说:"失群之鸟,托身孤松,先生借以自比,不似殷景仁、颜延年辈草草附宋,若劲风无荣木也。"这是联系陶渊明不肯食宋禄来说明这首诗的寓意,其实是发挥了赵泉山提出的看法:"此诗讥切殷景仁、颜延之辈附丽于宋。"又如温汝能云:"通首俱是比体,靖杰矢志不肯附宋,饮酒托兴,聊借物以自况。至讥切殷、颜辈,似非正旨。"这个理解认可陶渊明因不肯附宋而以失群之鸟自况的看法,但不认为陶渊明以失群之鸟自况有讥切附宋者的意思。又如孙人龙云:"或谓此诗讥切殷景仁、颜延年之附宋,余谓亦自写其高致耳。鸟既失群,松亦孤生,恰可归乡,岂足悲哉?不待言饮而酒兴勃勃。"这个理解也认为陶渊明以失群之鸟自况,但并不将陶渊明以失群之鸟自况与其不肯食宋禄的行为关联起来,从而对于陶渊明以失群之鸟自况是否包含对附宋者的讥切也少有措意。[1]

宽泛而言,上述种种认为陶渊明在这首诗中以失群之鸟自况的看法,不能说完全没有道理,因为无论如何,陶渊明对失群之鸟的刻画与描绘总还是在表达自己的心迹。不过,从这首诗的内容与意义,以及其在《饮酒》组诗中所处的位置看,自况说是个不折不扣的错误理解。在细究最后两句"托身已得所,千载不相违"的意思时,我们或可窥见由这个错误理解而带来的龃龉之处。从

---

[1] 本段中引文全部见《陶渊明资料汇编》下册,第165—167页。

"栖栖失群鸟"到"托身已得所",可以说是清晰地叙述了那只鸟从失群到得所的过程,叙述的是已然发生的事情。如果说这是陶渊明的自况,那么,最后一句"千载不相违"又该如何理解呢?这里的"违",一般作"离"解,因此这一句字面的意思是说,那只原本失群了的鸟在归依了孤生之松后一千年都不再离开。如果那只鸟是陶渊明的自况,那么,这里的"千载"就是指陶渊明归隐之后的一千年。难道陶渊明这里是想说自己发愿归隐,一千年不变心吗?还是想说自己还可以活一千年?其实,联系前面对其三中"道丧向千载"的解读,我们能够断言,这里的"千载"绝不是指陶渊明归隐之后的一千年,而是指大道沦丧之后的一千年,也就是孔子卒后的一千年。反过来说,既然"千载不相违"中的"千载"和"道丧向千载"中的"千载"指的是同一个"千载",那么,自况说就是错误的。

澄清了这一点,我们就到了提出对这首诗的一个全新理解的时刻了。实际上,结合这首诗的描写手法以及整个组诗二十首之间的意义关联,尤其是结合对前三首诗的解读,我们能够断言,陶渊明这首诗其实是对《论语·微子》中所记载的子路问津的故事的一种改写,而这也意味着,作为这首诗的核心意象的那只失群之鸟,其实是指孔子。

《论语·微子》记载子路问津的故事如下:

> 长沮、桀溺耦而耕,孔子过之,使子路问津

焉。长沮曰:"夫执舆者为谁?"子路曰:"为孔丘。"曰:"是鲁孔丘与?"曰:"是也。"曰:"是知津矣!"问于桀溺。桀溺曰:"子为谁?"曰:"为仲由。"曰:"是鲁孔丘之徒与?"对曰:"然。"曰:"滔滔者天下皆是也,而谁以易之?且而与其从辟人之士也,岂若从辟世之士哉?"耰而不辍。子路行以告,夫子怃然曰:"鸟兽不可与同群,吾非斯人之徒与而谁与?天下有道,丘不与易也。"

在长沮、桀溺知道前来问津者是孔子的弟子子路时,他们都明确地表达了对孔子的看法和态度。长沮并不告诉子路津渡在何处,而是讥讽孔子本是知津者。桀溺则试图说服子路不要再跟随孔子周游列国,而是要像他和长沮那样避世隐居。此处之"避世",表面上是离群索居,实质上则是否认君臣之义,否认政治的积极作用。因此,隐之为隐,首先是与仕相对,是古代士人在出处问题上的一种可能的选择。对于桀溺说服子路的那两句话,钱穆的白话译文是:"你看那水流滔滔,天下都是一般,和谁来变更它呀?而且你,与其跟从避人之士,何如跟从避世之士呀?"[1]这里的"滔滔"是指水流之貌,意即"往而不返",[2]正可喻在逆性离真之路上愈行愈远,如前引《庄

---

[1] 钱穆:《论语新解》,九州出版社,2011年,第546页。
[2] 《史记·孔子世家》"滔滔"作"悠悠"。

自真风告逝,大伪斯兴 | 137

子·缮性》所云,"无以反其性情而复其初";"避人之士"与"避世之士"分别指孔子和像长沮、桀溺那样的隐者。之所以将孔子称为"避人之士",是因为孔子为了行道不得不避开一些如阳货之流的奸恶之人。[1]也就是说,在桀溺看来,天下只会在逆性离真之路上愈行愈远,不可能被扭转,像孔子那样的所作所为起不到什么实质性的作用,还面临各种危险。无需赘言,桀溺这一看法的背后正是"世与道交相丧"的历史判断。《论语·宪问》中记载了另一个隐者石门守卫对孔子的评价,认为孔子是"知其不可而为之者",和这里是一样的意思。[2]而孔子在听到桀溺的话之后怅然若失,也说了两句话。对于这两句话,钱穆的白话译文是:"鸟兽是不可与同群的呀!我不和那天下人同群,又和谁同群呢?若使天下已有道,我也不来和他们有所变更呀!"[3]孔子的这两句话清晰地表达出他与隐者的不同。简而言之,隐者认为世道交丧,不可改易,而孔子则认为天下虽无道,但仍存在以道易之的可能。[4]因

---

[1] 辅广曰:"夫子尝去鲁适卫、适楚,以至微服而过宋,以辟阳货之难,此又其辟人之实也。"见赵顺孙:《四书纂疏·论语纂疏》下册,文史哲出版社,1986年,第1454页。
[2] 《论语·宪问》:"子路宿于石门。晨门曰:'奚自?'子路曰:'自孔氏。'曰:'是知其不可而为之者与?'"
[3] 钱穆:《论语新解》,第546页。
[4] 朱子注曰:"言所当与同群者,斯人而已,岂可绝人逃世以为洁哉?天下若已平治,则我无用变易之;正为天下无道,故欲以道易之耳。"见赵顺孙:《四书纂疏·论语纂疏》下册,第1455页。

此，在隐者看来，孔子的所作所为是"知其不可而为之"，而这是孔子所不能同意的。

或者谓儒门亦会同意隐者的这一判断，正如《论语·微子》中记载的另一则关于孔子师徒与隐者的交往故事：

> 子路从而后，遇丈人，以杖荷蓧。子路问曰："子见夫子乎？"丈人曰："四体不勤，五谷不分，孰为夫子？"植其杖而芸。子路拱而立。止子路宿，杀鸡为黍而食之。见其二子焉。明日，子路行，以告。子曰："隐者也。"使子路反见之。至则行矣。子路曰："不仕无义。长幼之节，不可废也；君臣之义，如之何其废之？欲洁其身而乱大伦。君子之仕也，行其义也。道之不行，已知之矣。"

在这则对话的最后，子路虽然批评隐者"欲洁其身而乱大伦"，但也像隐者一样承认"道之不行"，由此似乎可以推断，至少在子路看来，孔子的所作所为是在已经知晓"道之不行"的前提下的"行其义"，从而很是接近前引石门守卫说孔子是"知其不可而为之者"的评价。但如此分寸上的理解仍有问题，至少不能将之等同于孔子的真实信念。孔子也会谈到"道之不行"的问题，但他并不像隐者那样基于"世道交丧，往而不返"的历史判断来断言"道之不行"，而是将道之将行将废归诸"命"：

自真风告逝，大伪斯兴

> 子曰:"道不行,乘桴浮于海,从我者其由与?"(《论语·公冶长》)

> 公伯寮愬子路于季孙。子服景伯以告,曰:"夫子固有惑志于公伯寮,吾力犹能肆诸市朝。"子曰:"道之将行也与?命也。道之将废也与?命也。公伯寮其如命何!"(《论语·宪问》)

孔子将道之将行将废归诸命,但他并不认为人在命面前毫无作为,或者说人的作为在命面前毫无意义。换言之,孔子一方面承认命的力量,另一方面更相信人文化成的力量。[1] 而正是在这一点上,他与隐者的看法构成了明显的分歧。隐者或许也会将"世道交丧"归诸命,但他们不但不相信人为的努力能够改变"世道交丧"的历史状况,而且认为人类正是由于太过相信人为的力量才导致了"世道交丧"的历史状况,于是他们的结论就是,企图依靠人为的努力来改变"世道交丧"的历史状况,这种想法实属南辕北辙。

明确了子路问津的故事背后所隐含的孔子与隐者之间的信念分歧,我们再回到《饮酒》其四。一个能够提出的问题是,如果将孔子与隐者之间的信念分歧摆在陶

---

[1] 当然人文化成的力量仍可归诸命,即孟子所说的"正命",相对于偶然的"非正命"而言。

渊明面前，那么，他会站在哪一边呢？这个问题并不是我们随意提出来的，因为一个合理的猜想恰恰是，对于少年时就"游好在六经"的陶渊明来说，是站在孔子一边还是站在隐者一边，必定是熟读《论语》的他在归隐之前的某个时刻所直面过的一个重大问题。顺此，一个进一步的合理猜想就是，通过改写《论语》中记载的子路问津的故事来表达自己的立场与心迹，对钟情于孔子又寄情于隐者的陶渊明来说是一个非常有可能采取的做法。在我看来，这个合理的猜想恰恰道出了《饮酒》其四的写作真相。至于在孔子与隐者的信念分歧面前陶渊明会站在哪一边的问题，我们其实从《饮酒》其三中已能得知答案：陶渊明基于隐者"世道交丧"的观点而做出了"道丧向千载"的历史判断，这说明他的基本立场是站在隐者一边的。不过，亦如前面对其三的分析所表明的，陶渊明的历史哲学的一个特别之处恰恰在于，在他"道丧向千载"的历史判断中，孔子被认为是大道的最后一个担当者，大道沦丧的历史时刻被断在了西狩获麟或孔子之卒的时刻，而这亦是他高度肯定孔子的明证。

其四说那只失群之鸟在归依孤生之松之后"托身已得所"，然后说"千载不相违"。如果说这里的千载意识与其三"道丧向千载"一语中的千载意识并无二致，那么，显然那只失群之鸟就身处大道沦丧的临界时刻。而从对其三的分析中我们已得知，在陶渊明的认知中，孔子是大道的最后一个担当者，正身处大道沦丧的临界时刻。将其三和其四关联起来,再结合其二十对孔子的描写,我们就能得出结论说,其四中的那只失群之鸟,正是指孔子。在子路问津的故事中,孔子明明说,"鸟兽不可与同群,吾非斯人之徒与而谁与?",那陶渊明何以恰恰将孔子刻画为一只失群之鸟呢?首先,"失群"的意象隐喻孔子与人类的关系。孔子欲与人类同群,但由于种种原因他失群了,也就是说他不能与人类同群了,以至于沦为"避人之士",这是对孔子处境的刻画。其次,归依孤生之松是归隐的象征,而将孔子改写为一只失群之鸟,又说这只失群之鸟在孤生之松那里才找到安身之所,这其实是设想了孔子归隐的过程。如果孔子也归隐了,也成了"避世之士",那么他自然也不再会说什么"鸟兽不可与同群"之类的话了。[1]也就是说,陶渊明把孔子刻画为一只在孤生之松那里才找到安身之所的失群之鸟,是因为他要借此说明自己的立场和心迹:面对大道沦丧这一客观的历史处境,归隐正是儒者的最后归宿。由此我们也能够更加清晰地理解为什么说《饮酒》其四是对《论语》中子路问津故事的改写。在子路问津的故事中,桀溺对子路说:"滔滔者天下皆是也,而谁以易之?且而与其从辟人之士也,岂若从辟世之士哉?"前一句就是"世道交丧"的意思,后一句则意在阐明在世道交丧的局

---

[1] 陶渊明有《扇上画赞》之作,其中赞长沮、桀溺之语曰:"辽辽沮溺,耦耕自欣;入鸟不骇,杂兽斯群。"即是讴歌沮、溺与鸟兽同群。

面下归隐才是最合理的人生选择。很显然，陶渊明完全接受了桀溺的观点，完全认同了桀溺的选择，于是他以一只失群之鸟为喻，设想了孔子归隐的过程，从而将他对隐者立场的接受与选择的认同全部表达了出来。[1]

另外，其四起首一句"栖栖失群鸟"，单就"栖栖"二字，就容易让人联想到孔子。[2]《论语·宪问》载：

> 微生亩谓孔子曰："丘何为是栖栖者与？无乃为佞乎？"孔子曰："非敢为佞也，疾固也。"

孔颖达解"栖栖"曰："犹皇皇也。"[3]解"何为是栖栖者与？"曰："何为如是东西南北而栖栖皇皇者与？"朱子解"为佞"曰："言其务为口给以悦人也。"对于"疾固"，何晏引包咸语解为"疾世固陋"，且就此概括此章章旨曰："疾世固陋，欲行道以化之。"这里的"疾"与

---

[1] 陶渊明有《庚戌岁九月中于西田获早稻》一首，其中有"遥遥沮溺心，千载乃相关"两句，即是以沮溺为归宿而又言及千载。
[2] 如叶嘉莹说："一般中国的读书人，看到'栖栖'这两个字，最容易联想到的就是《论语》里的一句话：'丘何为是栖栖者与？'（《论语·宪问》）这是微生亩问孔子的话……微生亩是个高隐之士，他只要自己生活安定就好了，至于国家和天下怎么样，他不管。所以他很不赞成孔子的作为，就问孔子：'你为什么老是栖栖惶惶的这么不安定呢？'这是陶渊明很妙的一点：他写的是一只孤独的失群之鸟，可是他所用的这个形容词却是《论语》里边用来描写孔子的形容词。因此，这只鸟的形象马上就有了深刻的意思，马上就被拟人化了。"见叶嘉莹：《叶嘉莹说陶渊明饮酒及拟古诗》，第72—73页。
[3] "皇皇"，亦作"惶惶"或"遑遑"，意同。

"疾没世而名不称"的"疾"同义,是"忧患"或"忧虑"的意思。如此,这段话的意思就是,微生亩对孔子说:"孔丘啊,你为何总是一副忙碌不安的样子?难道是想逞你的口才以取悦于世人吗?"孔子回答说:"我可不敢逞口才,我只是忧虑世人固滞难通,想要以善言感化世人啊。"值得注意的是这里的"非敢为佞"与"疾固"之间的意义关联。隐者微生亩怀疑孔子是想逞其口才以取悦于世人,实际上孔子是以名为教,欲借宇宙万物之间的感应机制行道以致善。微生亩的潜台词可能是,世人之固滞难通根本不可能靠善言感化,因此他怀疑孔子"为佞";而孔子的潜台词则是,世人虽然固滞难通,但善言仍有力量感化之。这里隐约呈现出我们上文已经分析过的隐者与孔子的信念分歧。

由此可见,"栖栖"本就出自隐者对孔子的描绘,代表当时隐者眼中的孔子形象。出自隐者的这个孔子形象在后世可以说是被广泛接受,尽管人们在接受这个孔子形象的同时不一定接受隐者对孔子的看法。而后世提到"栖栖"或"栖栖遑遑",尤其关联于圣哲与衰世时,也往往指孔子。如班固《答宾戏》云:"圣哲之治,栖栖遑遑。孔席不暖,墨突不黔。"又如葛洪《抱朴子·正郭》云:"及至衰世,栖栖惶惶,席不暇温。"文中的"栖栖遑遑"或"栖栖惶惶"都是状孔子之貌。以"栖栖"修饰"失群鸟",更加坐实了我们提出的猜测:陶渊明以失群鸟来比喻孔子,以失群鸟归依孤生松来描绘假想中的孔子归隐。

指出"失群鸟"为陶渊明隐喻孔子之意象,然后基于这一认知来理解全诗,文意非常顺当。"栖栖失群鸟,日暮犹独飞",隐喻孔子周游列国,虽遭陈蔡之厄犹仍义无反顾。"徘徊无定止,夜夜声转悲",隐喻孔子欲行大道,而其努力终不能成功。[1]"厉响思清远,去来何依依",隐喻孔子时时心慕真淳,思接高远,虽在现实中到处碰壁,无法实现其理想。"厉响思清远,去来何依依"二句,与前引其二十之"汲汲鲁中叟,弥缝使其淳"二句可对勘。"厉响"之"厉",与"汲汲"一样,都是在描写某种急迫的情态,而"清"正与"淳"对应。至于"远",正确的理解是指尧、舜以前乃至羲、农以前的上古时代,而"汲汲鲁中叟,弥缝使其淳"的前二句正是"羲农去我久,举世少复真"。也就是说,这里的"清远"其实是指上古真淳之世。"去来",与前面的"徘徊"同义,"依依",则指思恋之貌。[2] 故"去来何依依"承接上句"厉响思清远",即指孔子时时思恋上古真淳之世,虽在现实中到处碰壁,无法实现其理想。"因值孤生松,敛翮遥来归",则是隐喻孔子归隐。

---

[1] 据《公羊传》记载,鲁哀公十四年西狩获麟,孔子曰:"孰为来哉?孰为来哉?"反袂拭面涕沾袍,又叹曰:"吾道穷矣!"二语道尽孔子之悲。
[2] 杨勇引古直注:"《文选》苏子卿《古诗》:'胡马失其群,思心常依依。'李善注:'依依,思恋之貌。'"见陶潜著、杨勇校笺:《陶渊明集校笺》,第144页。

松是陶渊明诗文中的一个重要意象,在《饮酒》中除了出现在其四中之外,还出现在其八。此处之"孤生",注家多不出注,其实不难想到,其典故当出自前引司马迁《伯夷列传》也引用过的孔子的话:"岁寒,然后知松柏之后凋。"因此,此处的"孤生",意即"唯一经受住了风寒之摧残而能继续生长",与后面所说的"劲风无荣木,此荫独不衰"正相对应。其实"劲风"与"岁寒"正相对应,在自然的秩序中是指冬天,在历史的秩序中则是指大道沦丧之后的历史时段。因此,"孤生松"即是陶渊明笔下的避世隐喻,既可以指在大道沦丧之后仍能保持其高风亮节、从不同流合污的"避世之士",也可以指隐者的避世之地。"因值孤生松,敛翮遥来归",这无疑是《饮酒》其四中最核心的一个意象,其寓意即是陶渊明假想中的孔子归隐。而紧接着的最后一句"托身已得所,千载不相违",正是说孔子在隐者那里找到了托身之所,而这样的局面从孔子归隐的一千年前到现在并无改变。说孔子从失群到得所,最后在隐者那里找到了真正的归宿,很显然正是桀溺劝说子路时所说的那句话——"与其从辟人之士也,岂若从辟世之士哉?"——的转语;而说这样的局面从孔子归隐时的一千年前到现在并无改变,很显然正是"道丧向千载"的另一种表达方式。

明归隐之志趣

在包括从其五到其八四首诗的第二节中，陶渊明紧扣他实际的隐居生活阐明其归隐之志趣。理解第二节的一个关键字是"远"。"远"字不仅明确出现在描写他实际的隐居生活的其五、其七和其八中，而且也隐含在明确表达其归隐之志趣的其六中。[1] 当然，我们首先应当看到，"远"字已出现在其四中，而这意味着对第二节与第一节之间的关联的某种可能的理解。如前所析，其四中"厉响思清远"的"远"，是指上古真淳之世。但"远"作为一个表达时空体验的形式指引，是通过某种关系性的指涉来呈现其意义的。"心远地自偏"（其五），"远我遗世情"（其七），"远望时复为"（其八），从表达方式上来说都是从心之所志与当下的距离来突显"远"的含义。如果我们能够想到，上古真淳之世正好可以是心之所志的意向性对象，那么，我们就能清晰地理解到"心远地自偏"与"厉响思清远"之间的意义关联了。质言之，"厉响思清远"是说孔子思慕上古真淳之世，而"心远地自偏"则是说在孔子——尤其是在设想了孔子归隐之后——的感召下"我"也同样思慕上古真淳之世。[2]

---

[1] 具体分析见下文。
[2] 黄文焕曰："前说现前非定止，必思清远而辞近地，此又说人境亦静区，各随近地而自有远心。前说思远之鸟，仍敛翮而归松，究竟止不在远也，此说近人之庐，悠然而见山，究竟地亦未尝不远也。前纯（转下页）

过去解陶诗者大多能意识到"心远"二字为其五一篇之主旨，但往往又泛论"心远"的含义，对"心远"所指涉的历史意味缺乏清晰的认知。如王士禛曰："通章意在'心远'二字，真意在此，忘言亦在此。从古高人只是心无凝滞，空洞无涯，故所见高远，非一切名象之可障隔，又岂俗物之可妄干。有时而当静境，静也，即动境亦静。境有异而心无异者，远故也。心不滞物，在人境不虞其寂，逢车马不觉其喧。"[1]这段引文也揭示了其五一篇之结构，即前四句以"心远"二字点出一篇之主旨，后六句则为前四句的展开，落在"真意"二字上。此义过去解陶诗者也多能言之。如清人邱嘉穗曰："'采菊东篱'以下俱申明'心远地偏'之意。"又如清人吴淇曰："'心远'为一篇之骨，而'真意'又为一篇之髓。"又如清人温汝能曰："得力在起四句，奇绝妙绝，以下便可一直写去，有神无迹，都于此处领取，

　　（接上页）言鸟而以'千载不相违'暗寓人，此纯言人而以'纷纷相与还'复明及鸟。前鸟为失群，孑然无与，此为纷与还则偕群矣。前之飞为夜夜悲，此之还为日夕佳。两首层层相翻，诗心最幻最深。"见《陶渊明资料汇编》下册，第169页。很显然，黄文焕注意到了"远"是理解其五与其四之间关联的关键，但由于他在对其四的解读中未能明了失群之鸟乃隐喻孔子，所以他的理解亦不到位。

[1] 见《陶渊明资料汇编》下册，第170页。亦有将"心远"看作《饮酒》整个组诗之主旨者。杜树萊曰："'心远地自偏'句，主句也。饮酒诸诗，皆是从'心远'二字流出，不独此章也。起四句言其得地清寂，而心自能远；'采菊'以下四句，都是'心远'况味。写景别饶神韵，自非陶公无此胸襟。"见王叔岷：《陶渊明诗笺证稿》，第290页。

俗人反先赏其采菊数语何也。"[1]基于这一结构性理解而对全篇做出最为恰当的概括的则是清人方东树："此但书即目即事，而高致高怀可见。起四句言地非偏僻，而吾心既远，则地随之。境既闲寂，景物复佳。然非心远，则不能领其真意味，既领于心而岂待言，所谓造适不及笑，献笑不及言，有曾点之意。后六句即心远地偏之实事。"[2]在此，我想要补充的是，如果我们对"心远"所指涉的历史意味有了清晰的认知，那么，我们对"心远"与"真意"之间的意义关联就会有更为真切的理解。质言之，既然"心远"是指对上古真淳之世的思慕之情，也就是说，对上古之世的思慕是由于其"真"，那么，"真意"的呈现必然以"心远"为基础就是很显然的了。这就是方东树所言"然非心远，则不能领其真意味"的确解。如前所析，"真"是陶渊明思想中的一个核心概念，"真"指向自然，指向万物的本性，或者说万物的本真性。"真意"则是指万物的本真性通过人的心灵而呈现。

其五的解读史上，还有一段发端自苏轼的著名"公案"，即"见南山"与"望南山"之争。苏轼曰："'采菊东篱下，悠然见南山。'采菊之次，偶然见山，初不用意，而景与意会，故可喜也。今皆作'望南山'……

---

[1] 见《陶渊明资料汇编》下册，第171—173页。
[2] 同上书，第173页。

便觉一篇神气索然矣。"[1]苏轼的意思显然是，陶渊明原诗本作"见南山"，后人改为"望南山"。传世的陶渊明集，正文皆作"见"而往往标明"一作望"，《文选》与《艺文类聚》则皆作"望"。可见，"见"与"望"的异文出现很早，是否如苏轼所说，是后人将原本的"见"改为"望"，目前我们无法从文献根据上找到确凿的证据。[2]但苏轼从意境的角度提出"见南山"佳于"望南山"，这一点在后世得到了广泛的认可。"见南山"之所以佳于"望南山"，苏轼之后多有发挥者。如北宋晁补之曰："'采菊东篱下，悠然见南山'，则本自采菊，无意望山，适举首而见之，故悠然忘情，趣闲而景远，此未可于文字精粗间求之。"[3]又如北宋蔡居厚曰："'采菊东篱下，悠然见南山'，此其闲远自得之意直若超然邈出宇宙之外。俗本多以'见'字为'望'字，若尔，便有褰裳濡足之态矣。乃知一字之误，害

---

[1] 此处引文省略了苏轼原文论杜甫诗的一段，故标点符号上有改动。另，沈括曰："陶渊明《杂诗》'采菊东篱下，悠然见南山'，往时校定《文选》改作'悠然望南山'，似未允当。若作'望南山'，则上下句意全不相属，遂非佳作。"沈括的看法与苏轼类似，但大概并非来自苏轼。参见刘奕：《诚与真：陶渊明考论》，第70页及以下的分析。
[2] 田晓菲认为原本作"望"，苏轼将之改为"见"，这一看法已遭到刘奕的有力反驳，见刘奕：《诚与真：陶渊明考论》，第58页及以下。
[3] 《陶渊明资料汇编》下册，第167页。其中"趣闲而景远"之"景"字错为"累"，龚斌引文或从此处转抄，亦错作"累"，见陶渊明著，龚斌校笺：《陶渊明集校笺（修订本）》，第260页。杨勇引文作"景"，是正确的，但他大概是从胡仔《苕溪渔隐丛话》中看到这段话，从而误以为这段话是胡仔所说，见陶潜著，杨勇校笺：《陶渊明集校笺》，第145页。

理有如是者。"[1]一直到现代,王国维以相对于"有我之境"的"无我之境"来评判"采菊东篱下,悠然见南山"之句,亦可以说是对苏轼之论的发挥。对王国维的这一评判,王叔岷解释说:"'悠然见南山,'所以为无我之境,全在一见字;见若作望,则着我之色彩,是有我之境矣。"[2]

由以上分析可知,"见南山"佳于"望南山",是多数学者的看法,而这一看法主要是从全诗的意境得出的。质言之,"见南山"比"望南山"更能体现出陶渊明在这首诗中想要表达的那种悠然自得之情态。这显然是有道理的。刘奕在以考证的方式分析了"见南山"与"望南山"之争后以猜测的口吻说:"陶渊明是有炼字的意识与实践的,所以我倾向于认为'见'字是他精心的选择。"[3]在此我试图提供一个新的理解角度,来佐证"见"字可能是陶渊明的精心选择这个观点。

"结庐在人境"与"采菊东篱下"两句,明确道出了陶渊明隐居生活的特点。"庐"即"田中屋","结庐"二字,表明这种隐居生活并不脱离园田,而"人境"二字,更是直接点出了这种隐居生活的人间气息。[4]"采菊"是

---

[1]《陶渊明资料汇编》下册,第167页。
[2]王叔岷:《陶渊明诗笺证稿》,第291页。
[3]刘奕:《诚与真:陶渊明考论》,第74页。
[4]范子烨认为此诗首四句"结庐在人境,而无车马喧。问君何能尔?心远地自偏"是在说扬雄,其说有新意,但证据不充分,故不从。(转下页)

为了服食延年，隐含着对此生此世的肯定，而"东篱"二字，亦透露出家园就在旁边。质言之，陶渊明之隐，乃园田之隐，非山林之隐。不过，园田之隐与山林之隐皆为隐，皆为"贤者避世"之行，这一点是必须指出的。如前所析，"隐"与"仕"相对，首先是指士人在出处问题上的一种选择。于是，所谓归隐，所谓避世，其实质含义在弃绝君臣之伦这一点上，而归隐之方式尚在其次。清人吴淇曰："'吾非斯人之徒而谁与？''结庐在人境，'便别于长沮避世一流。但虽在人境，却不染于世俗，由其心远，故觉地远，连地也不必避耳。"[1]这个评论虽然正确地说明了陶渊明之隐的特点，但却错误地理解了陶渊明之隐的意蕴。陶渊明的园田之隐虽然在形式上不同于长沮、桀溺的山林之隐，但就其归隐之志而言与长沮、桀溺并无不同。否则，陶渊明也就不可能与刘遗民、周续之合称为"浔阳三隐"了。而且，在《饮酒》其六中陶渊明明白地说"且当从黄绮"，亦可见其归隐之志趣与商山四皓相同。因此，以孔子所说的"吾非斯人之徒与

（接上页）首先，扬雄类似于柳下惠之"朝隐"，并非陶渊明之园田之隐。其次，"问君"可以理解为陶渊明设想以别人的口吻问自己，从而不必面对只能以"自己"解"君"的释义困境，一如李煜的名作《虞美人》最后两句是"问君能有几多愁，恰似一江春水向东流"，亦是设想别人问自己。见范子烨：《"游目汉庭中"：陶渊明与扬雄之关系发微——以〈饮酒〉其五为中心》，载《四川师范大学学报（社会科学版）》，2013年第2期。

[1]见《陶渊明资料汇编》下册，第171—172页。

而谁与？"来理解陶渊明的"结庐在人境"，从而将之根本地区别于长沮、桀溺的避世选择，显然属于过度解读，完全误解了陶渊明的心意。至于陶渊明拈出"心远"二字，来说明园田之隐亦是隐，龚斌的解读是将之诉诸魏晋之时风："魏晋隐逸之风极盛，玄学改变了隐居乃逃于江海之上以避世之旧观念，指导人们不执着于外在形迹，而去追求心境之超然无累。倘内心超脱，则隐于市朝与隐于岩穴无异。如王康琚《反招隐》诗云：'小隐隐陵薮，大隐隐朝市。'周续之亦称：'情致两忘者，市朝亦岩穴耳。'不难发现，'心远地偏'之义，正是魏晋隐士追求的'胜义'。"[1] 显然，这种解读也有过度之嫌，毕竟不仕乃是隐者表达其志向的一个标志性行动，完全以内向化的"心境之超然无累"来言说"隐"不足以彰显隐者之为隐者。

陶渊明选择园田之隐，一方面意味着他像其他隐者一样以不仕的行动来表达其志向，另一方面也意味着他不愿意选择山林之隐。可以说，《饮酒》其五正隐含地表达出陶渊明隐居选择中的这两个方面。不过，要考虑陶渊明生活的时代里人们对隐居生活方式的选择，就不能仅限于传统意义上的隐者了，因为佛教影响下的修行者也会选择隐居的生活方式。因此，一个可能的看法是，陶渊明不愿意选择山林之隐，还有一个隐含的意思，就

---

[1] 陶渊明著，龚斌校笺：《陶渊明集校笺（修订本）》上册，第259—260页。

是要将自己区别于佛教影响下的修行者。至少从理论上讲，佛教影响下的修行者既弃绝君臣之伦，也弃绝夫妇之伦与父子之伦，而传统意义上的隐者只弃绝君臣之伦，对夫妇之伦与父子之伦则相当看重。[1]由此推论，传统的隐者选择山林之隐，当是携家带子一道遁入山林，而佛教影响下的修行者选择山林之隐，当是抛家弃子单独遁入山林。于是，关联于陶渊明不同于佛教徒以及佛教影响下的修行者这一点来探究《饮酒》其五的隐秘意蕴，就可能是一个正确而必要的思路。

当时在陶渊明的生活空间里最重要的佛教徒当然是隐居庐山的慧远。从目前文献看，陶渊明与慧远肯定有交往，陶渊明也可能去过庐山不止一次，但陶渊明没有像刘遗民、周续之那样在佛教影响下遁迹庐山，而是选择归隐园田，表明陶渊明并不是一个佛教影响下的修行者——所以我猜对于"浔阳三隐"这个称号，陶渊明未必多么认可。[2]如果说在《饮酒》其五中陶渊明隐含地表

---

[1] 其理由则是以父子之伦为自然，以君臣之伦为人为。
[2] 陶渊明有《示周续之祖企谢景夷三郎》一诗："负疴颓檐下，终日无一欣。药石有时闲，念我意中人。相去不寻常，道路邈何因？周生述孔业，祖谢响然臻。道丧向千载，今朝复斯闻。马队非讲肆，校书亦已勤。老夫有所爱，思与尔为邻。愿言诲诸子，从我颍水滨。"元人李公焕《笺注陶渊明集》卷二载："赵泉山曰：按靖节不事觐谒，惟至田舍及庐山游观，舍是无他适。续之自社主远公顺寂之后，虽隐居庐山，而州将每相招引，颇从之游，世号通隐。是以诗中引箕、颖之事微讥之。"其实，从"道路邈何因""马队非讲肆"等句看，陶渊明这里绝不是"微讥"，而是立场鲜明地表达了自己不赞同周续之等人（转下页）

达了自己的隐居选择在根本上有别于佛教影响下的刘遗民、周续之等人的隐居选择的话，那么，在写给刘遗民的两首诗中陶渊明则是更为显白地表达了这一点。

这两首诗即《和刘柴桑》与《酬刘柴桑》。原文如下。

和刘柴桑

山泽久见招，胡事乃踌躇？直为亲旧故，未忍言索居。
良辰入奇怀，挈杖还西庐。荒涂无归人，时时见废墟。
茅茨已就治，新畴复应畲。谷风转凄薄，春醪解饥劬。
弱女虽非男，慰情良胜无。栖栖世中事，岁月共相疏。
耕织称其用，过此奚所须。去去百年外，身名同翳如。

酬刘柴桑

穷居寡人用，时忘四运周。
门庭多落叶，慨然知已秋。
新葵郁北牖，嘉穟养南畴。

（接上页）应江州刺史檀绍之请出山讲《礼》之举。陶渊明有《读史述九章》，其中《鲁二儒》一首云："《易》大随时，迷变则愚。介介若人，特为贞夫。德不百年，污我《诗》《书》。逝然不顾，被褐幽居。"清人何焯非常正确地将《示周续之祖企谢景夷三郎》与《鲁二儒》联系起来解读，他说："鲁两生不肯起从汉高，况见此季代篡夺乎？故劝之从我为箕、颖之游也。"由此，"迷变则愚"与"污我《诗》《书》"就可以看作陶渊明对周续之等人的批评。如果考虑到周续之其实已经隐居庐山，那么，很显然，陶渊明对于周续之这种隐居后又不断应召出山讲儒学的做法，也就是所谓"通隐"的做法，是极不赞同的。此注所引李公焕、何焯语，见《陶渊明资料汇编》下册，第64—65页。

今我不为乐，知有来岁不？
命室携童弱，良日登远游。

在《和刘柴桑》中，陶渊明明确表达了自己不愿选择山林之隐而选择园田之隐的原因，即"直为亲旧故，未忍言索居"。这里显然表达了陶渊明对家庭人伦的看重。与此相关，"茅茨已就治，新畴复应畬"也明确地显示出陶渊明对家园与田地的关切。可以说，这首诗处处表现出陶渊明对人世与自然的肯定，从而处处与佛教缘起性空的思想针锋相对。可以猜想，刘遗民在佛教影响下入庐山事慧远，与陶渊明虽同为归隐，但在陶渊明看来一定不是同道中人。因此，《和刘柴桑》实际上是一首答诗，通过这首诗陶渊明非常明确地拒绝了刘遗民——背后可能是慧远——请他一道入庐山隐居的召唤。至于《酬刘柴桑》，我们能够合理地推测这首诗与《和刘柴桑》并非写于同时，恰恰是因为其中的意旨与《和刘柴桑》并无二致。[1] 其中前四句"穷居寡人用，时忘四运周。门庭多落叶，慨然知已秋"与《桃花源诗》中的"虽无纪历志，四时自成岁"意思接近，都有远离历法所代表的政治时空的隐秘意味。而"新葵郁北牖，嘉穟养南畴"一样也表达了陶渊明对家园与田地的关切。至于"命室携童弱，良日登远游"，一样也表达了陶渊明对家庭人伦

---

[1] 若写于同时，则有重复之嫌。

〔唐〕陆曜 《六逸图》（局部）
北京故宫博物院藏

〔宋〕梁楷 《东篱高士图》
台北故宫博物院藏

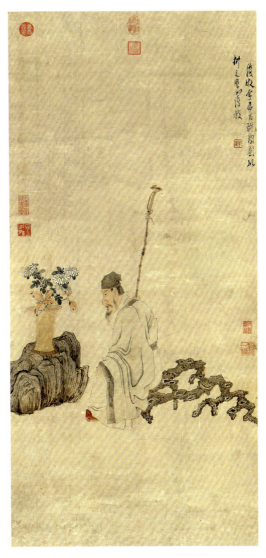

〔清〕陈洪绶 《玩菊图》
台北故宫博物院藏

〔明〕陆治 《彭泽高踪》
台北故宫博物院藏

的看重。

由以上分析可知，尽管陶渊明在志向上所追随的那些传统的隐者大多选择山林之隐，但他在自己的生活环境里却更愿意选择园田之隐而不是山林之隐，而这是因为他有一种将自己的隐居生活与佛教徒或佛教影响下的修行者的隐居生活明确区别开来的意识。基于这一点再来看《饮酒》其五，一些特别的意味可能会呈现出来。一般认为其五中的"南山"即指庐山。如果说归隐庐山意味着刘遗民等人的隐居方式，那么，"采菊东篱下，悠然见南山"一句的意味就更加深长了。"采菊东篱下"意味着不离家园和田地而隐居，即园田之隐，"悠然见南山"则意味着不离家园和田地也能见到南山之真。而之所以不离家园和田地也能见到南山之真，则是因为内心思慕上古真淳之世，此即"心远地自偏"。前引晁补之的话其实包含着一个错误理解，即他似乎认为陶渊明是见到了南山之后才感到悠然，其实根据语序应当是心先悠然，然后才见到南山。心远则悠然，心在悠然中见到南山，就不仅指见到南山的形象，而且指见到南山之真相。但如若将"此中有真意"的"真"仅仅关联于"山气日夕佳，飞鸟相与还"这两句而不及"采菊东篱下，悠然见南山"这两句则是错误的。如前所析，"真"即"自然"，但不仅山气与飞鸟属于自然，家园与田地也属于自然，所以"此中有真意"的"真"，就是承前面四句而言的，而不是仅承前面二句。[1]从另一个角度看，篱在东，山在南，"此中"之"中"即是涵括了东西南北的"中"，因而是涵括了家园、田地和山林的"中"。于是，"真意"之"真"，不仅包括南山之真，同时也包括家园之真与田地之真。若紧扣"真意"一句解读"悠然"一句，则必然是"见"而非"望"，因为望的只能是形象，见的才能是真意。而且，既然陶渊明这里试图指出他的园田之隐与刘遗民等人的山林之隐的区别，那么，他的言下之意就是，只要内心思慕上古真淳之世，隐居于园田之中也能见到南山之真，而不必隐居于南山。甚而至于，在园田之中更能见到南山之真，因为园田与山林同属自然，同显其真；反而像刘遗民那样在佛教影响下遁迹南山更不容易见到南山之真，因为佛教恰恰认为园田与山林同属偶然，同显其幻。由此我们就可合理断言，"悠然"一句当作"悠然见南山"而非"悠然望南山"，"见"字当是陶渊明的精心选择。

如果说在其五中陶渊明紧扣其实际的隐居生活而阐明其归隐之志趣，尤其呈现出他所选择的园田之隐与当时其他一些在佛教影响下的隐者所选择的山林之隐的不同旨趣，那么，在其六中陶渊明就是直接聚焦出处问题

---

[1] 清人吴淇正确地指出："'此中'句，紧承四句，而'意'字从上文'心'字生出，又加一'真'字，更跨进一层。"见《陶渊明资料汇编》下册，第172页。另，陶渊明有《归鸟》诗，其中第三章曰："翼翼归鸟，驯林徘徊。岂思天路，欣反旧栖。虽无昔侣，众声每谐。日夕气清，悠然其怀。"可为《饮酒》其五"山气日夕佳，飞鸟相与还"等句做一注脚。

而又关联于历史上的隐者典范来阐明其归隐之志趣。劈头就说"行止千万端","行止"即出处,可以说是主题明确。对于"谁知非与是?"这个反问句,从过去的一些注本看,存在着理解上的问题。相应地,接下来的两句"是非苟相形,雷同共誉毁",也存在着理解上的问题。过去的一些注家在这几句后喜欢引用《庄子·齐物论》中论是非的话,认为陶渊明持庄子"是非齐一"之论且在此处他想要表达的是庄子在《齐物论》中所呈现的那种"超然于世俗之是非"的境界,其实这是大谬不然的。[1]对于"雷同共誉毁"一句,古直在注解时独具慧眼地引用了《楚辞·九辩》中的话:"世雷同而炫耀兮,何毁誉之昧昧!""雷同"即人云亦云,随声附和,"毁誉"即是非评价,"昧昧"即混乱古怪,因此,宋玉这句话的意思是,世人以雷同之声相炫耀,从而使得对人物的毁誉变得混乱古怪。[2]在《汉书·刘向传》中,我们看到了一个语义上很类似的表达,有助于我们更清晰地理解"雷同共誉毁"一句:"今贤不肖浑殽,白黑不分,邪正杂糅,忠谗并进。章交公车,人满北军。朝臣舛午,胶戾乖剌,更相谗愬,转相是非。传授增加,文书纷纠,前后错缪,毁誉

---

[1] 古直注:"《庄子·齐物论篇》:'故有儒墨之是非,以是其所非而非其所是。彼亦一是非,此亦一是非。果且有彼是乎哉?果且无彼是乎哉?'"后来注家多引之。引文见古直:《陶靖节诗笺定本》,收入《层冰堂五种·层冰文略续编》,第333页。

[2] 关于"雷同"与"是非"的语义关联,王叔岷引《汉书·刘歆传》语:"雷同相从,随声是非。"见王叔岷:《陶渊明诗笺证稿》,第295页。

浑乱。"[1]可以说,"雷同共誉毁"中的"共"相当于宋玉的话中的"昧昧",因而"共誉毁"的意思就与刘向所说的"毁誉浑乱"相同。既然"雷同共誉毁"的状况是陶渊明决然反对的,那么,认为陶渊明这里是在发挥庄子"是非齐一"之论的看法就是完全错误的。很明显,陶渊明这里想要表达的是反对那种是非不分、毁誉混乱的状况,而其前提正是认为存在着是非,并且要明确区分是非。质言之,"是非苟相形,雷同共誉毁"的意思是,如果说是非是基于比较才存在——言下之意是,没有根本上的是非,那么,就会出现随声附和从而毁誉混乱的状况。[2]

在前四句中,陶渊明直接引出出处问题,然后描述了那种是非不分、毁誉混乱的状况;在后四句中,陶渊明则将这种状况关联于历史并通过援引历史上的隐者典范——商山四皓——来阐明其归隐之志趣。"三季"之"季",是"末"的意思,因此,"三季"即指夏、商、周三代之末世。此义甚确。[3]因此,"三季多此事,达士似

---

[1] 班固著,颜师古注:《汉书》第七册,中华书局,1962年,第1941页。
[2] 《感士不遇赋》中说"雷同毁异",意即"人云亦云地诽谤异己",与"雷同共誉毁"同义。
[3] 陶渊明有《赠羊长史》一首,开头二句是:"愚生三季后,慨然念黄虞。"此处"三季后"指三代之后,即周末之后,显然不能理解为夏末之后、商末之后和周末之后。正如《汉书·叙传》中"三季之后"即指三代之后,即周末之后一样。儒教经典中的"三代"之称,突出的是三次开端所形成的理想秩序,而以"三季"称三代,则是以三次末世刻画三代,与儒教经典中的"三代"之称形成鲜明对比,从而也透露出对三代的某种批评意味。

不尔"即是说是非不分、随声附和、毁誉混乱的事情多见于三代之末世,而明达之士却不如此,因为他们始终能够保持是非分明,从而不会随声附和,不会毁誉混乱。丁福保注:"《韵会》:'啾啾,惊怪声也。'"[1]"俗中愚"之"愚",一作"恶"。既然此处之表达与前面的"达士"是相对而言的,那么,当作"俗中愚"为是,因为"达士"是指明达之士,与之相对的则是愚昧之人,即"俗中愚"。[2]"且当从黄绮"一句,显然是陶渊明在这首诗中——也是在这一节中——阐明其归隐之志趣的最直接的一句,因而也是这首诗乃至这一节的文眼。"黄绮"指商山四皓。《汉书·王贡两龚鲍传序》云:"汉兴有园公、绮里季夏、黄公、甪里先生,此四人者,当秦之世,避而入商洛深山,以待天下之定也。自高祖闻而召之,不至。"[3]黄绮即指其中的黄公与绮里季夏,此处言其二而指其四。商山四皓为避秦而入商洛深山隐居,陶渊明以"且当从黄绮"一句来阐明其归隐之志趣,尽管他选择的是园田之隐而非山林之隐。王叔岷云:"四皓处秦、汉易代之交,退隐商山;陶公处晋、宋易代之交,退隐田园。其境遇相似。"[4]笼统地说陶渊明与四皓的处境相

---

[1] 陶渊明著,丁福保笺注,郭潇、施心源整理:《陶渊明诗笺注》,华东师范大学出版社,2017年,第99页。
[2] 王叔岷已指出了这一点,见王叔岷:《陶渊明诗笺证稿》,第296页。
[3] 班固著,颜师古注:《汉书》第十册,第3056页。标点略有改动。"绮里季夏、黄公"或作"绮里季、夏黄公"。
[4] 王叔岷:《陶渊明诗笺证稿》,第296页。

似,自然不错,但究竟如何理解二者相似处境的实质,在王叔岷的这个表述中却未能清晰地呈现,而且这个表述也极易引起误解。说陶渊明处晋、宋之交而退隐田园,如果隐含的意思是他"耻事二姓",那么,就不可与四皓之隐相类比,因为四皓首先是为避秦而隐,并非为避汉而隐。由此可见,王叔岷的表述中强调了二者都处于"易代之交",这是其容易引起误解的原因所在。四皓不应汉高祖之召,表明他们不仅避秦,而且避汉。而陶渊明也一样,他决定隐居并非在宋时,而是在晋时,所以陶渊明其实是既避晋又避宋,与四皓既避秦又避汉亦或可谓类似。

那么,究竟如何理解二者相似处境的实质呢?这还得回到"道丧向千载"的历史意识中。前面我们说大道沦丧的历史时刻断自孔子之卒,从朝代更替的历史看,这意味着孔子之后的朝代——从秦开始——皆属于大道沦丧的时代,也就是说,从朝代上说大道沦丧的历史时刻即可断自秦。于是我们看到,《饮酒》其二十在讲完了孔子弘道的最后努力之后就说"洙泗辍微响,漂流逮狂秦"。可以断言,在陶渊明那里,避秦具有非常强烈的历史哲学意味,为避秦而隐的商山四皓也由此而获得了非常不一般的典范地位。陶渊明诗文中的避秦主题多次出现,最著名的当然是《桃花源记并诗》。《桃花源诗》一开篇四句即是:"嬴氏乱天纪,贤者避其世。黄绮之商山,伊人亦云逝。"与《饮酒》其六、其二十完全同调。

避秦主题实际上是陶渊明历史意识最鲜明的表达。因此说，在理解"且当从黄绮"一句时，我们必须关联于陶渊明"道丧向千载"的历史意识，才能真正体会到这一句的深长意味。与此相关，说陶渊明的处境与商山四皓的处境类似，并不像王叔岷所说的那样是因为他们都处于易代之际，而是因为他们都处在大道沦丧之后的历史时段中。

对于其六的理解还有一点可说。前面提到，理解第二节的一个关键字是"远"，而"远"字同时出现在其五、其七、其八的诗句中，尽管对"远"的言说角度有所不同。若就其六的主旨句"且当从黄绮"加以进一步分析，可以说其六中其实隐含着一个"远"字。在商山四皓的历史故事中，还留下一首著名的歌：

> 莫莫高山，深谷逶迤；晔晔紫芝，可以疗饥；唐虞世远，吾将安归？驷马高盖，其忧甚大；富贵之畏人兮，不如贫贱之肆志！

"唐虞世远，吾将安归？"，亦表达了对上古真淳之世的思慕之情，而"愚生三季后，慨然念黄虞"，正与此同调。

前面已指出，在其五中陶渊明紧扣其实际的隐居生活阐明其归隐之志趣，在其六中陶渊明则直接聚焦出处问题阐明其归隐之志趣，顺此我们不难看到，在其七、

自真风告逝，大伪斯兴

其八中，陶渊明又回到了其五的思路。[1]菊与松是陶渊明园田生活中实际存在的两种佳物，在陶渊明眼中也最能象征隐者的高品亮节，因此其七以咏菊开头，其八以咏松开头。[2]陶渊明另有诗《和郭主簿》二首，其中第二首有四句："芳菊开林耀，青松冠岩列。怀此贞秀姿，卓为霜下杰。"[3]菊与松在霜降时节皆能保持其贞秀之姿，因而是高洁之士的绝佳象征，正如前引孔子所言"岁寒，然后知松柏之后凋"。因此清人陈沆论此诗时说："岁寒后凋，情见乎词。"[4]"岁寒"之义，在其八中表达得非常鲜明，前面说"凝霜殄异类"，后面又说"提壶挂寒柯"，尽显一片萧杀景象。而在其七中，则只有一个"秋"字隐约透露出类似的意味：在菊花还有佳色的时候，百花可能已经凋谢了。这两首与其五的关联其实我们还可以从其五中"采菊东篱下"一句分析出。此句已明确说到"采菊"，而"秋菊有佳色，裛露掇其英"即是对"采菊"更具象的描写。如果东篱是东园之篱，而青松又长在东园，那么可以说，"采菊东篱下"一句已经隐隐地指向了

---

[1] 叶嘉莹注意到了这一点，她说："第七、第八首写的是他决心归隐田园以后的生活，结合了不少他当时生活中的情趣。"又说："我们把'饮酒'诗的第七首、第八首结合起来看，因为这两首的性质是比较接近的。"见叶嘉莹：《叶嘉莹说陶渊明饮酒及拟古诗》，第84页、第91页。
[2] 叶嘉莹说："'秋菊'和'青松'不只是象喻，而且也是他生活中果然实有的景色。他是把他生活中的实有之物和他精神上的比喻、象征结合起来写的。"见叶嘉莹：《叶嘉莹说陶渊明饮酒及拟古诗》，第85页。
[3] 又，《归去来辞》有句："三径就荒，松菊犹存。"
[4] 见《陶渊明资料汇编》下册，第93页。

东园里的青松。前面提到其五、其七、其八都有一个共同的"远"字,其实我们也不难发现,它们又还有一个共同的"东"字,分别构成"东篱"、"东轩"与"东园"三个方位性的表达。由此我们可以想见陶渊明隐居之地的一些方位关系:东轩自然是庐舍朝东的窗子,而东篱自然是东园东边的篱笆,抬头所见,则是南边的庐山。[1]

其七在"秋菊有佳色,裛露掇其英"之后说"泛此忘忧物,远我遗世情",又说"一觞虽独进,杯尽壶自倾",是从采菊说到饮酒这一全诗表题。"此"指"菊花","忘忧物"指"酒",这基本上没有什么争议。对"远我遗世情"一句的解释,以黄文焕所言最具代表性:"遗世之情,我原自远,对酒对菊,又加远一倍矣。"[2]现代注本对此句的解读基本上与黄文焕无异。其实此解非常牵强:什么叫遗世之情又加远一倍?如果这个解读并不恰当——至少是并不清楚,那么,究竟该如何理解"远我遗世情"一句呢?说陶渊明将自己归隐的选择表述为"遗世",这一点很好理解,但陶渊明又说要"远我遗世情",就不好理解了。从字面意思上看,"远我遗世情"是说要远离我想要遗世归隐之情,于是问题就是,既然想要遗世归隐,为什么又说要远离自己想要遗世归隐之

---

[1] 清人吴淇曰:"'东轩'字,根上文'结庐'句来,篱之外有山,篱之内有轩,颇有寄我啸傲处,何必廊庙哉!"见《陶渊明资料汇编》下册,第177页。
[2] 见《陶渊明资料汇编》下册,第176页。

情呢?因此,这里需要追问的是"遗世情"究竟何所指。联系其二、其三和其他文本(如《形影神》)的一些说法,我们可以断言,这里的"遗世情"其实是指遗世之隐情,"远我遗世情"是指想要远离自己遗世之隐情。那么,陶渊明的遗世归隐又有何隐情呢?答曰:欲有为而不能。如前所述,陶渊明本服膺感应论的天道观,从而也服膺圣人立名以传善的名教论,但现实的情况是,立名传善的机制已经不可能——这里或许尤指政治上的黑暗与险恶,所以陶渊明选择遗世归隐。如果这就是陶渊明所谓的"遗世情",那么,"远我遗世情"一句就好理解了:远离我那想要立名传善而不能的痛苦之情。

至于"一觞虽独进,杯尽壶自倾"两句,与《归去来辞》中"引壶觞以自酌"义同,但需要辨析的是,"觞"与"杯"同义,而非与"壶"同义。[1] 而此处之"虽",表达了一个人饮酒的孤独,后面与之相呼应的"自",则表达了一个人自己给自己倒酒时的主动性。陶渊明本来有立名传善之心,但因为他还有"道丧向千载"的历史意识,所以,在他表达克制乃至远离自己想要立名传善的心思的时候,往往关联于——或者说导向——另外一种情绪,即饮酒以慰此生。在《饮酒》其三中说

---

[1] 王叔岷说:"觞,壶之类也。"其实应当说:"觞,杯之类也。"壶是盛酒之器,杯是饮酒之器,若以觞为"壶之类",则"一觞虽独进"就成了"一壶虽独进",就不能"杯尽壶自倾"了。见王叔岷:《陶渊明诗笺证稿》,第297页。

"有酒不肯饮，但顾世间名"，即有这个意思，而这首诗最后一句"聊复得此生"，也有这个意思。在"一觞虽独进，杯尽壶自倾"之后是这首诗的最后四句："日入群动息，归鸟趋林鸣。啸傲东轩下，聊复得此生。"看起来"聊复得此生"是与前面三句联结，其实还与"杯尽壶自倾"联结。也就是说，"日入群动息，归鸟趋林鸣"是作者饮酒之后所见的景象，"啸傲东轩下"是作者饮酒之后的行为。这样，"聊复得此生"的情绪就与饮酒具有了直接的关联，即饮酒以慰此生。而饮酒以慰此生，即有委运的意思，由此可见，这首诗与其三最后几句一样，皆与《形影神》中"甚念伤吾生，正宜委运去"两句同调。

有趣的是其三与其七在《饮酒》二十首中的位置：二者分别处于第一节的第三首和第二节的第三首。顺此我们看第三节的第三首，即其十一，会发现"虽留身后名，一生亦枯槁"两句表达了类似的情绪。再看第四节的第三首，即其十五，会发现"若不委穷达，素抱深可惜"两句也表达了类似的情绪。再看第五节的第三首，即其十九，会发现"虽无挥金事，浊酒聊可恃"两句亦表达了类似的情绪。从此谁还能说《饮酒》二十首并无诠次呢！

其七从菊之晚芳说起，其八则从松之后凋说起，二首又皆关联于饮酒的主题。其八的前六句，通过季节变换的对比彰显出青松的高洁：霜降之前，青松淹没在众草之中；霜降之后，青松卓然独立于众树之间。可以说这六句其实是其四"孤生松"一语的最佳注脚,与"劲风无荣木,此荫独不衰"同义。其四说"因值孤生松,敛翮遥来归",描绘的是想象中的事物,是写意;其八说"凝霜殄异类,卓然见高枝",描绘的则是现实中的事物,是写实。于是这六句就以最清晰的方式表达出陶渊明的隐者之志,其寓意正是前引司马迁《伯夷列传》中所言:"举世混浊,清士乃见。""提壶挂寒柯"一句,又引向饮酒的主题,而"寒"字自然是从"凝霜殄异类"一句而来。至于"远望时复为"一句,此"远"即"心远"之远,或者说,"远望"是"心远"的外在表现,是"心远"之付诸动作。从而,"远望时复为"一句,就将陶渊明对上古真淳之世的思慕非常形象地表达出来了,恰与《和郭主簿》中"怀古一何深"一句同调。

这首诗的最后两句,"吾生梦幻间,何事绁尘羁?",尚有可说之处。叶嘉莹认为这两句"里边有佛家的成份,也有道家的成份"[1],这是不正确的。陶渊明虽然接触到了佛教,但他并不认同佛教的思想。叶嘉莹在对这一句的解读上可能与她看过的之前的陶集注本有关。古直注曰:"《庄子·大宗师篇》:'吾特与汝其梦未始觉者邪?'郭注:'死生犹梦觉耳。'《列子》:'有生之气,有形之状,尽幻也。'"[2]这是用道家思想解读"吾生梦幻间"一

---

[1] 叶嘉莹:《叶嘉莹说陶渊明饮酒及拟古诗》,第94页。
[2] 古直:《陶靖节诗笺定本》,收入《层冰堂五种·层冰文略续编》,第334页。

句。丁福保注曰:"《金刚经》:'如梦幻泡影,如露复如电。'"[1]这是用佛教思想解读"吾生梦幻间"一句。《金刚经》最后四句"一切有为法,如梦幻泡影,如露亦如电,应作如是观",表达的是"缘起性空"的思想。而陶渊明心心念念,总在一个自然,因而他不可能接受佛教"缘起性空"的思想,这是我们理解"吾生梦幻间"这一句时的必要界限。古直在此处拈出《庄子·大宗师》的话可谓慧眼独具。"吾特与汝其梦未始觉者邪?"一句,在《庄子·大宗师》的语境中,是假托中的孔子对颜回所说的话,结合上下文,庄子的意思是说,生者以生为实有,而以死为生之对立面,即以死为空无,正如梦者以梦为实有,而以觉为梦之对立面,即以觉为空无,其实生与死同为自然,同归于化。言下之意,我们不应当以不同的态度面对生与死,此所谓古之真人"不知说生,不知恶死",而是应当以相同的态度面对生与死,此即所谓顺化。以顺化的态度面对生与死,也意味着一种关于自我的理解,即以"神"为自我的内核,这样,生与死,即形神相与与形神分离,就是自我存在的两个阶段而已,或者说,生与死,都归属于自我的存在。[2]

---

[1] 陶渊明著,丁福保笺注,郭潇、施心源整理:《陶渊明诗笺注》,第100页。
[2] 陶渊明正是持神不灭论,而非神灭论,参见本书《渴望不朽与纵浪大化》一篇中我的辨析与辩驳。可以说,神不灭论其实是陶渊明委运顺化的人生态度的思想前提。

依此来解读"吾生梦幻间,何事绁尘羁?"两句,或许能领会到一般人完全想不到的微妙意味。首先,"梦幻"意味着有一个做梦者,而且,只有当做梦者在回忆或反思中意识到自己是在做梦,才能将自己所经历的叫作梦幻。于是,基于神不灭的信念而以形神相与来理解人生,又以人生为梦幻,意思就只能是,作为自我之内核的"我之神"在回忆或反思中将其与"我之形"相与的经历理解为一个梦。因此,"吾生梦幻间"一句的意思就是,我意识到我的人生只是我所做的一个梦。也就是说,这是基于神不灭的信念而对人生的一种独特理解。这种理解看起来与佛教非常类似,尤其是当我们考虑到神不灭论亦是佛教的主张时。但是差别也还能够从表层看到:在庄子与陶渊明这里,通过意识到我的人生只是我所做的一个梦,我能够达到的境界是以同样的态度对待生与死,即委运顺化,而这显然不是佛教对待生与死的态度;在佛教那里,说"一切有为法,如梦幻泡影,如露亦如电,应作如是观",是"缘起性空"的意思,而这显然不是庄子与陶渊明的意思。容易混淆进而生出误解的很显然是这里的"梦幻"一语:在庄子与陶渊明那里,"梦幻"一语是要强调变化,意思是说,生死之间的变化如梦幻一般;而在佛教那里,"梦幻"一语则是指向虚无,意思是说,人生的一切看似实有,其实虚幻。因此可以说,在庄子与陶渊明那里,一切梦幻皆为实在,而在佛教那里,一切实在皆为梦幻。质言之,庄子与陶渊明是实在主义的,而佛教则是虚无主义的,双方在基本立场上迥然不同。鉴于此,"何事绁尘羁?"一句,就不能理解为佛教式的看破红尘或出世之想,而应当结合《归去来辞》中"既自以心为形役,奚惆怅而独悲?"一句来理解。在此,再次拈出陶渊明"道丧向千载"的历史意识仍是必要的、重要的,因为"吾生梦幻间,何事绁尘羁"的意思恰恰是,既然我的人生是在大道沦丧近千年之后我所经历的一个梦幻,那么,我为什么还要被这样的历史羁绊所束缚呢?言下之意,我的心所向往的,是上古真淳之世。而这个意味与前面两句"提壶挂寒柯,远望时复为"就清晰地连接起来了。

申不就之主意

本篇一开始就引用叶嘉莹、古直、吴汝纶等人的看法,指出《饮酒》其九写作于陶渊明义熙末被征召之时,其主旨即在借"我"与田父的对话道出不应召命之主意。从其九的内容很容易看出,这是陶渊明针对有人劝其出仕而作。[1]也就是说,其九其实是陶渊明对当时有人劝他出仕这一事件的一个实录,尽管在其中他将劝他出仕的人称为看起来很像是假托的"田父"。[2]"田父"的托名与

---

[1] 李公焕云:"赵泉山曰:时辈多勉靖节以出仕,故作是篇。"见《陶渊明资料汇编》下册,第179页。
[2] 正如《五柳先生传》托名五柳先生而"时人谓之实录"一样。

"愿君汩其泥"一句让我们很自然地想到，陶渊明此处所用的典故正是《楚辞·渔父》。[1]《渔父》的行文是先叙述渔父与屈原的相遇，然后叙述渔父与屈原的对话：

> 屈原既放，游于江潭，行吟泽畔，颜色憔悴，形容枯槁。渔父见而问之曰："子非三闾大夫与？何故至于斯？"屈原曰："举世皆浊我独清，众人皆醉我独醒，是以见放。"渔父曰："圣人不凝滞于物，而能与世推移。世人皆浊，何不淈其泥而扬其波？众人皆醉，何不哺其糟而歠其醨？何故深思高举，自令放为？"屈原曰："吾闻之，新沐者必弹冠，新浴者必振衣；安能以身之察察，受物之汶汶者乎？宁赴湘流，葬于江鱼之腹中。安能以皓皓之白，而蒙世俗之尘埃乎？"
>
> 渔父莞尔而笑，鼓枻而去，乃歌曰："沧浪之水清兮，可以濯吾缨；沧浪之水浊兮，可以濯吾足。"遂去，不复与言。

其九则先叙述田父怀着一片好意一早就来找"我"，急切地劝我出仕，然后叙述田父与"我"的对话。"褴缕茅檐

---

[1] 邱嘉穗说："此诗可与屈子《渔父》一篇参看。"方东树说："此诗夹叙夹议，托为问答，屈子《渔父》之旨。"均见《陶渊明资料汇编》下册，第180页。

下，未足为高栖。一世皆尚同，愿君汨其泥。"这四句是田父的话。"深感父老言，禀气寡所谐。纡辔诚可学，违己讵非迷。且共欢此饮，吾驾不可回。"这六句是"我"的话。"汨"即"淈"，故渔父所言"圣人不凝滞于物，而能与世推移。世人皆浊，何不淈其泥而扬其波？"正可做"愿君汨其泥"一句的注解。也因此，对于"愿君汨其泥"前一句"一世皆尚同"，注家多联系渔父的话做注，如古直注曰："一世尚同，即世人皆浊意，非墨子书所谓尚同也。文虽出彼而意则殊。"[1]这个理解当然是正确的，但若联系其六中"雷同共誉毁"一句，则可得到更为精确的理解。质言之"一世皆尚同"的确切含义，即是其六中所说的"雷同"，即世人随声是非，人云亦云。其六以"我"的名义批判因世人随声是非而导致的毁誉混乱，其九则以田父的名义再揭此污浊的现实。

针对田父出于好怀的劝言，陶渊明的回答直率而真诚：他首先感谢田父的关怀，但又指出自己不能与时相谐，乃禀性使然（"深感父老言，禀气寡所谐"）；接着说明和大家走同样的路确实也是可以学的，但那样做就违背了本性，意味着自我的迷失（"纡辔诚可学，违己讵非迷"）；最后不失爽快地邀请田父共享饮酒之乐，但又非常斩绝地亮明自己决不与时同流的态度（"且共欢此饮，

---

[1] 古直：《陶靖节诗笺定本》，收入《层冰堂五种·层冰文略续编》，第335页。

吾驾不可回")。[1]这六句每两句中都包含一个转折,可谓"抑扬尽致"。[2]另需注意的是,我们之所以将"违己"解释为"违背自己的本性",是因为这一句应当关联于前面"禀气寡所谐"一句,而"禀气"即指所禀之本性。关于其九还有一点可说:"有好怀"的田父远道而来,还有一点很关键,即他是带着酒来的,此即"壶将远见候",所以陶渊明虽然不会听从他的劝告,但还是很高兴,因为有酒喝,此即"且共欢此饮"。试想,如果田父来劝说陶渊明出仕,虽然出于好意,但未带酒来,那就比较乏味了——那样的话,陶渊明极有可能就不写这一首诗了。

其九借"我"与田父的对话道出不应召命之主意,以"吾驾不可回"一句作结,不愿出仕之斩绝态度跃然纸上,其十则回顾了自己以前的出仕经历,说明自己以前出仕皆因家贫之故,而后以"息驾归闲居"一

---

[1] 陶澍《靖节先生集》注曰:"结语斩然,中有不忍言,特不可明言耳。"见陶渊明著,陶澍注,龚斌点校:《陶渊明全集》,上海古籍出版社,2015年,第77页。延君寿曰:"人生做事,全要各人自拿主意,断断不可听人怂恿。古人如陶公,人但知其'倾身营一饱,少许便有余',几与乡里小民无异。细读其《饮酒》诗'清晨闻叩门'一首,行文至后半,忽然勒转,用答田父语云:'深感父老言,禀气寡所谐。纡辔诚可学,违己讵非迷!且共欢此饮,吾驾不可回。'斩钉截铁,劲气勃发,可以想见陶公之为人。"见《陶渊明资料汇编》上册,第261页。

[2] 清人吴菘以开阖论两句之间的抑扬,而只论及后四句:"'深感父老言'以下,'纡辔诚可学',作一开;'违己讵非迷',作一阖;'且共欢此饮',再一开;'吾驾不可回',再一阖;抑扬尽致。"见《陶渊明资料汇编》下册,第180页。

句作结,通过重述其归隐之志再次申说其不愿应召之主意。[1]首二句"在昔曾远游,直至东海隅",说的自然是陶渊明离家较远的一段出仕经历。"东海隅"一般认为指曲阿,而陶渊明又有《始作镇军参军经曲阿》一首。[2]因此,对其十的理解可能关联于陶学史上争议颇多的两个相关的问题,即,陶渊明何时任镇军参军?而其时的镇军将军又是谁?对于这两个相关的问题,朱自清、逯钦立、杨勇等人已有详细辨析,即断定陶渊明于元兴三年甲辰(耶稣纪元404年)任镇军参军,而其时的镇军将军正是后来篡晋立宋的刘裕。[3]朱自清在论证他的看法时将《饮酒》其十作为一个佐证:"至《饮酒》诗第十'在昔曾远游,直至东海隅'二句,则当从刘履《选诗补注》五说:'东海隅'即指曲阿,其地在宋为南东海郡;固不必傅会牢之讨孙恩

---

[1] 李公焕云:"赵泉山曰:此篇述其为贫而仕。"邱嘉穗云:"此直赋其辞彭泽而归来之本意。"见《陶渊明资料汇编》下册,第181页。
[2] 陶澍《靖节先生集》注曰:"何注:刘履曰:'指曲阿而言,盖其地在宋为南东海郡。'澍按:《宋书·州郡志》:'晋元帝初,割吴郡海虞县之北境为东海郡,立郯、朐、利城三县。'"见陶渊明著,陶澍注,龚斌点校:《陶渊明全集》,第77页。
[3] 分别见朱自清:《陶渊明年谱中之问题》,收入王质等撰,许逸民校辑:《陶渊明年谱》,中华书局,1986年,第283—286页;逯钦立:《陶渊明年谱稿》,收入氏著:《逯钦立文存》,第221—223页;《陶渊明年谱汇订》,收入陶潜著,杨勇校笺:《陶渊明集校笺》,第430—431页。另外,刘奕试图"证明陶渊明当无可能出仕刘裕",其说多推测之语,不从。见刘奕:《诚与真:陶渊明考论》,第28页及以下。

自真风告逝,大伪斯兴 | 175

事。"[1]言下之意,《饮酒》其十所描写的出仕经历就是指陶渊明为刘裕之镇军参军一事。而逯钦立和杨勇虽然都同意朱自清关于陶渊明于元兴三年做了刘裕的镇军参军的看法,但并不将《饮酒》其十与陶渊明做镇军参军一事关联起来。因其中有"风波阻中涂"一句,逯钦立和杨勇都将《饮酒》其十与《庚子岁五月中从都还阻风规林》关联起来,从而认为《饮酒》其十所描写的出仕经历是指隆安四年庚子(耶稣纪元400年)陶渊明仕桓玄一事。其实很难说《饮酒》其十中的"风波阻中涂"就是《庚子岁五月中从都还阻风规林》中的"阻风规林",[2]因此在这个问题上我们同意朱自清的看法,认为《饮酒》其十所描写的出仕经历就是陶渊明于元兴三年出任刘裕的镇军参军一事。

针对朱自清将《饮酒》其十关联于陶渊明为刘裕的镇军参军一事这一看法,刘奕提出了两点质疑:一是说按照刘裕当时的行踪,陶渊明"不可能去京口,只能去建康",因此,若依朱自清的理解,则"直至东海隅"一句就落空了;二是说陶渊明在做了镇军参军之后并未归

---

[1] 朱自清:《陶渊明年谱中之问题》,收入王质等撰,许逸民校辑:《陶渊明年谱》,第286页。最后一句是批评陶澍。陶澍认为,陶渊明做的是刘牢之的镇军参军,而《饮酒》其十是陶渊明追述他跟随刘牢之讨伐孙恩至东海之事。
[2] 袁行霈说:"逯注谓'风波阻中涂'指阻风于规林事,非是。阻风于规林乃从都还阻于途中,此言自家远游求宦途中,显然并非一事。"见袁行霈:《陶渊明集笺注》,中华书局,2003年,第260页。

隐,其后还做了建威参军和彭泽令,因此,若依朱自清的理解,则"息驾归闲居"一句就落空了。[1]对于第一点,我们不难看到,刘奕所言其实只是一个猜测,我们无法板上钉钉地说陶渊明在那时做了刘裕的镇军参军就"不可能去京口,只能去建康"。对于第二点,我们必须指出,最后两句"恐此非名计,息驾归闲居"中的"此"是指"出仕",并非指某一次具体的出仕经历,与最前面的四句叙述那次具体的出仕经历存在着一个跳跃,而中间的四句"此行谁使然,似为饥所驱。倾身营一饱,少许便有余"正好是最前面的四句与最后两句之间的过渡。也就是说,这首诗的叙述脉络是:从回顾一次具体的出仕经历(最前面四句)说到出仕的缘由乃是家贫(中间四句),然后再说到决意归隐,不再出仕(最后两句)。由此来看,刘奕的第二点质疑就是不成立的,因为"息驾归闲居"并不是紧接着最前面四句说的,而是紧接着中间四句针对出仕这种生活方式来表达其归隐之志趣的,其实际所指就是义熙元年陶渊明辞彭泽令归隐一事,正如前引邱嘉穗所言。更何况,做镇军参军、建威参军与彭泽令皆为陶渊明的出仕经历,在陶渊明的理解中极有可能也是连续的。

关于这首诗,还有一点必须指出,即对于"恐此非名计"一句的理解。一种理解是认为此句的意思是"恐

---

[1] 刘奕:《诚与真:陶渊明考论》,第30页。

损令名"或"恐堕固穷之节",即出仕恐有损于名节。[1]如此理解则意味着陶渊明从根本上否定出仕,似乎陶渊明从一开始就完全因为家贫而出仕,这与陶渊明"猛志逸四海""有志不获骋"等自我表白不相符合。于是就有了第二种理解,即认为此句中的"名"并非声名之名,而是"明"的通假字,于是,"名计"就不是为名而计的意思,而是作为一个合成词,可写作"明计",意思是"良策"。于是,"恐此非名计"一句就被解读为:恐怕这不是良策。[2]这种解读更成问题,因为这样一来,似乎陶渊明的归隐,只是因为出仕并非谋生之良策,从而完全不能彰显其归隐之志趣了。其实,此处的"名"就是声名之名,联系前面分析过的陶渊明对孔子以名为教的肯定,"恐此非名计,息驾归闲居"两句应当解读为:恐怕出仕不再是立名传善的良法了,所以我就决意归隐了。也就是说,陶渊明出仕并非完全是因为家贫,这一点从"似为饥所驱"一句中的"似"字微妙地表达出来。[3]家贫显然是陶渊明出仕的一个客观原因,但立名传善,敦

---

[1] 清人何焯、方东树皆持此观点,见《陶渊明资料汇编》下册,第181—182页。
[2] 如袁行霈注曰:"意谓远游从仕恐非适宜之计,遂止步返归也。名:通'明',见朱骏声《说文通训定声》。名计:犹明计,良策也。"见袁行霈:《陶渊明集笺注》,第260页。
[3] 吴瞻泰云:"'此行谁使然?'问得冷,妙。'似为饥所驱。'答得诙谐,却妙在一'似'字,若非己所得主者。"见《陶渊明资料汇编》下册,第181页。

行大道，才是陶渊明多次出仕的不二初心。且正是在出仕过程中，陶渊明逐渐认识到名教陵夷乃是近千年的历史现状，即"道丧向千载"，于是决意归隐，不再回头。[1]

正确地理解了其十中的"恐此非名计"一句，才能正确地理解其十一，因为其十一也论及"名"，也论及"饥"与"贫"，其意味只有在与其十的关联与对比中才能清晰地呈现。首先需要指出的是，这首诗当分为两节，每一节各六句。[2] 前一节先叙述两个重视声名的典型人物，即颜回与荣启期，这自然让我们想到前面对《饮酒》其二的分析。[3] 颜回与荣启期皆留善名，但前者时

---

[1] 《归去来辞》序言及何以归隐时陶渊明说："质性自然，非矫厉所得。饥冻虽切，违己交病。尝从人事，皆口腹自役。于是怅然慷慨，深愧平生之志。犹望一稔，当敛裳宵逝。""恐此非名计"当与"于是怅然慷慨，深愧平生之志"对勘。

[2] 逯钦立标点此诗在"一生亦枯槁"与"死去何所知"之间用分号隔开，显然不以"一生亦枯槁"为分节处。见陶渊明著，逯钦立校注：《陶渊明集》，中华书局，2018年，第97页。另，汤汉注此诗曰："或曰：前八句言名不足赖，后四句言身不足惜，渊明解处，正在身名之外也。"邱嘉穗注此诗曰："上八句正说，结重称心为好一语；下四句反说，正申解前意。'恶'字与'好'字对照。"似乎都是将此诗分为两节，而前八句为一节，后四句为一节。方东树注此诗曰："起六句将枯槁与名并说足，以下解之双承亦不知，枯槁亦不知，但贵称心耳。苟能称心，即裸葬犹可，又何生前枯槁足恨？"大概是将此诗分为两节，每一节各六句，但他对后一节的理解显然不到位，详见后面的分析。此处引文见《陶渊明资料汇编》下册，第182—184页。

[3] 其二直接提到了荣启期，又是对《伯夷列传》的改写，而在《伯夷列传》中，颜回又是被拿来说事的一个典型人物。

常贫困且短寿,后者虽长寿但到老都不免于贫困。这是前四句的意思。在这个叙述之后,陶渊明话锋一转,针对这两个重视声名的典型人物的事迹提出了他的一个理解:"虽留身后名,一生亦枯槁。"古直指出了"一生亦枯槁"的正确用典:"《庄子·徐无鬼篇》:'枯槁之士宿名。'"[1]"宿"即"寝宿",宿名意谓极其重视声名,前引司马迁《伯夷列传》中有"烈士徇名"的说法,《庄子·盗跖篇》又有"君子徇名"的说法,意思大体相似。"枯槁之士宿名",反过来说就是,宿名者难免于枯槁。因此,陶渊明通过这两句诗想要表达的看法就是:重视身后之声名者难免于此生之枯槁。前一节到此结束,其实是对前一首中的一个自我表白的翻转。在前一首的最后两句中,"恐此非名计"一句透露出,"我"本来非常重视声名,所以才出仕,但现在发现,出仕已经不再是立名传善之途,于是决意归隐,即"息驾归闲居"。这一首的前一节则点出重视声名者的悲催之处,以另一种理由隐隐地指向自己不愿出仕的斩绝意愿。

这一首的后一节开始两句"死去何所知,称心固为好",紧承前一节。声名涉及"身后",与"此生"或"一生"正相对照。对于"身后",可以有两个不同角度的理解,一个是从"我"作为一个个体存在的角度而言,

---

[1] 古直:《陶靖节诗笺定本》,收入《层冰堂五种·层冰文略续编》,第336页。

"身后"意味着"我"死之后；另一个是从"我"与他人共同存在的角度而言，"身后"意味着当世之后，即后世。我们将对应于这两个不同角度的生存关切分别概括为生死关切与未来关切。大道沦丧已近千年，这意味着未来关切已彻底受阻。在这种情况下，生死关切也会受到影响。质言之，如果后世已经没有希望，那么，剩下的或许只有对此生之快乐的重视了。而这也正是"称心固为好"一句所隐含的意思——这一点其实我们在其三、其七中都已经领略过了。[1]由此可见，"死去何所知，称心固为好"两句，正是从"虽留身后名，一生亦枯槁"两句顺推出来的。而接下来的四句，则是对这两句所隐含的人生态度的一个翻转。

"客养千金躯，临化消其宝。""宝"即指"千金躯"，因此这两句说的是人死则形消。对于其中的"客"，古直注曰："曾星笠曰：《说文》：客，寄也。''客养千金躯'，即'寓形宇内'之意。《说文》'寓'亦'寄'也。"[2]孟二冬发挥此解曰："客：用人生如寄、似过客之

---

[1] 其三说"有酒不肯饮，但顾世间名"，其七说"啸傲东轩下，聊复得此生"，与此处"死后何所知，称心固为好"都有重视此生之快乐的意思。另，其三与其七皆明确涉及饮酒行乐以得此生的主题，若联系《形影神》组诗中"愿君取吾言，得酒莫苟辞"两句则可知，此种人生态度即"形"所代表的人生态度。

[2] 古直：《陶靖节诗笺定本》，收入《层冰堂五种·层冰文略续编》，第336页。另，丁福保将"客"关联于后面"裸葬何必恶"的典故，认为此处的"客"是指杨王孙而言，这是错误的。见陶渊明著，丁福保笺注，郭潇、施心源整理：《陶渊明诗笺注》，第102页。

意，代指短暂的人生。《古诗十九首·今日良宴会》：'人生寄一世，奄忽若飙尘。'又《驱车上东门》：'人生忽如寄，寿无金石固。'又《青青陵上柏》：'人生天地间，忽如远行客。'李善注：'老莱子曰：人生于天地之间，寄也。寄者固归。列子曰：死人为归人，则生人为行人矣。《韩诗外传》曰：枯鱼衔索，几何不蠹？二亲之寿，忽如过客。'"[1]显然，人生如寄，这意味着古代世界的一种对人生的非常典型的理解。在"人生如寄"的观念中，"寄"是指寄于此世，即古直所说的"寓形宇内"，那么，"寄"的主体又是谁呢？或者说，是谁寄于此世呢？从后面"裸葬何必恶"的典故中，我们正可得到这个问题的确切答案。

古直注揭出"裸葬"之典故在《汉书·杨王孙传》，其中如此叙述杨王孙的故事："及病且终，先令其子，曰：'吾欲裸葬，以反吾真，必亡易吾意。死则为布囊盛尸，入地七尺，既下，从足引脱其囊，以身亲土。'"在回书给友人祁侯讲述裸葬的理由时，杨王孙说：

> 且夫死者，终生之化，而物之归者也。归者得至，化者得变，是物各反其真也。反真冥冥，亡形

---

[1] 孟二冬：《陶渊明集译注及研究》，昆仑出版社，2008年，第137页。另，闻人倓注此诗云："生寄也，死归也，言其所养非可久也。"见《陶渊明资料汇编》下册，第184页。

> 亡声，乃合道情。夫饰外以华众，厚葬以鬲真，使归者不得至，化者不得变，是使物各失其所也。且吾闻之，精神者天之有也，形骸者地之有也。精神离形，各归其真，故谓之鬼，鬼之为言归也。[1]

由杨王孙的话可知，"人生如寄"这一观念的实质是以形神相与来理解人的一生，更直接地说，是将"我"的一生理解为"我之神"寄居于"我之形"的整个过程。由此，死亡就意味着"我之神"与"我之形"的分离过程，更具体地说，是"我之形"消失殆尽（"化者得变"）而"我之神"返回本源（"归者得至"）的过程。隐含在这种形神相与论背后的正是神不灭论。这就是杨王孙裸葬论背后的理论基础，而我们已经知道，这种神不灭论，既是陶渊明在《形影神》中所持的观点，也是《饮酒》其八中"吾生梦幻间，何事绁尘羁"两句所隐含的观点。[2]

澄清了这个问题，我们就能知道，隐含在"客养千金躯"一句背后的正是基于神不灭信念的形神相与论。如果以主、客相对而论，那么，我们也可以直接地说，这种形神相与论是以"形"为客，以"神"为主。就"客养千金躯"一句而言，这意味着说，客养之主体就是"我之神"，客养之对象就是"我之形"。由是，"裸

---

[1] 班固著，颜师古注：《汉书》第九册，第2908页。
[2] 参见本书《渴望不朽与纵浪大化》篇中的分析与本篇前面的分析。

葬何必恶，人当解其表"这两句，也可得到正确的解读。质言之，裸葬论的言下之意，即是这样一种对于生与死的理解：生为寄，死为归，生死同为自然，同归于化。之所以说这里的最后四句是对紧邻着的前面两句所隐含的人生态度的一个翻转，是因为前面两句所隐含的人生态度是重视此生之快乐，而最后四句所隐含的人生态度则是以同样的态度对待生与死，言下之意是说，虽然重视此生之快乐，但也不要因此而厌恶或恐惧死亡，正如《庄子·大宗师》所说："古之真人，不知说生，不知恶死。其出不欣，其入不距。翛然而往，翛然而来而已矣。"由此可见，在《饮酒》其十一中，陶渊明申说的仍是他在《形影神》中明确提出的委运顺化的人生态度：委运更多指向此生，顺化则主要直面死亡；委运则及时行乐，聊慰此生，顺化则齐一生死，不喜不惧。[1]

以上分析出来的两个翻转使我们能够清晰地认识到，其十一其实意味着《形影神》组诗在《饮酒》组诗中的一次再现。有趣的是二者在陈述次序上的不同：在《形影神》组诗中，采取的是形、影、神的陈述次序，首先陈述"形"所代表的人生态度，即重视此生之快

---

[1] 陶渊明有《拟挽歌辞》组诗三首，亦可对勘。其一说"魂气散何之，枯形寄空木"，即神寄于形之意，又说"但恨在世时，饮酒不得足"，即重视此生之快乐之意；其二描写了自己死后看着亲友如何祭奠自己、埋葬自己的过程，隐含着的正是形尽神不灭的看法；其三最后说"死去何所道，托体同山阿"，正是齐一生死、委运顺化之意。

乐，然后通过揭示此种人生态度所面临的问题进而引出"影"所代表的人生态度，即重视声名，最后通过解释此种人生态度所面临的阻碍进而引出"神"所代表的人生态度，即委运顺化，并据此为"形"与"影"开释；而在这里，采取的则是影、形、神的陈述次序，首先承接上一首中"影"所代表的人生态度，即重视声名，然后指出此种人生态度的令人遗憾之处进而引出"形"所代表的人生态度，即重视此生之快乐，最后直面死亡的问题进而引出"神"所代表的人生态度，即委运顺化。要理解这个陈述次序上的差别，就要关联于《饮酒》组诗这一节"申不就之主意"这个核心主旨了。与出仕有直接关系的正是"影"所代表的人生态度，这成为"破"的首要对象，故而陈述的次序就是从"影"所代表的人生态度开始，经过两个翻转最后引出"神"所代表的人生态度。于是我们就能理解其十与其十一之间的次序关联：在其十中陶渊明隐约透露出自己早年本怀立名传善的抱负因而愿意出仕，此即"影"所代表的人生态度，而在其十一中这种人生态度就被作为一个受针对的起点了。质言之，在《饮酒》组诗中，陈述次序之所以是影、形、神而不是《形影神》组诗中的形、影、神，从表层看是因为其十一与其十之间的前后相承关系，从深层看则因为陶渊明在这一节中主要想表达的是自己不愿出仕的斩绝意志。

其十二继续申说这种斩绝意志，且在语气上更进一步。就结构而言，这一首分为三节，每一节四句：前四句叙述张挚出仕又归隐的故事，中四句叙述杨伦出仕又归隐的故事，后四句借评论张挚与杨伦的故事再次表明心迹，亮明心志。张挚的故事见于《史记·张释之传》，古直注已指出："其子曰张挚，字长公，官至大夫，免。以不能取容当世，故终身不仕。"[1]杨伦的故事见于《后汉书·儒林传》，古直注同样已指出："杨伦，字仲理，为郡文学掾。志乖于时，去职，讲授大泽中，弟子至千余人。后特征博士，前后三征，皆以直谏不合。既归，闭门讲授，自绝人事。"[2]张挚与杨伦都是陶渊明所认同的隐士，但需要注意的是在此诗中微妙地呈现出来的陶渊明评价二人事迹时的不同态度。袁行霈注意到了这一点，他认为前四句是"褒扬长公既已辞官遂终身不仕"，中四句则是"惋惜仲理，既已归隐始有高风，则当有始有终，何为狐疑不决，一再出仕？"[3]这个解读显然是正确的。以陶渊明自己也曾多次出仕而言，这一首所表达的意思自然也包含着对自己过去多次出仕经历的后悔

---

[1] 古直：《陶靖节诗笺定本》，收入《层冰堂五种·层冰文略续编》，第337页。"壮节忽失时"即指长公被免职。另，《扇上画赞》赞张挚曰："张生一仕，曾以事还；顾我不能，高谢人间。"又，《读史述九章》之《张长公》曰："远哉长公，萧然何事？世路多端，皆为我异。敛辔朅来，独养其志。寝迹穷年，谁知斯意！"皆可参照。

[2] 古直：《陶靖节诗笺定本》，收入《层冰堂五种·层冰文略续编》，第337页。

[3] 袁行霈：《陶渊明集笺注》，第264页。

之情。[1] 第三节四句，说得何其坚定有力，将自己不愿出仕的意志表达得极为充分。其中"世俗久相欺"一句，一方面揭示了世俗总是欺骗好人，正可为"真风告逝，大伪斯兴"做一注脚，另一方面或许也有为自己过去多次出仕的经历做一解释的意思在。"摆落悠悠谈"一句中之"悠悠"，当作"纷乱"解，其典正出自前引桀溺的话"滔滔者天下皆是也，而谁以易之？"一句。此句《史记·孔子世家》所引正作"悠悠者天下皆是也，而谁与易之？"因此，"摆落悠悠谈，请从余所之"的意思就是：摆脱世俗纷乱之说，请跟随我内心的志向。[2]

陈饮酒之隐情

全诗以《饮酒》为题，第四节直接聚焦于饮酒，对为何要饮酒做一陈情。在其十三中，陶渊明首先描述了两个经常在一起但趣舍不相同的人，一个常醉，一个常醒，然后明确地表达了自己赞同醉者而非醒者的态度。对于诗中所描述的两个人，有的解读者认为醉者是陶渊

---

[1] 杨勇注"一往便当已"一句时说："渊明先为州祭酒，复为主簿，又为镇军、建威参军，终彭泽令，一往不已，故深悔之。"见陶潜著，杨勇校笺：《陶渊明集校笺》，第156页。又，邱嘉穗注此诗云："此又借古人仕而归者，以解其辞彭泽而归隐之本怀。"见《陶渊明资料汇编》下册，第185页。
[2] 心之所之谓之志。

明自指，醒者是指陶渊明的某个故友。[1]这种解读是错误的。将诗中的两个人理解为陶渊明的设譬无疑是正确的，但若仍以醉者为陶渊明自指而以醒者为与陶渊明人生态度迥异的某个其他人却是错误的。叶嘉莹说："这首诗其实就是表现陶渊明自己在精神上的矛盾，他把他自己分裂成为两个人。"这一看法是正确的。在具体解读这首诗时，叶嘉莹提到了《形影神》组诗，指出这首诗在写作手法上与《形影神》组诗"假设了三个人来说话"有类似处。[2]其实这首诗以及后面两首就是《形影神》组诗在《饮酒》组诗中的再现，虽然意味有所不同。这是叶嘉莹没有看出的。质言之，只有将这首诗中的醉者理解为《形影神》中的"形"，将醒者理解为《形影神》中的"影"，才能正确地理解这首诗。首先，"有客常同止"正是指"形"与"影"的不离，因为只有在"形"与"影"所具有的紧密关系的意义上才能说"有客常同止"——反过来说，如果将诗中的"一士"和"一夫"理解为陶渊明自己和他的某一个故友，那么，"有客常同止"的

---

[1] 如邓安生在《陶渊明〈饮酒〉诗新探》一文中说："诗中的醉者是谁？醒者是谁？有些论者由于不明白《饮酒》诗的弦外之音，于是任意解释，有的甚至把'醉者'和'醒者'都当作诗人自况，结果越说越叫人摸不着头脑。如果我们知道《饮酒》诗所寄寓的讽刺之意，那就不难明白，这首诗中的'醒者'和'常同止'的'客'，自然是指'故人'了，只有'醉者'才是诗人自况。"见邓安生：《陶渊明新探》，文津出版社，1995年，第69页。
[2] 叶嘉莹：《叶嘉莹说陶渊明饮酒及拟古诗》，第120页。

"常"就很难落实。其次,"形"的人生态度是饮酒以慰此生,所谓"愿君取吾言,得酒莫苟辞","影"的人生态度是立善扬名,所谓"立善有遗爱,胡可不自竭",而这两种不同的人生态度正是所谓"趣舍邈异境"。再次,这首诗中说"醒醉还相笑,发言各不领",但并未明确交代醉者与醒者到底说了什么话,而《形影神》中的《形赠影》与《影答形》两首,正可为这两句诗做一注脚。

接着来看"规规一何愚,兀傲差若颖"两句。"规规"一词,见诸《庄子·秋水》,且在其中有两处出现。一处是说坎井之蛙:"于是坎井之蛙闻之,适适然惊,规规然自失也。"一处是说公孙龙:"子乃规规然而求之以察,索之以辩,是直用管窥天,用锥指地也,不亦小乎?"对于前一处,成玄英疏曰:"规规,自失之貌。"对于后一处,成玄英疏曰:"规规,经营之貌也。夫以观察求道,言辩率真,虽复规规用心,而去之远矣。譬犹以管窥天,讵知天之阔狭!用锥指地,宁测地之浅深!"[1]前后两处解释似乎不一。其实当以后一解为是,因为基于后一解来解读前后两处都很通顺。质言之,"规规"并非指"自失之貌",而是指"经营之貌"或"用心之貌";而"规规然自失",即指坎井之蛙在听了东海之鳖告诉他关于大海的情况之后从原来一副用心用意的样

---

[1] 郭庆藩撰,王孝鱼点校:《庄子集释》下册,中华书局,2016年,第603、605页。

子变成了怅然自失的样子。依此来解"规规一何愚,兀傲差若颖"两句,意思就很清楚了:醒者一副用心用意的样子,其实相当愚蠢,醉者一副傲岸不羁的样子,其实更为明智。醒者——也就是"影"——所崇尚的人生态度是立善扬名,相信美善之间的感应能够成就天道,所以醒者总是一副用心用意的样子。但是,醒者没有意识到大道早已沦丧,由圣人所开创的立名传善的教化机制早已无法发挥作用,所以他只是看起来清醒而已,其实相当愚蠢。醉者——也就是"形"——看起来有点玩世不恭,只求饮酒慰情,但其实他比醒者更为明智,因为他知道大道早已沦丧,想在"真风告逝,大伪斯兴"之后的现实中立名传善早已不可能。[1]此诗的最后两句"寄言酣中客,日没烛当炳",即是在说出醒者实愚、醉者实智的看法之后进一步申言自己更倾向于醉者饮酒慰情的人生态度。[2]

---

[1] 因此也应当指出,在陶渊明的潜台词中,醒者的愚蠢令人可敬,而醉者的明智令人可叹。对此诗主旨的较典型的错误理解可以叶嘉莹为代表。她认为,陶渊明"用'醒者'和'醉者'来形容世界上的两种人:一种人斤斤计较得失利害,貌似清醒实则愚蠢,另一种人兀傲自得因而内心有见道的快乐",可以说这一看法未解陶渊明心中块垒,因而离此诗之真意越来越远。引文见叶嘉莹:《叶嘉莹说陶渊明饮酒及拟古诗》,第123页。类似的错误理解见诸多家注本,其中的一个文字解释上的共同错误则是以"小成"释"规规",因而将醒者错误地理解为斤斤计较利害得失的人。

[2] 陶渊明有《己酉岁九月九日》一首,亦以饮酒慰情为落脚处,其诗曰:"靡靡秋已夕,凄凄风露交。蔓草不复荣,园木空自凋。清气澄余滓,杳然天界高。哀蝉无留响,丛雁鸣云霄。万化相寻绎,人生(转下页)

其十三关联于人生态度上的不同倾向提出了饮酒的某种理由，其十四则顺承其十三，直白地描写了一次饮酒活动，表达了作者在饮酒中的感受。叶嘉莹在解读其十四时说："已经看了这么多首'饮酒'诗，其实都是在说人生问题而不是说饮酒，有的整首诗根本就没有提到酒。如果说到这二十首诗里真正讲饮酒的，那实在就是这一首了。"[1]这一首开头一句"故人赏我趣"，不少论者猜测其中的"故人"是指颜延之。比如在《陶渊明〈饮酒〉诗新探》一文中对此问题进行过详细分析的邓安生说："现在我们可以认为，陶渊明《饮酒》诗中的所谓'故人'正是那个在陶渊明生前与之十分友好、死后又为之作诔的颜延之。"[2]这个猜测看起来颇有一些道理，尽管从现有文献看还无法坐实。[3]值得注意的是，"故人"还出现在《饮酒》组诗的短序中："聊命故人书之，以为欢笑尔。"这样，一个或许能够提出的问题就是，其十四中的"故人"与序言中的"故人"所指是否相同？而相

（接上页）岂不劳。从古皆有没，念之中心焦。何以称我情？浊酒且自陶。千载非所知，聊以永今朝。"

[1] 叶嘉莹：《叶嘉莹说陶渊明饮酒及拟古诗》，第125页。
[2] 邓安生：《陶渊明新探》，第74页。
[3] 邓安生也意识到这一点，所以在上引他推断"故人"即颜延之之后，他马上说："当然，'故人'也许还包括其他的人，如庞通之、殷晋安等；但主要应指颜延之，则是没有问题的。"虽然他的这一推断看起来颇有一些道理，但他由此引申出来的对《饮酒》组诗写作时间的推断并不正确，对《饮酒》组诗的写作旨趣的分析也未抓住要点。此处不详细展开。

应的一个合理的推论就是，如果两处的"故人"所指相同，那么，无论"故人"是不是指颜延之，《饮酒》组诗中两处出现的"故人"都以某种方式揭示了该诗的写作意图：陶渊明请这个能够赏识自己的"故人"抄写《饮酒》组诗，正是为了在这个"故人"面前表明自己的心志。

其十四前六句描写与故人饮酒醉后言行失当之状，并无难解处。难解且有争议的是最后四句："不觉知有我，安知物为贵？悠悠迷所留，酒中有深味。"《庄子·秋水》曰："以道观之，物无贵贱；以物观之，自贵而相贱；以俗观之，贵贱不在己。"古直注引此句来解"安知物为贵"，而对"不觉知有我"未出注。"安知物为贵"即"物无贵贱"之义，亦即"齐物"之义。至于"以道观之"、"以物观之"与"以俗观之"，则涉及不同的物论。[1]如果联系《齐物论》一篇，则对于"不觉知有我"一句可有确解。[2]《齐物论》一开始就揭出"吾丧我"一义，为整篇立论之基础。郭象注曰："吾丧我，我自忘矣；我自忘矣，天下有何物足识哉！"成玄英则以"境智两忘，物我双绝"释之。[3]如果说"不觉知有我"是

---

[1] 钟泰在"庄子发微（内篇）"中认为"齐物论"包含两层含义，即"齐物之不齐，齐论之不齐"。见钟泰：《钟泰学术文集》，上海人民出版社，2012年，第20页。
[2] 王叔岷注意到这一点，见王叔岷：《陶渊明诗笺证稿》，第319页。
[3] 郭庆藩撰，王孝鱼点校：《庄子集释》上册，第51页。

指"吾丧我",即忘我,"安知物为贵"是指不知物之贵贱,即齐物,那么,这两句的意思就很明白了。显然这里也有隐含着的强调意味:只有忘我才能齐物。

到此为止,这两句似乎已经解释清楚了,其实还有可深究之处。钟泰在"庄子发微(内篇)"曰:"'丧我'承上篇'无己'来。惟丧我而后能尽执,惟尽执而后能超然于物论之外,而物论始可得而齐矣。'我'者人也。'丧我'者天也。惟人而能天,可以齐物论之不齐,故后文曰'圣人不由,而照之于天。'又曰'圣人和之以是非,而休乎天均。'又曰'孰知不言之辩、不道之道,此之谓天府'也。"[1]如果我们跟随钟泰这一提示,将目光转向《齐物论》的前一篇《逍遥游》,就会看到这一句:"至人无己,神人无功,圣人无名。"钟泰注曰:"'至人无己'三句,则一篇之要旨。而'无己',尤要中之要。盖非至'无己'不足以言'游',更不足以言'消摇'也。'圣人'、'神人'、'至人'虽有三名,至者圣之至,神者圣而不可知之称。其实皆圣人也。而'无己'必自'无名'、'无功'始,故先之以'无名',次之以'无功'。'无名'者,不自有其名。'无功'者,不自有其功。不自有者,'无己'之渐也。故终归于'无己'而止焉。"[2]这里显然呈现出

---

[1] 钟泰:《钟泰学术文集》,第21页。钟泰的理解是说,对于人这种理智存在者而言,只有齐平各种物论才能齐物,而只有忘我才能齐平各种物论。
[2] 钟泰:《钟泰学术文集》,第13—14页。这里说"先之以'无名',次之以'无功'",是从下文分说"无名"与"无功"的次序讲的。

自真风告逝,大伪斯兴

"功"与"名"对于"我"的构成性意义,更直白地说,"我"之为"我",是一个"名"的问题,而循名责实,则是一个"功"的问题。反过来说,由"功"可以显"名",由"名"可以显"我"。如果将这一理解与"不觉知有我,安知物为贵"两句联系起来,解释的一个分寸则是:陶渊明当然不是说自己已经达到了"至人无己"的境界,显然,他并不能彻底忘怀"功"与"名",反而对于"功"与"名"多有肯定。于是,关联于上下文,这两句的意思其实是说,只有通过饮酒,他才能暂时地忘我忘物,忘名忘功。[1]这个解释最关键的地方在于,"我"与"名"相对应,"物"与"功"相对应,或者更准确地说,"知有我"对应于"我之名","物为贵"对应于"事之功"。

这一番深究有助于正确地理解后面两句"悠悠迷所留,酒中有深味"。一种代表性的误解如龚斌,以"悠闲自在"释"悠悠",认为"'悠悠'二句写作者嗜酒及对酒的独有会心"。[2]实际上,仍应当以"纷乱"释"悠悠",正如我们在前文解读"摆落悠悠谈"一句时辨析过的那样。"悠悠"在这一句中显然是指世俗纷乱之人,即

---

[1] 或者改用一下成玄英的说法,这两句的意思就是,只有通过饮酒,他才能暂时地物我两忘,智境双遣。
[2] 陶渊明著,龚斌校笺:《陶渊明集校笺(修订本)》上册,第281页。龚斌还反驳了张玉谷的一个解读。张玉谷在《古诗赏析》卷十三中解读"悠悠迷所留"一句说:"言世事悠悠,迷者多所留恋。"实际上,张玉谷的解读比较靠近正确的解读。

悠悠众生。联系上下文可知,功与名即世俗之所留者,因此最后两句的意思就是,悠悠众生,皆迷于功名之想,而不能体会酒中之深味。可见,陶渊明这里颇有些"众人皆醒我独醉"的意思,但其实他也是醒者,他只是希望通过饮酒达醉,以忘却自我,忘却功名之想。也就是说,"悠悠迷所留,酒中有深味"两句其实和"有酒不肯饮,但顾世间名"两句同旨。

其十五表面上没有提到饮酒,其实是顺承其十四继续陈饮酒之隐情。叶嘉莹说其十五"在陶诗里边是结构比较复杂的一首"[1],应该是感受到了这首诗中的几个关节性的转折,尽管她对这首诗的解读并不到位。"贫居乏人工,灌木荒余宅。班班有翔鸟,寂寂无行迹。"前四句一气呵成,描绘了作者贫居的生活状况,意思也一目了然。接着四句是:"宇宙一何悠,人生少至百。岁月相催逼,鬓边早已白。"这四句也可以说是一气呵成,但与前四句之间的关联却不清楚,反而转折得非常突兀。这是这首诗的第一个关节性的转折。[2]接着是最后两句:"若

---

[1] 叶嘉莹:《叶嘉莹说陶渊明饮酒及拟古诗》,第130页。
[2] 叶嘉莹说:"前四句很简单,似乎就是写眼前景物,但他忽然跳起来接上下边两句:'宇宙一何悠,人生少至百。'接得真的好!"她显然感受到了这个转折的跳跃性或突兀性,并从文学赏析的角度为之叫好,但她并未真正理解前四句与接着的四句之间的关联。引文见叶嘉莹:《叶嘉莹说陶渊明饮酒及拟古诗》,第132页。另,清人方东树说:"此前四句只作即事兴体,与下不相贯。"其实也是未能真正理解前四句与接着的四句之间的关联。引文见《陶渊明资料汇编》下册,第188页。

不委穷达,素抱深可惜。"这两句与前面四句之间的关联也不是很清楚,其间也有一个明显的转折。这是这首诗的第二个关节性的转折。如果能够意识到,"若不委穷达"与"素抱深可惜"之间的关联也不是那么清楚,那么,我们就看到了这首诗的第三个关节性的转折,也可以说是第二个层次上的一个关节性转折。

很显然,最后两句是这首诗的主旨所在。但究竟该如何理解这两句呢?温汝能说:"末二句寓意甚微。"[1]其实也是说这两句不好理解。目前所见注本,大都采纳方东树的理解:"言若不委穷达,则多忧惧,是扰其素抱为无益鄙怀,岂不可惜?"[2]如果说"若不委穷达,则多忧惧"这一推论尚属正当,那么,以"扰其素抱为无益鄙怀,岂不可惜?"解读"素抱深可惜"一句并不恰当。陶渊明本来说的是"素抱深可惜",现在的解释其实是以"扰其素抱"为深为可惜之事,语义恰好反过来了。而且,在这样的解读下,"委穷达"成了"素抱"的基础,

---

[1] 温汝能:《陶诗汇评》,第81页。
[2] 见《陶渊明资料汇编》下册,第188页。龚斌在《陶渊明集校笺(修订本)》一书中特意引用了方东树的解读。叶嘉莹说:"这两句表面的意思是说:倘若我不能把穷达观念这种利害得失的计较放下来,倘若我常常为自己的穷达而忧虑,那么我就不能安静地守住自己内心的品格性情,这是很可惜的事情。"见叶嘉莹:《叶嘉莹说陶渊明饮酒及拟古诗》,第133页。戴建业说:"人生在世如白驹过隙,如果不能'委穷达'而整天忧穷怨穷,素襟雅抱便成了贪心鄙怀,那不啻枉度此生。"见戴建业:《澄明之境——陶渊明新论》,华中师范大学出版社,1998年,第267页。

这显然是错误的。穷达有命，因此，"委穷达"与《形影神》中所说"委运"意思相同。[1]"素抱"是指平素所抱之志，是个人心志与操守的问题，不可能以委运为基础，也不可能依赖于委运，反而基于素抱而主张委运，或是一种不失个人品节的人生态度。而且，委运肯定不是同流合污，否则就扰乱素抱了。由此可见，对于像陶渊明这样具有严肃的人生态度的人来说，素抱是其维护其本真性生存的根本所在，而委运则是在素抱基础之上增加出来的、不会扰乱素抱的一种人生态度。[2]那么，在素抱的基础之上增加出委运的人生态度，其理由又是什么呢？

答案可能是：人生短暂，仅持平素之志未免枯槁，未免了无生趣。[3]这个可能的答案就让我们将此诗的最后两句与之前的四句——也就是此诗的第五至八句——关联起来了，因为之前的四句正是在说人生短暂。于是，此诗后六句的意思就是：如果不委顺穷达之命，那么，仅持平素之志就是一件深为可惜的事，因为仅持平素之志而不畅饮以慰情则未免枯槁，未免了无生趣。至于最

---

[1] 古直注曰："《庄子·德充符篇》：'穷达贫富，是事之变，命之行也。日夜相待乎前而知不能规乎其始者也。'"见古直：《陶靖节诗笺定本》，收入《层冰堂五种·层冰文略续编》，第339页。
[2] 陶渊明在《感士不遇赋》中说："宁固穷以济意，不委屈而累己。"亦表达类似的意思。
[3] 这正是其十一"虽留身后名，一生亦枯槁"两句的意思。

前面的四句与后面六句之间的关系，也并非如方东树所言"与下不相贯"。诚然，从最前面的四句转到接着的四句，存在着明显的跳跃性和突兀性，这正是方东树和叶嘉莹都感受到的。最前面的四句描绘了作者贫居的生活状况，如果我们将"贫居"二字与最后两句中的"委穷达"三字联系起来看的话，那么，最前面的四句与后面六句之间的关联就呈现出来了。质言之，如果说这首诗的主旨是要提出委运顺化的人生态度，那么，抱节固穷正是提出委运顺化的人生态度的前提。因此，这首诗首先在最前面的四句中描绘了贫居的生活状况，然后语脉一转，引出对人生短暂的真实认知，最后基于抱节固穷的宿志提出了委运顺化的人生态度。由此亦可看到，这首诗虽未直接提到饮酒，但其实仍是通过提出委运顺化的人生态度而陈饮酒之隐情，和前面两首在次序上的关联也非常清楚。在此需要明确的是，饮酒慰情，正是委运顺化的表现。就此一节的这三首诗为《形影神》组诗在《饮酒》组诗中的再现而言，这一首相当于《神释》，其主旨正与《神释》中"甚念伤吾生，正宜委运去"两句类似。对于陶渊明喜好饮酒背后的人生态度，萧统在《陶渊明集序》中以"大贤笃志，与道污隆"论之，可以说是对陶渊明饮酒之隐情的一个非常恰当的刻画，因而也非常适合用来理解《饮酒》组诗第四节的主旨：

有疑陶渊明诗篇篇有酒，吾观其意不在酒，亦寄酒为迹者也。其文章不群，辞彩精拔，跌宕昭彰，独超众类，抑扬爽朗，莫之与京。横素波而傍流，干青云而直上。语时事则指而可想，论怀抱则旷而且真。加以贞志不休，安道苦节，不以躬耕为耻，不以无财为病，自非大贤笃志，与道污隆，孰能如此乎？

至此，陶渊明关于饮酒的陈情已告完成。那么，在这一节中何以还有其十六？如前所析，在其十五中，陶渊明不仅描绘了自己贫居的生活状况，还在抱节固穷的基础上提出了委运顺化的人生态度。而其十六有"竟抱固穷节"一句，正是一首之主旨。因此，从表面上看，其十六是对其十五抱节固穷之旨的进一步发挥。这一理解自然不错，但若以为陶渊明在其十六中仅仅是对自己何以抱节固穷做进一步的说明，则未能领会这首诗的更深意蕴，尤其未能领会陶渊明为何将这首诗放在这一节的最后位置。在其十三中，陶渊明以醒者指代追求功名的"影"，以醉者指代饮酒慰情的"形"，然后明确表达自己更赞同醉者而非醒者的基本立场。在其十四中，陶渊明顺着其十三的基本立场进一步探问酒中之深味。在其十五中，陶渊明则将饮酒慰情背后的人生态度——委运顺化——明确地点出来了。这是这三首诗如此排序的基本脉络。那么，对于陶渊明而言，关于饮酒的这一陈情还缺少些什么？或者说，上述言说脉络忽略了或掩盖

自真风告逝，大伪斯兴 | 199

了陶渊明心中的哪种情愫？

将前面的分析以及《形影神》组诗和这首诗的内容结合起来，我们可以断言，从其十三到其十五的言说脉络忽略了或掩盖了陶渊明心中的一种非常重要的原发性情愫，可以说是他的生命的本怀，此即他对功名的肯定。在其十三中，陶渊明虽然表达了自己更赞同醉者——也就是饮酒慰情的"形"——的基本立场，但这并不意味着他完全不赞同醒者——也就是追求功名的"影"。相反，他本来是高度赞同醒者，即"影"以追求功名为鹄的人生态度，只不过由于大道沦丧，名教陵夷，或者说真风告逝，大伪斯兴，追求功名已经完全失去了其原本的意义。如果说在孔子所立教化的恩泽下追求功名以成就自己是陶渊明美好的生命本怀，那么，因大道沦丧而导致的无法在本来的意义上追求功名，则带给了陶渊明终其一生也未能彻底治愈的一种巨大的心灵痛苦。陶渊明必须将这种生命本怀和相应的心灵痛苦表达出来，而这就是在其十三、其十四、其十五之后必须有其十六的缘由所在。毋庸赘言，其十六的前两句"少年罕人事，游好在六经"和最后两句"孟公不在兹，终以翳吾情"，正是陶渊明对他的美好的生命本怀与巨大的心灵痛苦的直接表达。[1]

---

[1] 袁行霈说"少年罕人事，游好在六经"是"回忆少年时代"，"行行向不惑，淹留遂无成"是"回忆中年时代"，"竟抱固穷节，饥寒（转下页）

实际上，在理解陶渊明的生命情调和人格品位的问题上，过去的解读从未忽略"少年罕人事，游好在六经"这两句的分量。说得最明确的应该是李光地："退之以陶公未能平其心，盖有托而逃者，且悲公之不遇圣人，无以自乐，而徒曲蘖之托，昏冥之逃也。其论正矣。然谓感激而未能平其心，则自古夷、齐之侣，何独不然。谓其无得于圣人而以酒自乐，则其视陶公已浅矣。观《饮酒》诗第十六章、第二十章，恐公之希圣，不在韩公下也。此与阮籍辈奈何同日而语？其不曰乐圣而曰乐酒，则其寓言，固自有由。当晋、宋易代之间，士罕完节，况公乃宰辅子孙，无所逃名乎？稍以才华著，便恐不免，况以德名自树乎！隐居放言，而圣人有取焉，惟其时也。观谢灵运亦以元勋之裔，纵其才气，杀身于无名，则公

（接上页）饱所更"是"叙述老年境况"，从而认为"此诗有回顾一生之意，欲有成而仍无成，遂抱固穷之节"，这是对此诗文意的很好的概括性理解。见袁行霈：《陶渊明集笺注》，第272—273页。在陶集中与"少年罕人事，游好在六经"类似的表达如《荣木》："先师遗训，余岂之坠？四十无闻，斯不足畏。脂我名车，策我名骥。千里虽遥，孰敢不至。"需要说明的是，这首诗的写作时间应比较早，并不是在陶渊明四十岁时。"四十无闻"典出《论语·子罕》："子曰：'后生可畏，焉知来者之不如今也。四十五十而无闻焉，斯亦不足畏也已。'"可见，不能根据诗中提到"四十无闻"就断言这首诗写于陶渊明四十岁时。又如《癸卯岁始春怀古田舍》其二："先师有遗训，忧道不忧贫。"另，古直以"行行向不惑"一句为依据，断言此诗作于陶渊明三十九岁时，这是错误的，因为"行行向不惑"是回顾过往，并非说陶渊明在写作此诗的时刻才到"向不惑"的年龄，前人已多有辨正，兹不俱引。

自真风告逝，大伪斯兴 | 201

之所处，合于圣人之道，超然尚矣。"[1]说陶渊明之希圣不在韩愈之下，这无疑是正确的。如果我们对"无得于圣人"不做字面上的理解，而是将之寓意性地理解为教化陵夷的后果的话，那么，说陶渊明无得于圣人而以酒自乐，似乎也说得过去。李光地此处不满于韩愈的地方，主要在于韩愈未能充分重视陶渊明以酒自乐的人生态度背后的那种极端痛苦的隐情。[2]

表弘道之初心

第四节陈饮酒之隐情，在抱节固穷的基础上提出委运顺化的人生态度，而第五节表弘道之初心，是唯恐对饮酒之陈情掩盖自己汲汲于名教的生命本怀。如前所析，这个意思已见于其十六，因为其十六以"少年罕人事，游好在六经"的表白说出自己的生命本怀，正是在其十三到其十五充分陈述饮酒以慰此生的原委之后。由

---

[1] 见《陶渊明资料汇编》下册，第190页。另韩愈的话见诸其《送王含秀才序》一文："吾少时读《醉乡记》，私怪隐居者无所累于世，而犹有是言，岂诚旨于味邪？及读阮籍、陶潜诗，然后乃知彼虽偃蹇不欲与世接，然犹未能平其心，或为事物是非相感发，于是有托而逃焉者也。若颜氏之操瓢与箪，曾参歌声若出金石。彼得圣人而师之，汲汲每若不可及。其于外也固不暇，尚何曲蘖之托而昏冥之逃邪？"见韩愈著，刘真伦、岳珍校注：《韩愈文集汇校笺注》第三册，中华书局，2010年，第1101页。
[2] 陶渊明有一首诗题作《九日闲居》，其中有一句是"酒能祛百虑"，可以说，"百虑"即是我们这里所说的隐情。

此可见，第五节的四首诗其实是对其十六的进一步发挥，是在充分表达自己在汲汲于名教的生命本怀的基础上，又时时落脚于饮酒以慰此生的生活方式。[3]这样我们就解释清楚了这一节与前一节在次序上的关联。

其十七一共八句，前四句描写幽兰，后四句简要地刻画了自己的出仕与归隐经历。邱嘉穗指出其十七的结构是"比而兴"。[2]"比"是指陶渊明以幽兰比自己，"兴"是就前四句与后四句的关系而言的，即陶渊明以幽兰起兴，说及自己的出仕与归隐经历。全诗语义并无难解处，其整体寓意也不难把握，但一些细微处仍不易体会，以下结合前人的看法略做解说。

汤汉对这首诗有一个整体的评述，得到了很多人的肯定："兰薰非清风不能别，贤者出处之致，亦待知者知耳。渊明在彭泽日，有'怅然慷慨，深愧平生'之语，所谓'失故路'也。惟其任道而不牵于俗，故卒能回车复路云耳。鸟尽弓藏，盖借昔人去国之语，以喻己归田之志。"[3]这里首先说明"兰薰非清风不能别"，是理解前四句的要点所在。其实幽兰之典，可追溯至相传孔子所作的《幽兰操》。《幽兰操》亦名《猗兰操》，见诸蔡邕《琴操》：

---

[3] 其十八、其十九、其二十都明确落脚于饮酒以慰此生。
[2] 见《陶渊明资料汇编》下册，第192页。
[3] 同上书，第191页。

> 《猗兰操》者，孔子所作也。孔子历聘诸侯，诸侯莫能任。自卫反鲁，过隐谷之中，见芗兰独茂，喟然叹曰："夫兰当为王者香，今乃独茂，与众草为伍，譬犹贤者不逢时，与鄙夫为伦也。"乃止车援琴鼓之云："习习谷风，以阴以雨。之子于归，远送于野。何彼苍天，不得其所。逍遥九州，无所定处。世人暗蔽，不知贤者。年纪逝迈，一身将老。"自伤不逢时，托辞于芗兰云。

孔子面对"与众草为伍"的幽兰，主要的感慨即是"世人暗蔽，不知贤者"，此正汤汉所言"贤者出处之致，亦待知者知耳"之义。陶渊明以幽兰自比，亦如孔子"自伤不逢时"，只不过孔子感叹"道之不行"，是一时之伤，而陶渊明感叹大道沦丧，是千载之伤。

如果结合陶渊明的出仕和归隐经历来理解"行行失故路，任道或能通"两句，就可知道，陶渊明所遭遇的远不止于"世人暗蔽，不知贤者"这一地步。陶渊明先后为桓玄、刘裕参军，而二者皆做了晋朝的篡臣，对陶渊明而言，其所面临的政治险恶与心灵苦痛可想而知。只有在这个意义上来理解"行行失故路"一句，庶几才能把握到这一乍读之下有点轻描淡写的诗句背后的复杂与沉痛。归隐即是"任道"之行，亦出于现实的不得已，而陶渊明已经想到的是，归隐或许是一条通路，若不如此则很可能难免于"鸟尽弓藏"的凄惨遭遇。[1]

其十八托言于扬雄与柳下惠之事迹，表达其弘道之初心。汤汉曰："此篇盖托言子云以自况，故以柳下惠事终之。"[2]《汉书·扬雄传》曰："家素贫，耆酒，人希至其门。时有好事者载酒肴从游学，而钜鹿侯芭常从雄居，受其《太玄》、《法言》焉。"[3]其十八即是以诗句的形式描写扬雄之事迹。前四句为一节："子云性嗜酒，家贫无由得。时赖好事人，载醪祛所惑。"其中的意思非常清楚，不需要进一步解释。中间四句为又一节："觞来为之尽，是谘无不塞。有时不肯言，岂不在伐国。"可以看到，"觞来为之尽，是谘无不塞"仍是在叙述扬雄之事迹，那么，"有时不肯言，岂不在伐国"还是在叙述扬雄的事迹吗？之所以提出这个问题，是因为"伐国"之典来自柳下惠之事迹。《汉书·董仲舒传》曰："鲁君问柳下惠：'吾欲伐齐，何如？'柳下惠曰：'不可。'归而有忧色，曰：'吾闻伐国不问仁人，此言何为至于我

---

[1] 古直注曰："晋义熙八、九年之交，刘裕诛锄异己，不遗余力。刘藩、谢混、刘毅、诸葛长民皆见夷戮，史记诸葛长民之言曰：'昔年醢彭越，今年杀韩信，祸其至矣！'既而叹曰：'贫贱常思富贵，富贵必蹈危机。今日欲为丹徒布衣，岂可得邪？'诗盖因此托讽。"见古直：《陶靖节诗笺定本》，收入《层冰堂五种·层冰文略续编》，第340页。应该说，刘裕诛锄异己，印证了陶渊明预先的判断，因为他终究在"鸟尽弓藏"之前归隐园田了。
[2] 见《陶渊明资料汇编》下册，第192页。
[3] 班固著，颜师古注：《汉书》第十一册，第3585页。

哉!'"[1]陶澍在解读此诗时认为陶渊明在此有贬扬雄、褒柳下惠的意思,他说:"载醪不却,聊混迹于子云;伐国不对,实希风于柳下。盖子云'剧秦美新',正由未识不对伐国之义,必如柳下,方为仁者之用心,方为不失显默耳。此先生志节巆然,即寓于和光同尘之内,所以为道合中庸也。"[2]古直正确地指出了陶澍的这一解读的错误之处,他说:"汤注自况子云之说是矣,陶氏潜易其说,徒疑雄为莽大夫耳,不知汉魏六朝间人,视雄犹圣人也。《汉书·扬雄传》赞曰:'家素贫,嗜酒,人希至其门。时有好事者,载酒肴,从游学。'此诗首四句即隐括赞语,靖节以雄自况者亦在此。"[3]古直还进一步说明,扬雄实以柳下惠自比,所以陶渊明亦以柳下惠比扬雄:

盖《法言》云:"或问:'柳下惠非朝隐者与?'曰:'古者高饿显,下禄隐。'"姚信《士纬》曰:"扬子云有深才潜知,屈伸沉浮,从容玄默,近于柳下惠朝隐之风。"(《御览》四百四十七引)子云以柳下惠自比,故靖节亦即以柳下惠比之。[4]

---

[1] 班固著,颜师古注:《汉书》第八册,第2523页。
[2] 见《陶渊明资料汇编》下册,第194页。
[3] 古直:《陶靖节诗笺定本》,收入《层冰堂五种·层冰文略续编》,第340—341页。
[4] 同上书,第341页。

也就是说，其十八全诗都在叙述扬雄之事迹，只不过在叙述过程中使用了来自柳下惠之事迹的"伐国"之典。至于最后两句，正是全诗的文眼："仁者用其心，何尝失显默。"古直注曰：

> 《抱朴子》曰："孟子不以矢石为功，扬云不以治民盖世，求仁而得仁，不亦可乎？"靖节称为仁者，亦当时之笃论矣。班固赞雄恬于势利，好古乐道，用心于内，不求于外，此岂肯言伐国者哉？不言伐国，从容朝隐，以希柳下之风，显默之际，窅乎远矣。靖节所以赞之曰："仁者用其心，何尝失显默。"[1]

需要补充的一点是，陶渊明在此诗中通过重述扬雄的事迹来说明"仁者用心，不失显默"的道理，或许有隐指自己在以前的出仕过程中从未失去仁者用心的一层意思在，而这显然也是他表达自己弘道之初心的一种方式。

其十九与其十六一样，也是回顾自己从年轻时出仕到中年时归隐的经历，但起始处与落脚处并不相同，表达了陶渊明不同的心灵曲调。由于过去对其十九的注解存在着严重的问题，就让我们首先疏通文义，然后再将之对照于其十六。"畴昔苦长饥，投耒去学仕。"这两句是回忆自己

---

[1] 古直：《陶靖节诗笺定本》，收入《层冰堂五种·层冰文略续编》，第341页。

早年因为家贫而出仕。需要辨析的一点是,这里的"学仕"就是指"出仕",并不是说先有个"学仕"的过程,然后才"出仕"。[1]"将养不得节,冻馁固缠己。"这两句是描述自己在出仕之后仍不能够很好地解决家贫的问题。需要指出的是,既然这两句是描述陶渊明出仕之后的生活状况,那么,其实际所指一定涵盖了陶渊明的多次出仕经历。"是时向立年,志意多所耻。"过去注家正是在对这两句的解读上存在着严重的问题。目前所见到的几乎所有注家都将"向"解读为"接近",从而将"向立年"解读为"接近而立之年"。于是"是时向立年"就被解读为是指陶渊明初次出仕的时间,即"投耒去学仕"的时间。按照这种解读,这两句就是在重复言说这首诗一开始就提及的早年出仕经历。而且,这么解读也意味着,陶渊明从一开始出仕就对出仕多感羞耻,因为"志意多所耻"紧接着"是时向立年"一句。这显然是不通的。其实,这种解读除了这两个不通之处之外,还有一个不通之处,即,这么解读之下,"将养不得节,冻馁固缠己"两句也无处安放了。[2]

---

[1] 龚斌是针对古直的错误理解而指出了这一点,他说:"投耒只能做出仕解。"见陶渊明著,龚斌校笺:《陶渊明集校笺(修订本)》上册,第291页。

[2] 正是由于对"是时向立年"一句的错解,才使得梁启超得出了陶渊明归隐园田不可能在四十一岁的错误结论。他说:"《饮酒》篇第十九首云:'畴昔苦长饥,投耒去学仕。将养不得节,冻馁固缠己。是时向立年,志意多所耻。遂尽介然分,终死归田里。'此总叙少年出仕及弃官事,而云'向立年',则明是三十岁前后也。若赋归去在四十后,则彼文不可通。"见王质等撰,许逸民校辑:《陶渊明年谱》,第154—155页。

细察此句的上下文，我认为"向"应当解读为"面向"或"面对"，而"是时"是指"将养不得节，冻馁固缠己"的状况发生之后的那个时刻。结合其十六等其他文献，可以断言，这里的"是时"是指陶渊明的不惑之年。[1]因此这两句应当解读为：多次出仕仍未能解决家贫的问题，当不惑之年的自己面对而立之年的自己，则多有羞耻之感，于是就毅然决然地归隐园田了。这就接上了下面两句："遂尽介然分，终死归田里。"顾炎武论及这两句时说："是用方望《辞隗嚣书》：'虽怀介然之节，欲洁去就之分'。"[2]其实陶渊明虽用此典，但意思与方望所表达的并不相同。"介然分"的"分"，应当理解为"本分"，犹言"禀性"，因此，"遂尽介然分"一句，其实可与《饮酒》其九"禀气寡所谐"一句对勘，二者都表达了陶渊明对于自己禀性的把握，或者说都与陶渊明在《与子俨等疏》一文中所说"性刚才拙"之"性刚"同义。另外，"终死"二字存在异文，有些版本作"拂衣"，意亦通，但不如"终死"一词能表达出陶渊明毅然决然地归隐园田的斩绝意志。

"冉冉星气流，亭亭复一纪。"这两句是从归隐园田的时间说到写作这首诗的当下，又过了十二年。这一点

---

[1]《归去来辞》序曰："饥冻虽切，违己交病。尝从人事，皆口腹自役。于是怅然慷慨，深愧平生之志。"正可参照。
[2] 顾炎武著，黄汝成集释，栾保群、吕宗力校点：《日知录集释（全校本）》下册，第1554—1555页。

过去的解读基本上是没有什么问题的。如前所析，陶渊明归隐园田的时间是义熙元年，即耶稣纪元405年，而我们同意龚斌的仔细辨析，认为写作《饮酒》的时间是义熙十二年秋冬之际。接着说"世路廓悠悠，杨朱所以止"，这两句用杨朱哭歧路之典，文义是比较清楚的，而其寓意，大概也是要强调自己于去就之间内心所感受到的深深痛苦。朱子评价陶渊明是一个"欲有为而不能者"，可谓洞见。[1]于是最后两句又回到了饮酒慰情的调子上来了："虽无挥金事，浊酒聊可恃。""虽无挥金事"用《汉书》所载疏广、疏受之典，而在文义上又与前面"将养不得节，冻馁固缠己"有一呼应。[2]

现在我们来对照一下其十九与其十六。其十六开首说"少年罕人事，游好在六经"，暗含着一个意思，即，出仕正是出于弘道之初心；而其十九开首则说"畴昔苦长饥，投耒去学仕"，则强调出仕是由于家贫。[3]其十六接着说"行行向不惑，淹留遂无成"，正与其十九之"是时向立年，志意多所耻"相对应，都是描述陶渊明在不惑之年的感慨，

---

[1] 朱熹：《朱子语类》第一百四十卷，收入朱熹撰，朱杰人、严佐之、刘永翔主编：《朱子全书》第18册，第4325页。
[2] 据《汉书·疏广传》记载，疏广、疏受辞官归乡后将天子和太子所赠重金全部散于乡人，此即陶渊明所谓"挥金事"。陶渊明说"虽无挥金事，浊酒聊可恃"，意即自己归隐之后虽不像疏广、疏受那样有重金可挥，但尚有酒喝，诚可得慰。
[3] 孟子说："仕非为贫也，而有时乎为贫。"（《孟子·万章下》）正涵括了出仕的内在理由与外在缘由。

而二者之意趣又有所不同。其十六接着说"竟抱固穷节，饥寒饱所更"，正与其十九之"遂尽介然分，终死归田里"相对应，亦与"将养不得节，冻馁固缠己"有所照应，都是描述陶渊明归隐园田的决心，而二者之着重处又有所不同。其十六接着说"敝庐交悲风，荒草没前庭"，又说"披褐守长夜，晨鸡不肯鸣"，是描述归隐之后抱节固穷的生活，其中突出了长夜漫漫的意象，而其十九则以"冉冉星气流，亭亭复一纪"概括归隐之后的生活。其十六以"孟公不在兹，终以翳吾情"终章，落脚处正在弘道之初心，其十九则在感慨"世路阔悠悠，杨朱所以止"之后，以"虽无挥金事，浊酒聊可恃"终章，落脚处却在饮酒慰情。

现在来看这一节的最后一首，也是全诗的最后一首，即其二十。这首诗从伏羲、神农说起，一直说到陶渊明生活的当下，构成了一个以"世道交丧"为主旨的宏大历史叙述，是我们理解陶渊明历史意识的最佳文本。尽管前文对此已有所论及，但在此我们仍先疏通文义，再做概括。"羲农去我久，举世少复真。"起首两句，清晰地表达出陶渊明历史意识的第一要义，即以真淳为大道存废的标准。"汲汲鲁中叟，弥缝使其淳。"接着的这两句，描述孔子以六经为教，汲汲用世，是为了使世界恢复其本来的真淳。"弥缝"二字，意即"弥合、缝补"，用在孔子身上，比较独特，其实正与"真淳"相应，也能够为儒教传统所认可，如《中庸》言"修道之谓教"，可以说，"弥缝使其淳"就是"修道"的意思，或者说，

自真风告逝，大伪斯兴 | 211

孔子立教以修道，就是"弥缝使其淳"。如前所析，陶渊明其实是将孔子的立教以修道断为大道沦丧之前的最后努力，由此我们能够恰当地理解接着的两句："凤鸟虽不至，礼乐暂得新。""凤鸟虽不至"之典正出自《论语》所记孔子的话："凤鸟不至，河不出图，吾已矣夫！"（《论语·子罕》）"吾已矣夫"一语，表达出孔子对于大道沦丧的明确意识，尽管他对大道沦丧的理解与《庄子》中"世道交丧"的看法并不完全一致。"礼乐暂得新"可以说是实录之语，注家于此往往引用《史记·孔子世家》的话来说明："孔子之时，周室微而礼乐废。追迹三代之礼，语鲁太师，乐其可知也。自卫返鲁，然后乐正，雅、颂各得其所，礼乐自此可得而述。"陶渊明用一"暂"字来描述孔子兴礼乐教化，是为了铺陈后面教化陵夷的历史遭遇，从属于他从《庄子》那里接受过来的"世道交丧"的历史判断。

"洙泗辍微响，漂流逮狂秦。"接着的两句从孔子的努力说到狂秦。前已述及，在陶渊明看来，世道交丧的历史时刻断自西狩获麟或孔子之卒，而从朝代更替的视角来看则断自秦，因为春秋、战国是混乱之时。此处之"微响"，注家多以《汉书·艺文志》中"昔仲尼没而微言绝，七十子丧而大义乖"中的"微言"释之，其实不妥。"微言"与"大义"相对，是指孔子所删定的六经以及孔子与弟子对话中的"精微要妙之言"，但"洙泗辍微响"一句，则是指孔子于洙泗之上所传之德音越来越微弱，最终辍止。此处之"微响"与其四中之"厉响"形成明显的呼应，孔子所传之德音，就其与孔子所处时代的距离而言，着实可谓之"厉响"，但在孔子卒后，其于洙泗之上所传之德音则渐渐微弱，终至辍止。而狂秦的出现，正是大道沦丧的后果，其表现正在于公开地弃绝教化。这就是接着的两句所要表达的："诗书复何罪？一朝成灰尘。"毋庸赘言，这两句是指秦始皇焚书之事。接着说到汉代："区区诸老翁，为事诚殷勤。""区区"，勤恳貌。与前面描述孔子的"汲汲"形成呼应。[1]汤汉注曰："'诸老翁'，似谓汉初伏生诸人，退之所谓群儒区区修补者，刘歆《移太常书》亦可见。"[2]古直注引《史记·儒林列传》论经学传承的话："言《诗》，于鲁则申培公，于齐则辕固生，于燕则韩太傅。言《尚书》，自济南伏生。言《礼》，自鲁高堂生。言《易》，自菑川田生。言《春秋》，于齐、鲁自胡毋生，于赵自董仲舒。"然后加按语曰："文、景之际，申公、辕固、伏生等，皆八九十矣，故曰'诸老翁'也。"[3]

那么，对于汉代"诸老翁"传承经学的努力，陶渊明究竟是怎么看的呢？必须指出，这是发生在大道沦丧之后

---

[1] 黄文焕说："'区区'二字有斟酌，是固不敢与孔子并，然用力亦劳矣。"见《陶渊明资料汇编》下册，第197页。
[2] 陶潜撰，汤汉注：《宋刊陶靖节先生诗注》影印版，第95页。
[3] 古直：《陶靖节诗笺定本》，收入《层冰堂五种·层冰文略续编》，第343页。

的事情，也就是说，汉代"诸老翁"是在遭遇狂秦虐政之后试图重振教化。这首诗说孔子修补大道时论及其功效，因而有"礼乐暂得新"一句；说汉代"诸老翁"传承经学时则并未论及其功效，而只有"为事诚殷勤"一句，显然只是肯定其苦劳。这样我们就能理解接着两句中的反问的含义："如何绝世下，六籍无一亲？""绝世"是指"汉世既绝之后"，"六籍"是指"六经"，"六籍无一亲"并非指六经无人诵习，而是指六经无以发挥其教化作用，意即孔子所立之教化完全不兴。[1] 由此可见，这两句表达了陶渊明直面汉世既绝之后教化陵夷的惨淡现实而发的感慨。"终日驰车走，不见所问津。"接着的这两句从汉亡说到陶渊明所处的当下，是对时代现状的描述。汤汉注曰："盖自况于沮、溺，而叹世无孔子徒也。"[2] 诚为正解。或者用叶嘉莹的话来说，这两句的意思是"大路上整天车马奔驰跑来跑去的那些人都是追逐名利的人，现在再也见不到有孔子那样的人停车来问路了"[3]。其实这两句可参照《桃

---

[1] 陈澧说："陶公时读六籍者多矣，而以为无一亲，盖书自书，我自我，则不亲矣。"见《陶渊明资料汇编》上册，第247页。
[2] 陶潜撰，汤汉注：《宋刊陶靖节先生诗注》影印版，第95—96页。
[3] 叶嘉莹：《说陶渊明饮酒及拟古诗》，第157页。此处名利并提，与渊明心事有异，如前所析，渊明深谙圣人以名为教的天道论意义，故而非常重视名。何焯说："终日狂驰，则汨没声利，将贻名教之忧。"可以说是注意到了这一点。引文见《陶渊明资料汇编》下册，第198页。当然，将叶嘉莹所说的"名"理解为脱离了"实"的虚名，就不会妨碍正确的理解了。另外，叶嘉莹还提到对这两句的另一种解释："陶渊明以孔子自比，他说我也像孔子一样到处跑来跑去，希望找到一个渡口，（转下页）

花源记》末尾"后遂无问津者"一句和《拟古》其二末尾"不学狂驰子,直在百年中"两句来加以理解。只看到此生此世之百年而终日逐利的人就是陶渊明所谓的"狂驰子",郑重考虑身后之名而汲汲于求道的人就是陶渊明所谓的"问津者"。因此对陶渊明来说,时代的现状就是,满街都是以逐利为目的的狂驰子,而不见汲汲于求道的问津者。

正是这种惨淡的时代现状给了陶渊明饮酒以慰此生的一种理由,陶渊明又一次回到了这个主题,于是我们看到了接着的两句:"若复不快饮,空负头上巾。"钟伯敬曰:"此处忽说到饮酒,接得无谓,妙在此。"又说:"观其寄兴托旨,觉一部陶诗皆可用饮酒为题,其妙在此。"[1]其实从"不见所问津"说到"若复不快饮",一点都不无谓。"六籍无一亲"意味着教化陵夷,后者导致满街都是狂驰子。陶渊明的意思是,在这种时代现状之下,饮酒慰情就成了唯一合理的人生选择。这是此组诗以"饮酒"作题的主旨所在,我们在"陈饮酒之隐情"部分已经详细地分析过。或许需要指出的是,陶渊明在这里显然包含着隐秘的政治控诉。简而言之,教化陵夷的结果一定是人伦失序,如孟子论

(接上页)一条改善社会的出路,可是我找不到。"叶嘉莹对于两种解释并未做出非此即彼的评判,而是认为两种解释都能说得通。其实从文义上分析,前一种解释显然更靠谱。

[1] 见《陶渊明资料汇编》下册,第197页。

孔子何以作《春秋》时所言："世衰道微，邪说暴行有作，臣弑其君者有之，子弑其父者有之。"孟子认为孔子惧此而作《春秋》，于是以六经为本的教化得以挺立。而在陶渊明所处的时代，教化陵夷的现状可能还不是表现于表面上的"逸居而无教"，而是表现于因虚伪而导致的教化的堕落。也就是说，在陶渊明所处的时代，教化仍然存在，但那是一个名存实亡的，被狂秦之虐政扭曲了、异化了的教化。《宋书·隐逸传》说陶渊明"值其酒熟，取头上葛巾漉酒，毕，还复著之"，这有助于我们理解"空负头上巾"一句。不过，无论如何，说"空负头上巾"毕竟是荒唐之言，其中包含着的谬误一眼可见。最后两句说，"但恨多谬误，君当恕醉人"，即是以自嘲的口吻表明自己醉中之言多有谬误，请读到这些诗的人多加谅解。自嘲的口吻中可能还包含着反讽，因此我们其实不太容易辨别出陶渊明会认为自己的哪些话里包含着就读者立场而言的谬误，这当然也是因为，谬误之所以是谬误，取决于读到这些诗的人是什么样的人。[1]

其二十作为全诗第五节的最后一首，其主旨是表弘道之初心，而过去的注家也多能注意到这首诗中对孔子

---

[1] 李光地曰："'但恨'二句，又谦谓吾之行事，谬误于诗书礼乐者，曲蘖之托，而昏冥之逃，非得已也。"这是以"谬误于诗书礼乐"皆"但恨多谬误"中的"谬误"，应是正解。引文见《陶渊明资料汇编》下册，第198页。

及其所定六经的突出强调。针对全诗前四句，明人谭元春说："一片热肠，可作孔子赞。"又说："孔子大圣人也，下弥缝二字，他人不敢且不能。"黄文焕说："'弥缝'二字，道尽孔氏苦心。"温汝能说："渊明《饮酒》诗，读至末章具见本领。'弥'，补也，'缝'，合也。二字固尽圣人参赞之妙。然予谓着眼尤在一'使'字，非孔子无弥缝手段，非孔子不能使淳。'使'字有无限功用在。渊明为圣贤中人，故能道之亲切有味乃尔。至其胸怀真旷，何尝专寄沉湎，不过借饮酒为名，以反覆自道其平生之概。"而清人沈德潜在评论这首诗时甚至说："汉人以下，宋儒以前，可推圣门弟子者，渊明也。"邱嘉穗也说："公抱道统绝续之忧，而终以酒自解如此，可抵韩子《答孟尚书书》，而带滑稽之趣。"方东树则说："而己之所怀则愿学孔子，从事如此，亦欲弥缝斯世，而有志不获，惟有饮酒遣此悲愤也。"又引陆桴亭之言："玩其词意，上叙孔子，下述六经，皆言愿学之意；但终以饮酒之语乱之，使人不觉耳。"[1]可以说，通过对孔子及其所定之六经的肯定性评价，以及对时代现状的否定性描述，陶渊明在这首诗里将他弘道之初心彻底地表露无遗了。[2]

---

[1] 见《陶渊明资料汇编》下册，第196—200页。
[2] 陶渊明对孔子的向往亦见于《时运》，这首诗最后以"黄唐莫逮，慨独在余"结尾，与"羲农去我久，举世少复真"两句可对勘，而中间则说："延目中流，悠想清沂。童冠齐业，闲咏以归。"这是用《论语》（转下页）

其二十之主旨在表弘道之初心,但可以说涵括了此组诗涉及的所有重要主题。首先,也是最重要的,为了表达自己弘道之初心,陶渊明在这首诗里给出了一个以道之存亡续绝为主要内容的历史叙述,用《感士不遇赋并序》中的话来说就是:"自真风告逝,大伪斯兴,闾阎懈廉退之节,市朝驱易进之心。"[1]这一历史叙述清晰地呈现了陶渊明基于他对道的理解而形成的独特的历史哲学。其次,也是最直观的,在这首诗里,陶渊明在充分表达自己弘道之初心的基础上,明确地点出了自己选择饮酒慰情的实际缘由。再次,在饮酒慰情的人生选择背后,正隐隐地指向陶渊明斩绝的归隐之志与不就之意。方东树认为"此篇义理可以冠集"[2],诚非虚言!由此已可清晰地看到,陶渊明念兹在兹的,正是弘道之初心。从全诗的结构来看,将表弘道之初心的第五节放在全诗最后一节也是颇有深意的。第一节说避世之缘由,第二节明归隐之志趣,第三节申不就之主意,第四节陈饮酒之隐情,可以说是一气通贯,从多个层面表达自己决意归隐而不应召命的高

(接上页)中"吾与点也"的典故。随后又说:"我爱其静,寤寐交挥。但恨殊世,邈不可追。"将对孔子的向往表达得淋漓尽致。

[1] 陈澧说:"《感士不遇赋》云:'自真风告逝,大伪斯兴,闾阎懈廉退之节,市朝驱易进之心。'东晋末年之弊如此,可叹也!夫人有易进之心,抑之且不暇,奈何复驱之乎?甚至驱之于朝,并驱之于市,举世皆大伪矣。"见《陶渊明资料汇编》上册,第248页。

[2] 见《陶渊明资料汇编》下册,第200页。

洁心志。在此基础之上,将表弘道之初心的第五节放在全诗最后一节,显然正是为了突出献身名教以弘道才是自己念念不忘的事情。

虽有父子无君臣

从《桃花源记并诗》看陶渊明的社会理想

《桃花源记并诗》[1]由两部分组成：除了我们熟悉的《桃花源记》，还有一首诗，即《桃花源诗》。现全文抄录如下：

桃花源记

晋太元中，武陵人捕鱼为业。缘溪行，忘路之远近。忽逢桃花林，夹岸数百步，中无杂树[2]，芳华[3]鲜美，落英[4]缤纷。渔人甚异之，复前行，欲穷

---

[1] 或作《桃花源诗并记》。就其结构而言，此篇以记为主，以诗为辅，当作《桃花源记并诗》为是。另，关于此篇的写作时间，赖义辉指出，"晋太元中"为追述之词，故断言此篇为"入宋之作"。赖义辉：《陶渊明生平事迹及其岁数新考》，收入王质等撰，许逸民校辑：《陶渊明年谱》，第347页。
[2] "树"，曾集刻本注曰"一作'草'"。汤汉注本无此异文，宜从正文。
[3] "华"，曾集刻本作"华"，汤汉注本作"草"，宜从正文。
[4] "英"，曾集刻本作"英"，汤汉注本作"芙"，宜从正文。

其林。林尽水源，便得一山，山有小口，仿佛若有光。便舍船，从口入。初极狭，才通人。复行数十步，豁然开朗。土地平旷，屋舍俨[1]然，有良田美池桑竹之属。阡陌交通，鸡犬相闻。其中往来种作，男女衣着，悉如外人。黄发垂髫[2]，并怡然自乐。见渔人，乃大惊，问所从来。具答之。便要还家，设酒杀鸡作食。村中闻有此人，咸来问讯。自云先世避秦时乱，率妻子邑人来此绝境，不复出焉，遂与外人间隔。问今是何世，乃不知有汉，无论魏晋[3]。此人一一为具言所闻，皆叹惋。余人各复延至其家，皆出酒食。停数日，辞去。此中人语[4]云："不足为外人道也。"既出，得其船，便扶[5]向路，处处志之。及郡下，诣太守，说如此。太守即遣人随其往，寻向所志，遂迷，不复得路。南阳刘子骥，高尚士也，闻之，欣然规往[6]。未果，寻病终。后遂无问津者。

---

[1] "俨"，曾集刻本注曰"一作'晏'，一作'鱼'"。汤汉注本无此异文，宜从正文。
[2] "垂髫"，曾集刻本注曰"一作'髻乱'"。汤汉注本无此异文，宜从正文。
[3] "魏晋"，曾集刻本注曰"一本有'等也'二字"。汤汉注本无此异文，宜从正文。
[4] "语"，曾集刻本注曰"一本无'语'字"。汤汉注本无此异文，宜从正文。
[5] "扶"，曾集刻本注曰"一作'于'"。汤汉注本作"指"，又注曰"一作'于'"。宜从正文。
[6] "规往"，曾集刻本与汤汉注本皆注曰"一本有'游也'二字"。宜从正文。

桃花源诗

嬴氏乱天纪，贤者避其世。黄绮之商山，伊人亦云逝。
往迹浸复湮，来径遂芜废。相命肆农耕，日入从所憩。
桑竹垂余荫，菽稷随时艺。春蚕收长[1]丝，秋熟靡王税。
荒路暧交通，鸡犬互鸣吠。俎豆犹古法，衣裳无新制。
童孺纵行歌，班白欢游[2]诣。草荣识节和，木衰知风厉。
虽无纪历志，四时自成岁。怡然有余乐，于何劳智慧。
奇踪隐五百，一朝敞神界。淳薄既异源，旋复还幽蔽[3]。
借问游方士，焉测尘嚣外[4]。愿言蹑清风，高举寻吾契。

仙与隐

陶渊明自唐代始得到较普遍重视。桃花源的意象，亦成为唐人诗画中的重要题材。唐人对桃花源的理解，以神仙说为主。王维《桃源行》一诗，中有"初因避地去人间，更闻成仙遂不还"之句，末有"春来遍是桃花水，不辨仙源何处寻"之句，是以桃花源为避地成仙者所居之地。刘禹锡《桃源行》一诗，中有"俗人毛骨惊仙子，争来致词何至此"之句，末有"仙家一出寻无踪，

---

[1]"长"，曾集刻本与汤汉注本皆注曰"一作'良'"。宜从正文。
[2]"游"，曾集刻本注曰"一作'迎'"。汤汉注本无此异文，宜从正文。
[3]"蔽"，曾集刻本与汤汉注本皆注曰"一作'闭'"。宜从正文。
[4]"尘嚣外"，曾集刻本注曰"一作'尘外地'"。汤汉注本无此异文，宜从正文。

至今水流山重重"之句,亦是以桃花源为仙家之地。韩愈有《桃源图》一诗,首句是"神仙有无何渺茫,桃源之说诚荒唐",末句是"世俗宁知伪与真,至今传者武陵人"。或以为韩愈此诗虽直辟神仙实有之论,但亦是以神仙所居之地理解陶渊明笔下的桃花源。宋人王龟龄有《和桃源图诗并序》,为此专做辨正。《和桃源图诗序》云:"世有图画桃源者,皆以为仙也,故退之《桃源图》诗诋其说为妄。及观陶渊明所作《桃花源记》,乃谓先世避秦至此,则知渔人所遇乃其子孙,非始入山者,真能长生不死,与刘阮天台之事异焉。东坡"和陶诗",尝序而辨之矣。故余按陶记以和韩诗,聊正世俗之谬云。"[1]王龟龄的意思是说,韩愈一诗所诋排的,并非陶渊明笔下的桃花源,而是后来图画中的桃花源,故其《和桃源图诗》中有"后来图画了非真,作记渊明乃晋人"之句。这个辨正显然与韩愈排佛老的思想和行为是符合的。

宋人对陶渊明推崇更甚,尤以苏轼、朱熹为最。在对桃花源的理解上,如果说韩愈开启了对神仙说的批评,那么,宋人大多承续韩愈的批评而明确提出了避世长子孙的隐居说。王安石《桃源行》一诗云:

望夷宫中鹿为马,秦人半死长城下。

---

[1] 引自唐开韶、胡焞编纂,刘静、应国斌校点:《桃花源志略》,岳麓书社,2008年,第200页。

> 避时不独商山翁，亦有桃源种桃者。
> 此来种桃经几春，采花食实枝为薪。
> 儿孙生长与世隔，虽有父子无君臣。
> 渔郎漾舟迷远近，花间相见因相问。
> 世上那知古有秦，山中岂料今为晋。
> 闻道长安吹战尘，春风回首一沾巾。
> 重华一去宁复得，天下纷纷经几秦。

此诗对桃花源故事的重述紧扣《桃花源记》，其要旨在于以桃花源中人为秦时避乱来此之人的子孙后代，并以"虽有父子无君臣"点出桃花源中社会秩序之特点。苏轼《和桃花源诗》有"凡圣无异居，清浊共此世"与"桃源信不远，藜杖可小憩"之句，更在《和桃花源诗序》中明确以《桃花源记》为纪实之作而反对神仙说，认为桃花源如南阳菊水、青城山老人村之类乃实有其地，并指出天地之间类似于桃花源者很多：

> 世传桃源事多过其实。考渊明所记，止言先世避秦乱来此，则渔人所见，似是其子孙，非秦人不死者也。又云"杀鸡作食"，岂有仙而杀者乎？旧说南阳有菊水，水甘而芳，民居三十余家，饮其水皆寿，或至百二三十岁。蜀青城山老人村有见五世孙者，道极险远，生不识盐醯，而溪中多枸杞，根如龙蛇，饮其水，故寿。近岁道稍通，渐能致五味，

而寿亦益衰。桃源盖此比也欤？使武陵太守得而至焉，则已化为争夺之场久矣。尝思天壤间若此者甚众，不独桃源。[1]

唐人的神仙说与宋人的隐居说都承认渔人所见桃花源中人为秦时避乱来此之人的子孙后代，这是这两种理解的一致处，其文本根据在《桃花源记》中"自云先世避秦时乱，率妻子邑人来此绝境，不复出焉，遂与外人间隔"之句和《桃花源诗》中"嬴氏乱天纪，贤者避其世"之句。两种理解的分歧点，则在是否认为渔人所见桃花源中人为仙。很明显，苏轼的申论就是直接针对神仙说提出的，析而言之，要点有三：其一，渔人所见桃花源中人乃避秦之人的子孙，并非避秦之人或其子孙成仙者；其二，《桃花源记》中"杀鸡作食"之语，可以佐证渔人所见桃花源中人并非神仙；其三，陶渊明所记桃花源实有其地，且这样的地方在世间有很多。其中前两点比较清楚，第三点则仍有进一步辨析的必要。

理解第三点的关键在于，既然苏轼认为"凡圣无异居，清浊共此世"，那么，站在他的这个立场上，只要说明桃花源实有其地，就意味着成功地反驳了神仙说。需要注意的是，不唯隐居说与神仙说本身不一定矛盾，[2]

---

[1] 见《陶渊明资料汇编》上册，第36页。
[2] 隐居长了孙而成仙，正是持神仙说者的真实看法。

实有说与神仙说本身也不一定矛盾。倘若一个道教信徒，认为成仙并非子虚乌有之事，而是一条走向理想生活的真实道路，那么，以凡人成仙为实有之事，以仙人所居为实有之地，就是很合适的。[1]从诠释的历史脉络来看，苏轼的申论更像是被韩愈直接激发出来的。[2]韩愈在上引诗中对于神仙之有无提出了质疑，进而断言桃源之说为荒唐，在诗末再次质疑说"世俗宁知伪与真"。苏轼显然在基本立场上与韩愈一致，即以神仙为子虚乌有之事。苏轼想要进一步明确辨正的是，陶渊明笔下的桃花源并非神仙所居之地，于是，苏轼就以桃花源实有其地立论，来反驳流行的神仙说。苏轼的申论其实可以概括为：神仙是子虚乌有之事，但桃花源却是实有其地的，而且类似的地方世间有很多。

王安石、苏轼反对神仙说而提出的隐居说，得到后来多数论者的认可。如宋人吴子良《荆溪林下偶谈》卷二云："渊明《桃花源记》，初无仙语，盖缘《诗》中有'奇踪隐五百，一朝敞神界'之句，后人不审，遂多以为仙。……皆求之过也。惟王荆公诗与东坡《和桃源诗》所言最为得实，可以破千载之后如惑矣。"[3]明人蒋

---

[1] 实际上"始而栖隐，继而登仙"正是持神仙说者的真实看法。
[2] 宋人胡仔《苕溪渔隐丛话》前集卷三云："东坡此论盖辨证唐人以桃源为神仙，如王摩诘、刘梦得、韩退之作《桃源行》是也。惟王介甫作《桃源行》与东坡之论暗合。"引自《陶渊明资料汇编》下册，第343页。
[3] 见《陶渊明资料汇编》下册，第344—345页。

冕辑《琼台诗话》云:"世传桃源事,多过其实,如王摩诘、刘梦得、韩退之作《桃源行》,皆惑于神仙之说,唯王介甫指为避秦之人,为得渊明《桃源记》意。先生尝作《桃源行》,则又以为楚人避秦来居于此,意尤新奇,盖桃源本楚地也。"[1]清人李光地《榕村诗选》卷二云:"公意谓古之隐者,于此避地,遂长子孙,至于历年代而与世不相闻耳,不以为神仙异境也。"[2]清人翁方纲《石洲诗话》卷一云:"古今咏桃源事者,至右丞而造极,固不必言矣。然此题咏者,唐、宋诸贤略有不同。右丞及韩文公、刘宾客之作则直谓成仙,而苏文忠之论则以为是其子孙,非即避秦之人至晋尚在也。此说似近理。……王荆公诗亦如苏说。"[3]清人王先谦《读吴窓斋尚书桃源记书后》云:"《桃花源》章,自陶靖节之记,至唐,乃仙之。……余谓靖节作记,但言往来种作,男女衣着如外人,设酒杀鸡,作食饷客,无殊异世俗事,不当以为鬼物。东坡言渔人所见,乃避秦人之子孙。"[4]

一些论者还提到了神仙说产生的原因,析而言之有三。其一,神仙说的产生与唐代道风之盛行不无关系。清人郑文焯批《陶集郑批录》云:"陶公是记,得之武陵

---

[1] 见《陶渊明资料汇编》下册,第347页。此处"先生"指蒋冕师丘濬。
[2] 见《陶渊明资料汇编》下册,第352页。
[3] 见《陶渊明资料汇编》下册,第356页。翁方纲此处主要是品鉴历代咏桃源诗,但他亦承认苏轼关于桃花源的申论。
[4] 见《陶渊明资料汇编》下册,第358页。

渔者所说，亦未尝一字着神仙家言。特唐人慕道，故附会其事，亦仁者见仁之义，奚以辩为？"[1]其二，神仙说与武陵桃花观（被认为是陶渊明所记桃花源所在之地）的一些传说有关。陶澍集注《靖节先生集》卷六引唐人康骈曰："渊明所记桃花源，今鼎州桃花观即是其处。自晋、宋来，由此上升者六人，山十里皆无杂禽，惟二鸟往来观中，未尝有增损。每有贵客来，鸟辄先鸣庭间，人率以为占。"[2]清人方堃《桃源避秦辨》云："渊明花源一《记》，宋苏子瞻、王十朋、胡明仲，明粤东叶氏诸公论之详矣，而世犹疑仙疑幻，何哉？盖因唐瞿童有秦人棋子之说，后之人一唱百和，遂成荒唐之论，而皆借口于渊明之《记》，此不可不辩也。渊明《记》中无仙字，诗称贤者避其世'，明纪贤而非纪仙。"[3]其三，神仙说在文本根据上更多地关联于《桃花源诗》而非《桃花源记》。如上引吴子良之语，就是认为对《桃花源诗》中"奇踪隐五百，一朝敞神界"一句的误解是导致以桃花源为神仙所居之地的看法的关键因素。

不过，王安石、苏轼提出的隐居说虽然得到大多数人的认可，但在后来的议论中，苏轼在韩愈的激发下所

---

[1] 见《陶渊明资料汇编》下册，第361页。
[2] 同上书，第340页。
[3] 唐开韶、胡焯编纂，刘静、应国斌校点：《桃花源志略》，第138页。关于桃源观道童瞿柏庭得秦人棋子，飞身成仙的故事，见符载《黄仙师瞿童记》或温造《瞿柏庭碑记》，见《桃花源志略》，第50页、第53页。

提出的实有说则不乏批评者。这些批评的一个共同倾向是，往往并不直接反对苏轼以桃花源为实有其地的看法，而是认为苏轼对《桃花源记并诗》中某些文字过分拘泥的理解导致他提出了实有说，而桃花源是否实有其地这个问题本身并不重要，理由是，陶渊明写作《桃花源记并诗》，其主旨在于有所寓意，是否纪实则是次要的。于是我们也看到，这些批评者在批评的同时往往着意指出陶渊明写作《桃花源记并诗》的寓意所在。

寓意说既然留意于作为作者的陶渊明在写作《桃花源记并诗》这一作品时的意图，那么，其自然的思路就是从作为作者的陶渊明在其实际生活和全部作品中所表现出来的人品出发来理解《桃花源记并诗》。由这种批评实有说的角度而提出的寓意说主要有两个版本，代表两种不同的思路。一个是耻事二姓说，其思路是从陶渊明的生活遭际去探寻《桃花源记并诗》的寓意所在。明确首发此论的是宋人洪迈。《容斋随笔》三笔卷十云：

> 陶渊明作《桃源记》，云源中人自言："先世避秦时乱，率妻子邑人来此绝境，不复出焉。乃不知有汉，无论魏晋。"系之以诗曰："嬴氏乱天纪……"自是之后，诗人多赋《桃源行》，不过称赞仙家之乐。唯韩公云："神仙有无何渺茫，桃源之说诚荒唐。世俗那知伪与真，至今传者武陵人。"亦不及渊明所以作记之意。按《宋书》本传云："潜自以曾祖

晋世宰辅，耻复屈身后代。自宋高祖王业渐隆，不复肯仕，所著文章，皆题其年月，义熙以前则书晋氏年号，自永初以来，唯云甲子而已。"故五臣注《文选》用其语，又继之云："意者耻事二姓，故以异之。"此说虽经前辈所诋，然予窃意桃源之事，以避秦为言，至云"无论魏晋"，乃寓意于刘裕，托之于秦，借以为喻耳。近时胡宏仁仲一诗，屈折有奇味，大略云："靖节先生绝世人，奈何记伪不考真，先生高步窘末代，雅志不肯为秦民。故作斯文写幽意，要似寰海离风尘。"其说得之矣。[1]

---

[1] 见《陶渊明资料汇编》下册，第343页。关于陶渊明诗文书年号与甲子的问题，颇有争议，朱自清在《陶渊明年谱中之问题》一文中有详细的辨正，其结论是认同宋人吴仁杰《陶靖节先生年谱》、清人丁晏《晋陶靖节年谱》中的观点："善哉吴《谱》之言曰：'集中诗文于晋年号或书或否，固不一概，卒无一字称宋永初以来年号者。此史氏所以著之也。'其说可信；拈出不称宋号一事，尤足排难解纷，盖最合集中实情也。丁《谱》亦曰：'陶集义熙以前备书甲子，不始于永初也。但自永初以后，不书刘宋年号耳尔。'说正同。然此不书者，有意耶？无意耶？以《述酒》诗征之，或不为偶然。得不书宋号一语，吴、丁以外各家甲子年号之论皆可废。"见《陶渊明资料汇编》上册，第310页。此处我们能够指出的是，在这个问题上朱自清虽然得出了正确的结论，但他没有注意到的是，以往的一些争论在很大程度上来对沈约之言的误解。沈约说："所著文章，皆题其年月，义熙以前则书晋氏年号，自永初以来，唯云甲子而已。"《文选》五臣注则说："渊明诗晋所作皆题年号，入宋所作，但题甲子而已。"朱自清对此分析："《宋传》曰'文章'，此曰'诗'，《宋传》曰'义熙以前'，此曰'晋'，此一变也。"朱自清的这个分析说对了一半。沈约本来说的是陶渊明的文章书年号与甲子的问题，五臣注将之扩展到诗，这是误解沈约之言的第一个步骤。朱自清对这一点的分析自然是对的。沈约说"义熙以前则书晋氏年号，（转下页）

其后附论者亦多,如明人黄文焕《陶诗析义》卷四云:"此愤宋之说也。事在太元中,计太元时晋尚盛,元亮此作,当属晋衰裕横之日,借往事以抒新恨耳。观其记曰'后遂无问津者',足知为追述之作。观其诗曰'高举寻吾契',盖以避宋之怀匹避秦也。避秦有地,避宋无地,奈之何哉?篇内曰'无论魏晋',而况宋乎?曰'皆叹惋',悲革运之易也。曰'不足为外人道',叹知避之难也。渔人事或以为神仙,东坡以为隐者子孙,此俱不必辨,元亮之意总在寄托,不属炫异。"[1]清人孙人龙云:"此乃寓意于刘裕,故托之秦以为喻。"[2]清《题桃花源诗

(接上页)自永初以来,唯云甲子而已",五臣注将之解读为"晋所作皆题年号,入宋所作,但题甲子而已",是完全正确的,并无误解。也就是说,沈约所谓"义熙以前",并非指义熙元年以前,而是包括了义熙年间的时段,即指永初以前,与后面"自永初以来"的时间表述严丝合缝,中间并无时段遗漏。这是误解沈约之言的第二个步骤。朱自清说"然义熙、永初之间,题年月则如何,传所未言",这表明他并未意识到这个误解。钱大昕《跋义门读书记》云:"文章当题年月,诗不必题年月。……《隋志》载渊明集凡九卷,今文之存者不过数首。……《桃花源记》称太元中,《祭程氏妹文》称义熙三年,此书晋氏年号之证也。《自祭文》则但称丁卯,此永初以后书甲子之证也。与休文所云如合符节。休文于渊明之文固遍观而尽识之,义门未尝尽见渊明所著文,何由知其失实?"钱大昕的这个辨析是正确的。朱自清对此分析说:"钱虽称述《宋书》,其所引证亦不尽合;《宋书》云,义熙以前书晋号,钱举义熙三年文,所证适得其反耳。"钱大昕显然与注《文选》的五臣一样都没有误解沈约"义熙以前"的含义,而朱自清的这个分析表明他没有意识到五臣注之后的人们对沈约"义熙以前"一语的误解。引文见《陶渊明资料汇编》上册,第307—309页。

[1] 见《陶渊明资料汇编》下册,第348页。
[2] 同上书,第354页。

碑并序》云:"渊明《桃花源记》,解者纷纷,率多附会。惟不仕伪宋一说,深得靖节本怀。按陶诗全集,但书甲子,而此记首书晋年号;其诗又云'虽无纪历志',则不屑臣宋之意显然。况篇末引刘子骥自况,而以'高尚'称之,其志愈见矣。"[1]

以"耻事二姓"为陶渊明的整体思想定位,其来有自。洪迈所引沈约之言即其滥觞。洪迈所引胡宏《桃源行》诗句中,"先生高步窘末代"之"末代"当指晋之末代,若"雅志不肯为秦民"是指陶渊明不肯为刘宋之民,则胡宏此诗即为"耻事二姓说"张本。[2]由此亦可看到,认定陶渊明以"避秦"寓意"避宋",是此说诠释上的关键所在。又葛立方特别聚焦于《读史述》之《夷齐》、《箕子》与《鲁二儒》等篇以阐发耻事二姓说。《韵语阳秋》卷五云:"世人论渊明自永初以后,不称年号,只称甲子,与思悦所论不同。观渊明《读史九章》,其间皆有深意。其尤章章者,如《夷齐》、《箕子》、《鲁二儒》三篇。《夷齐》曰:'天人革命,绝景穷居,正风美俗,爰感懦夫。'《箕子》曰:'去乡之感,犹有迟迟。矧伊代谢,触物皆非。'《鲁二儒》曰:'易代随时,迷变则愚,介介若人,特为贞夫。'由是观之,则渊明委身穷巷,甘黔娄之贫而

---

[1] 见《陶渊明资料汇编》下册,第359页。
[2] 若然,则胡宏是以"耻事二姓说"解读《桃花源记并诗》之寓意的第一人,洪迈则为胡宏之说的进一步阐发者。

不自悔者,岂非以耻事二姓而然邪?"[1]而朱子以"逸民"论定陶渊明,表明其亦可能赞同耻事二姓说。

针对陶渊明《述酒》一诗,宋人韩驹说:

> 余反覆观之,见山阳旧国之句,盖用山阳公事,疑是义熙以后有所感而作也,故有"流泪抱中叹,平王去旧京"之句。渊明忠义如此,今人或谓渊明所题甲子,不必皆义熙后,此亦岂足论渊明哉。唯其高举远蹈,不受世纷,而至于躬耕乞食,其忠义亦足见矣。[2]

汤汉《陶靖节诗集注自序》云:

> 陶公诗精深高妙,测之愈远,不可漫观也。不事异代之节,与子房五世相韩之义同。既不为狙击震动之举,又时无汉祖者可托以行其志,故每寄情于首阳、易水之间。又以荆轲继二疏、三良而发咏,所谓"抚己有深怀,履运增慨然",读之亦可以深悲其志也已。平生危行逊言,至《述酒》之作,始直吐忠愤。然犹乱以廋词,千载之下,读者不省为何语。是此翁所深致意者,迄不得白于后世,尤可以

---

[1] 见《陶渊明资料汇编》上册,第63页。
[2] 同上书,第50页。

使人增欷而累叹也。余偶窥见其指,因加笺释,以表暴其心事;及他篇有可发明者,亦并著之。文字不多,乃令缮写模传,与好古通微之士共商略焉。[1]

韩驹、汤汉二人皆断《述酒》为零陵哀诗,构成以"耻事二姓"为陶渊明的整体思想定位的至为关键的诠释环节。[2]

以"耻事二姓"为陶渊明的整体思想定位,必然强调陶渊明对君臣一伦的认可与执守。这一点元人吴澄说得最为明确。吴澄《詹若麟〈渊明集补注〉序》将陶渊明与屈原、张良、诸葛亮并列,而以"明君臣之义"括之:

> 予尝谓楚之屈大夫,韩之张司徒,汉之诸葛丞相,晋之陶征士,是四君子者,其制行也不同,其遭时也不同,而其心一也。一者何?明君臣之义而已。欲为韩而毙吕珍秦者,子房也;欲为汉而诛曹

---

[1] 见《陶渊明资料汇编》上册,第109页。
[2] 刘克庄《后村诗话》如此叙述韩、汤二人对《述酒》的诠释以及以"耻事二姓"为陶渊明的思想定位:"渊明有《述酒》诗,自注云:'仪狄造,杜康润色之。'而终篇无一字及酒。……韩子苍因山阳下国一语,疑是义熙以后有感而作。至汤伯纪始反覆详考,以为零陵哀诗;又谓渊明归田,本避易代之事,而未详明言之,至此主弑国亡,其痛疾深矣,虽不敢言,而亦不可不言,故若是夫辞之胣也。汤《笺》出,然后一篇之义明。"见《陶渊明资料汇编》上册,第108页。

殄魏者，孔明也；虽未能尽如其心焉，然亦略得伸其志愿矣。灵均逆睹谗臣之丧国，渊明坐视强臣之移国，而俱莫如之何也。略申志愿者，其事业见于世；莫如之何者，将没世而莫之知，则不得不托之空言以泄忠愤，此予所以每读屈辞陶诗，而为之流涕太息也。屈子之辞，非借朱子之注，人亦未能洞识其心。陶子之诗，悟者尤鲜。其泊然冲淡而甘无为者，安命分也；其慨然感发而欲有为者，表志愿也。近世惟东磵汤氏，稍稍窥探其一二。吾乡詹麒若麟，因汤所注而广之，考其时，考其地，原其序以推其志意，于是屈、陶二子之心，粲然暴白于千载之下。若麟之功，盖不减朱子也。呜呼！陶子无昭烈之可辅以图存，无高皇之可倚以复仇，无可以伸其志愿，而寓于诗，使后之观者，又昧昧焉，岂不重可悲也哉！屈子不忍见楚之亡而先死，陶子不幸见晋之亡而后死，死之先后异尔，易地则皆然，其亦重可哀已夫！[1]

以"耻事二姓"为陶渊明的整体思想定位，还面临一个问题，就是陶渊明于义熙元年就已归隐，那时距刘裕篡

---

[1] 见《陶渊明资料汇编》上册，第125页。在《湖口县靖节先生祠堂记》一文中，吴澄又说："夫人道三纲为首，先生一身而三纲举无愧焉。"见《陶渊明资料汇编》上册，第126页。

位还有十五年之久，难道陶渊明在那时就已洞察先机，早已知道刘裕未来一定会篡位？此本不值得一辨，但前人的确有以此立论者。谢枋得《碧湖杂记》云："以余考之，元兴二年，桓玄篡位，晋氏不断如线，得刘裕而始平，改元义熙，自此天下大权尽归刘裕。渊明赋《归去来辞》，实义熙元年也。至十四年，刘公为相国，恭帝即位，改元元熙；至二年庚申，禅于宋。观恭帝之言曰：'桓玄之时，晋氏已亡，天下重为刘公所延，将二十载。今日之事，本所甘心。'详味此言，则刘氏自庚子得政至庚申革命，凡二十年，渊明自庚子以后题甲子者，盖逆知末流必至于此，忠之至，义之尽也。"[1]

如前所析，以"耻事二姓"理解《桃花源记并诗》的寓意，诠释的关键在于认定陶渊明以"避秦"寓意"避宋"。这一滥觞于胡宏、明确于洪迈的看法其实并无根据，姑且不论以"耻事二姓"为陶渊明的整体思想定位并不恰当。基于我们在《自真风告逝，大伪斯兴》一篇中的分析，陶渊明思想中的"避秦"主题与其大道沦丧的历史哲学密切相关，并非专门寓意"避宋"。耻事二姓说之外，还有一个思路是从陶渊明的生活志向去把握《桃花源记并诗》的寓意，此即慨想羲皇说。元人王恽《题桃源图后》一诗云：

---

[1] 见《陶渊明资料汇编》上册，第114页。

君侯示我桃源图，绢素剥裂丹青渝，衣冠俎豆三代古，仿佛物色开华胥。当时传记羡乐土，序说本末何敷腴。半山歌咏似摭实，昌黎论列疑其虚。千年绘彩见遗迹，桃源之境诚有无？君不见渊明千古士，心远与世疏。羲皇而上每自况，肯随泽雉樊笼拘。弦歌归来朝市改，故山田园松菊芜。斜川风景固足佳，未免结庐人境车马时喧呼。复仇宣力两不可，天运乃尔将无如。退观高举深意在，安得超出物表冥鸿俱？因缘开此武陵说，托彼奥隐称樵渔，不然果有继问津，云烟出没何须臾。又不见山林不外天壤间，迥与世隔皆仙居，桃花流水窈然在，放浪而即斯人徒，放浪而即斯人徒！[1]

明人张自烈辑《笺注陶渊明集》卷五云：

东坡不悟《桃源记》，却从南阳青城觅蹊径，直是梦中说梦，至所云"岂有仙而杀者乎"，此又儿女子痴语，渊明闻此必大笑，东坡不是解人。或谓渊明借此发挥胸次，非真述其事，大抵渔人不近俗，故托言渔人。"缘溪"一段，行止自如，懒懒散散，须看他是何等人品。"开朗"一段，是说萧野气象，即在人间，故曰"悉如外人"。独言避秦，秦之先三代也，

---

[1] 见《陶渊明资料汇编》下册，第345页。

明明自谓与三代相接,是即所谓羲皇上人之意。[1]

清人林云铭《古文析义》二编卷五云:

> 愚以为元亮生于晋、宋之间,遐思治世,不欲作三代以下人物,为此寓言寄兴……余记题《桃源图》,调得《满江红》一阕,其词云:"人世尘嚣,哪里有桃源佳境。若现在武陵地面,何迷前径。本是渔郎寻鹿梦,因教太守询人并。古今来疑隐又疑仙,徒争竞。前为记,词华胜。兹写照,丹青并。似蜃楼蛟室,幻成奇景。但欲游心方外趣,不妨寓目空中影。况浮生万事假和真,难拘定。"读者当得之章句之外可矣。[2]

清人沈德潜《古诗源》卷八论《桃花源记并诗》云:"此即羲皇之想也,必辨其有无,殊为多事。"[3] 清人邱嘉穗《东山草堂陶诗笺》卷五论《桃花源记并诗》云:"设想甚奇,直于污浊世界中另辟一天地,使人神游于黄、农之代。公盖厌尘网而慕淳风,故尝自命为无怀、葛天之民,而此记即其寄托之意。如必求其人与地之所在而实

---

[1] 见《陶渊明资料汇编》下册,第350—351页。
[2] 同上书,第351—352页。
[3] 同上书,第353页。

之,则凿矣。"[1]

慨想羲皇说的提出,是将《桃花源记并诗》关联于陶渊明的其他诗文,试图综合陶渊明的更多作品概括出他的生活志向,以此作为理解《桃花源记并诗》的出发点。从上引文献可以看出,这些相关联的诗文主要有以下几处,确乎皆为陶渊明自况之言。《与子俨等疏》云:"常言五六月中,北窗下卧,遇凉风暂至,自谓是羲皇上人。"《五柳先生传并赞》云:"无怀氏之民欤?葛天氏之民欤?"《饮酒》其五云:"结庐在人境,而无车马喧。问君何能尔?心远地自偏。"亦有将之主要关联于《归去来辞》者。清人吴楚材、吴调侯选《古文观止》卷七云:"桃源人要自与尘俗相去万里,不必问其为仙为隐。靖节当晋衰乱时,超然有高举之思,故作记以寓志,亦《归去来辞》之意也。"[2]此外,就文本的诠释根据而言,慨想羲皇说的提出,关键在于将"避秦"与"乃不知有汉,无论魏晋"与"不欲作三代以下人物"挂钩。这些诠释都是有文本根据的。

需要指出的是,慨想羲皇说与耻事二姓说二者并不必然排斥,原因在于二者的思路不同:慨想羲皇说是从陶渊明的生活志向这个理想维度立论的,耻事二姓说则是从陶渊明的生活遭际这个现实维度立论的。若就隐逸

---

[1] 见《陶渊明资料汇编》下册,第353页。
[2] 同上书,第352页。

之行为而言，或为现实之遭际所驱，或为理想之志向所动，或二者兼而有之，或以隐逸之理想寓意现实之遭际。于是我们也看到，一些论者将此两说结合在一起来理解《桃花源记并诗》。元人吴师道在《吴礼部诗话》中论及《桃花源记并诗》时先述上引洪迈语，然后说：

> 愚早岁尝题《桃源图》云：古今所传避秦，如茹芝之老，采药之女，入海之童，往往不少。桃源事未必无，特所记渔父迷不复得路者，有似异境幻界，神仙家之云。此韩公所以有是言。愚观翁慨然叔季，寤寐羲皇，异时所赋，"路若经商山，为我少踌躇，多谢绮与甪，精爽今何如"，慕向至矣。其于桃源固所乐闻，故今诗云："黄绮之商山，伊人亦云逝。""愿言蹑轻风，高举寻吾契。"于此可以知其心。而事之有无，奚足论哉。颇与前辈之意相发。[1]

清人程云芬《桃源诗》则同时有"避秦即避宋，渊明寓言耳"与"高卧北窗下，请从羲皇说"之句。[2] 但亦有持慨想羲皇说而反对耻事二姓说者。清人马璞《陶诗本义》卷四云：

---

[1] 见《陶渊明资料汇编》下册，第346页。
[2] 唐开韶、胡焯编纂，刘静、应国斌校点：《桃花源志略》，第412页。

> 渊明一生心事总在黄唐莫逮，其不欲出之意盖自秦而决，故此诗一起即曰："嬴氏乱天纪，贤者避其世。"其托避秦人之言，曰"乃不知有汉，无论魏晋"，是自露其怀确然矣，其胸中何尝有晋，论者乃以为守晋节而不仕宋，陋矣。燕雀安知鸿鹄之志哉！至于其地、其人、其事之有无，真不可问也。[1]

很明显，此说立论之要点在"渊明一生心事总在黄唐莫逮"之句，立论之关键则在以"无论魏晋"一语推出陶渊明在此作中并未有意表达为晋守节之心，应该说对耻事二姓说的批评是言之成理的。

此外，从陶渊明的生活遭际这个现实维度来推测《桃花源记并诗》的寓意的，还有泛泛而论桃花源与世道之污隆者，还有笼统强调魏晋之社会乱象者，此皆为平常之论。明人姚宏谟《桃源洞集序》云：

> ……余则以为桃花源之显晦，系世道之污隆。夫桃源非方壶圆峤神仙窟宅之比，而昔人之居于斯、长子孙于斯，亦未必餐六气而饮沆瀣者流也，大抵避秦乱耳。使上有圣主，辅以贤公卿，轻徭薄赋，与民休息，皆得以养生送死，则里居之衎衎，

---

[1] 见《陶渊明资料汇编》下册，第355页。

何遽不若深岩哉？故夫为桃源驱民者，虐政也。[1]

清人汪琬《陶渊明像赞序》云：

> 渊明《桃花源记》，述其人之语曰："尚不知有汉，何论魏晋"，此渊明之所为寓意者也。盖自魏晋以来，君臣父子兄弟之际，操戈攘臂，斗争纷纭，其为耳目之所不忍见闻者多矣！渊明思得穷山曲陬，深阻复绝，萧然遗世之地而逃之，而卒不可得，则姑托诸文以自见，设为虚辞，以示其欣慕想象之意。固不必实有其地，与实有其人也。后世能诗之士，遂因渊明之言而为歌、为行者不绝，最后苏子瞻、洪驹父之流，则又从而辨之，以为源中之人非神仙，是不已大误乎。[2]

虽然大多数持寓意说者对实有说有此类批评，但寓意说和实有说两者本身仍可以并行不悖，因为陶渊明写作《桃花源记并诗》有何寓意与《桃花源记并诗》中的桃源是否实有其地，说到底是两个问题，尽管在实际的持论中对这两个问题的回答往往具有一定的关

---

[1] 唐开韶、胡焯编纂，刘静、应国斌校点：《桃花源志略》，第66页。姚宏谟此意实已蕴于上引王安石诗中。
[2] 唐开韶、胡焯编纂，刘静、应国斌校点：《桃花源志略》，第131—132页。

联。[1]不过，值得留意的是，亦有论者捍卫实有说而反对慨想羲皇说。清人聂铣敏《蓉峰诗话》卷九云：

> 仁和张忍斋师，邃于经学。……于诗不多作，然偶尔吟咏，俱突过前人。尝读其《桃源有感》四绝云："鸡犬如何不上天，桃源洞里住年年。倘因春色勾当住，即是凡夫不是仙。"……或以渊明身居魏、晋，慨想羲皇，与《五柳先生传》同一寓言者，非也。《五柳传》明系自记，故以不知何许人，不详姓氏，末用无怀、葛天托空以见意。《桃源记》则确有所指，如首言太元中，则非无其代也；继言武陵渔人，则非无其地也；末言刘子骥，则非无欲访之人也；阡陌交通，非不习耕凿也；设酒杀鸡，非不食烟火也；曰先世，非无祖亲也；曰垂髫，非无子孙也。盖因避秦而来，与外人间隔，别有天地，故其居民享寿甚长耳。至若太守遣人随往，遂尔迷津，亦以蹊径幽邃，前此偶然所历，过而或忘也。东坡

---

[1] 明确指出实有说与寓意说皆可的，如日本桥川时雄校补郑文焯批《陶集郑批录》云："《桃花源记》一篇，诸家之解，或以神仙说，或以寓意说，或以实事实处说，未见一定也。考六朝时，士君子颇有喜异闻之风，桃花源亦是当时喧传之异闻，而陶公聆此，乃为记录之，取其合自家隐逸之理想，故谓为寓意亦可，注者以为托避秦以叙避宋之意，是也。谓为实事亦可，盖桃源地志所载，而刘子骥亦有其人……苟以神仙说之，误甚。"见《陶渊明资料汇编》下册，第361—362页。

以南阳甘谷比之,最为近理。[1]

对慨想羲皇说的这个批评可谓言之成理,不过我们不可笼统地将之理解为实有说对寓意说的批评。实际上,这个批评提醒我们,不可孤立地理解苏轼的实有说,仿佛苏轼所争,只在说明桃花源实有其地。质言之,苏轼的实有说背后其实关联于他对《桃花源记并诗》的寓意的理解,而这才是理解他与明确持寓意说者之间真正分歧的关键。如果苏轼以及被认为与苏轼的想法暗合的王安石对《桃花源记并诗》之寓意的理解既不同于耻事二姓说,也不同于慨想羲皇说,那么,他们的理解究竟如何呢?如果说耻事二姓说与慨想羲皇说都遭到了不为无据的反驳,那么,王安石、苏轼对于《桃花源记并诗》之寓意的理解是否能够称得上是正解呢?

隐与儒

要回答上面这些问题,恐怕还得从《桃花源记并诗》中"贤者避其世"这个核心主题谈起。我们知道,"贤者避世"之典,出自《论语》。《论语·宪问》云:"贤者辟世,其次辟地,其次辟色,其次辟言。"紧接着说:"子曰:'作者七人矣。'"并在后面记载了晨门、荷蒉两位隐

---

[1] 见《陶渊明资料汇编》下册,第357—358页。

者对孔子的评价。《论语·微子》一篇,特别记载了接舆、长沮、桀溺和荷蓧丈人等更多隐者的事迹。如果陶渊明《桃花源记并诗》中所描绘的是隐者的生活这一点可以确定,那么,陶渊明笔下的隐者与《论语》所记隐者是否具有某种意蕴关联呢?质言之,就其生活志向和理想而言,《桃花源记并诗》中的隐者是否能够被理解为《论语》所记隐者的某种再现?

实际上有很多证据支持这一看法。先来看文本之间的直接联系。首先,除了"贤者避世"这一核心主题,《桃花源记并诗》中出现的关键情节"问津"在《论语》叙述隐者的章节中有其原型。《论语·微子》记载长沮、桀溺的故事如下:

> 长沮、桀溺耦而耕,孔子过之,使子路问津焉。长沮曰:"夫执舆者为谁?"子路曰:"为孔丘。"曰:"是鲁孔丘与?"曰:"是也。"曰:"是知津矣!"问于桀溺。桀溺曰:"子为谁?"曰:"为仲由。"曰:"是鲁孔丘之徒与?"对曰:"然。"曰:"滔滔者天下皆是也,而谁以易之?且而与其从辟人之士也,岂若从辟世之士哉?"耰而不辍。子路行以告,夫子怃然曰:"鸟兽不可与同群,吾非斯人之徒与而谁与?天下有道,丘不与易也。"

其次,《桃花源记并诗》中"杀鸡作食"的情节与陶渊明对桃花源里的社会秩序的刻画在《论语》叙述隐者的章节中亦有其原型。《论语·微子》记载荷蓧丈人的故事如下：

> 子路从而后，遇丈人，以杖荷蓧。子路问曰："子见夫子乎？"丈人曰："四体不勤，五谷不分，孰为夫子？"植其杖而芸。子路拱而立。止子路宿，杀鸡为黍而食之。见其二子焉。明日，子路行，以告。子曰："隐者也。"使子路反见之。至则行矣。子路曰："不仕无义。长幼之节，不可废也；君臣之义，如之何其废之？欲洁其身而乱大伦。君子之仕也，行其义也。道之不行，已知之矣。"

关于陶渊明笔下桃花源中的社会秩序，值得一提的是上引王安石的诗。在王安石对桃花源里隐者生活的重述中，最让人有醍醐之感的是"儿孙生长与世隔，虽有父子无君臣"一句。王安石的重述当然有充足的文本根据，具体而言，前者在《桃花源记》中"自云先世避秦时乱"之句，后者在《桃花源记》中"黄发垂髫，并怡然自乐"之句、《桃花源诗》中"春蚕收长丝，秋熟靡王税""童孺纵行歌，班白欢游诣"等句。而在《论语》关于荷蓧丈人的记载中，也明确提到了"见其二子焉"，且子路的批评正是紧扣不废长幼之节而废君臣之义这一要点。就是说，《论语》中所描绘的隐者，并非孤身一人遁迹山林,而是带着自己的家人——甚或如《桃花源记》中所言,除了妻子,还带着邑人——去隐居的,此即王安石所谓"虽有父子无君臣"。[1]

再来看陶渊明其他诗文中提到这些隐者的情况。"贤者避世"的隐逸志向在陶渊明的诗文中是一个极其重要的主题。清人吴菘《论陶》云:"《桃花源》:'嬴氏乱天纪,贤者避其世。'与结语对照,渊明生平尽此二语矣。"[2]这是以"贤者避世"论陶渊明一生心事。在《集圣贤群辅录》中,陶渊明根据包咸对上引《论语·宪问》中"作者七人"的注解而以"仪封人、荷蒉、晨门、楚狂接舆、长沮、桀溺、荷蓧丈人"为一列,并引董威辇诗云:"洋洋乎盈耳哉,而作者七人。"[3]而"园公、绮里季夏、黄公、甪里先生"亦为一列,并述其事迹云:"右商山四皓。当秦之末,俱隐上洛商山。"以长沮、桀溺之典表达自己心迹志向的,多见于陶渊明的诗歌。《劝农》云:"冀缺携俪,沮溺结耦。相彼贤达,犹勤陇亩。"《辛丑岁七月赴假还江陵夜行涂口》云:"商歌非吾事,依依

---

[1] 王安石之后对《桃花源记并诗》的解读大都非常重视这一句。如宋人魏了翁《题桃源图》诗中有"隐者宁无人礼义,武陵匪独我山川。若将此地为真有,乱我彝伦六百年"之句;元人刘因《桃源行》诗中有"遗风百世长不泯,俗无君长人熙熙"之句;明人阕士琦《桃源避秦考》文中有"其人止有父子,无君臣恩怨之情"之句。引自唐开韶、胡焯编纂,刘静、应国斌校点:《桃花源志略》,第202页、213页、96页。
[2] 见《陶渊明资料汇编》下册,第354页。
[3] 董威辇诗《晋书·隐逸传》为:"洋洋乎满目,而作者七人。"

在耦耕。投冠旋旧墟，不为好爵萦。"《庚戌岁九月中于西田获早稻》云："遥遥沮溺心，千载乃相关。但愿长如此，躬耕非所叹。"[1]以荷蓧丈人之典表达自己心迹志向的，亦不乏其例。《癸卯岁始春怀古田舍》之一云："是以植杖翁，悠然不复返。即理愧通识，所保讵乃浅。"《丙辰岁八月中于下潠田舍获》云："姿年逝已老，其事未云乖。遥谢荷蓧翁，聊得从君栖。"

最后来看学者明确论及《桃花源记并诗》与《论语》所记隐者之关系的一些说法。明人廖道南《楚纪》云：

> 余读陶诗，因翛然有尘外之思。及观韩苏诸作，则又疑为寓言。武陵之辩，徒为千古一慨也。赞曰：沮溺避世，孔圣所称。黄绮定储，迁史著名。云胡桃源，乃有秦人。岂仙家流，将隐者伦。靖节之诗，实获我心。[2]

明人孙慎行《书桃花源记后》云：

> 渊明桃花源，世传以为仙踪，若世外，恍惚不可方物。近偶思《鲁论》荷蓧丈人其初止宿鸡黍，

---

[1] 另，我认为《饮酒》其四其实是陶渊明从长沮、桀溺的立场上对子路问津故事的改写，其中的"栖栖失群鸟"是指孔子，参见我在《自真风告逝，大伪斯兴》一篇中的详细分析。
[2] 唐开韶、胡焯编纂，刘静、应国斌校点：《桃花源志略》，第444页。

见二子景象,此与秦人桃源何异?及明日,反见即行迷不知踪迹,可为《鲁论》亦纪仙乎?大都达人晦迹韬光,或为山泽之乍往,或为城市之偶混,皆不可知。故固守于耕者,乃世人之疑丈人,而不必固守于耕者,未必非丈人之示子路,而子路尚不深知也。故夫子以为隐者,非独隐于形,盖亦隐于道,乃备至焉。然则桃源之迷,恶知非是耶?将无睹世之滔滔不返,而姑以之寓耶?

其末章云:后遂无问津者。非桃源之绝人,而人之自绝于桃源也。而概以为仙,不可方物,亦诞矣。夫古人所知者道也,而辞则不无所托。[1]

清人卫炳鋈《桃源洞铭》云:"予少读靖节先生《桃花源记》,想见沮、溺文人之风。"[2]清人谭震《桃源洞志序》云:"案《记》,始于晋,靖节为三代以下人物,必不托空言以谩世。观其《诗》,真气盎然,类可见矣。其文则脱化于'子路从而后'章,好古者不察,以为神仙栖托之境。"[3]清人葛天柱《桃花源志略序》云:"观渊明平生,志慕孔道,迹等夷叔,为吾圣贤之徒。其所记事,与丈人鸡黍同意,其诗云'清风高举',亦谓侪迹黄绮商

---

[1] 唐开韶、胡焯编纂,刘静、应国斌校点:《桃花源志略》,第104—105页。
[2] 《陶渊明资料汇编》下册,第359页。
[3] 唐开韶、胡焯编纂,刘静、应国斌校点:《桃花源志略》,第136页。

山之流。"[1]

既然可以确定《桃花源记并诗》所描绘的隐者与《论语》所记隐者之间的意蕴关联，那么，可以断言，志存沮溺即是《桃花源记并诗》寓意之正解。[2]仅就寓意而言，志存沮溺说并不必然排斥耻事二姓说和慨想羲皇说，因为可以合理地设想，一个人可因耻事二姓而有隐逸之心，有隐逸之心而慨想羲皇，有羲皇之想而志存沮溺。不过，就陶渊明而言，我们当然不能说耻事二姓是导致他有隐逸之心的原因，虽然《桃花源记并诗》是写作于刘宋时期。无须赘言，陶渊明的隐逸之心，在他更早写作的诗文中早已表露无遗。

慨想羲皇说不足以准确表达出《桃花源记并诗》之寓意，虽然已经有所切近。此中之关键正与桃花源是否实有的问题有关。因为仅以慨想羲皇而论，则桃花源无所谓有无，但若真要因慨想羲皇而有所行动，则可以想见必如沮、溺、丈人之所为。质言之，如果能够确定桃花源为实有，那么，我们在理解其寓意时就很难仅仅停留于慨想羲皇说，而是促使我们更进一步将思绪引向一种平常可行的隐居生活。苏轼所提出的实有说之所以重要，除了能够有效地反驳神仙说之外，也在于此。当然这也是强调要将王安石和苏轼的看法合在一起看的重要

---

[1] 唐开韶、胡焯编纂，刘静、应国斌校点：《桃花源志略》，第2页。
[2] 此处以沮溺为《论语》所记隐者之代表。

原因所在。[1]

"有羲皇之想而志存沮溺"之义，提示我们或应将《桃花源记并诗》与陶渊明的另一首诗《饮酒》其二十合观。该诗云："羲农去我久，举世少复真。汲汲鲁中叟，弥缝使其淳。凤鸟虽不至，礼乐暂得新。洙泗辍微响，漂流逮狂秦。诗书复何罪？一朝成灰尘。区区诸老翁，为事诚殷勤。如何绝世下，六籍无一亲？终日驰车走，不见所问津。若复不快饮，空负头上巾。但恨多谬误，君当恕醉人。"这首诗将孔子刻画为一个汲汲于恢复羲农时代之真淳的人，并描述了在遭遇狂秦之后，虽有汉代诸翁的殷勤作为，但魏晋以来的历史仍不免于"六籍无一亲"的衰乱局面，其中有暗寓"滔滔者天下皆是也"之意。我们能够注意到，这首诗的主要内容实际上是陶渊明对从上古到他所处时代的历史的一种叙述，而《桃花源记并诗》所讲述的故事所涉及的历史时段则是从秦汉到魏晋。不过不可忘记，在《饮酒》其二十出现的刻画羲农风尚的关键词"淳"（"弥缝使其淳"）在《桃花源诗》中也出现了（"淳薄既异源"），而且，两个作品都或明或暗地发出了羲农时代之真淳根本无法恢复，而后世更无人问津的慨叹。[2]

如果《桃花源记并诗》与《饮酒》其二十讲述的是

---

[1] 尽管如此，志存沮溺说和实有说仍然是可以分开的。
[2] 参见我在《自真风告逝，大伪斯兴》一篇中的详细分析。

宋院本 《桃花源图》
台北故宫博物院藏

〔明〕文徵明 《桃源别境》(局部)
台北鸿禧美术馆藏

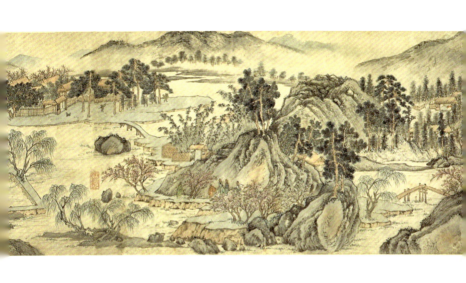

〔清〕吴伟业 《桃源图》(局部)
北京故宫博物院藏

〔明〕周臣 《桃花源图》(局部)
苏州博物馆藏

〔明〕仇英 《桃源仙境图》
天津博物馆藏

〔清〕黄慎 《桃花源诗》
安徽博物院藏

陶渊明对历史的同一种理解，或者说，这两个作品都表达了陶渊明鲜明而独特的历史哲学，那么，这其中的一个关键问题就是陶渊明对孔子的看法。如果将《饮酒》其二十中对孔子的刻画与《桃花源记并诗》中对隐者的描述合观，那么，我们可以断言，陶渊明虽然志慕孔道，但他最后的归宿却在隐者之路。就是说，在他看来，孔子的努力固然可敬，但顶多能达至"礼乐暂得新"的效果，并不能够真正恢复羲农时代之真淳。陶渊明将孔子刻画为一个汲汲于恢复羲农时代之真淳的人这一点，往往被论者认为他是将孔子道家化。这种论调在理解陶渊明的精神取向时留意于道家与儒家之间，其实如果更确切一点，应当留意于隐者与儒者之间。

从《论语》有关隐者的记载中我们可以看到，在长沮、桀溺等人所代表的隐者与孔子及其弟子所代表的儒者之间，有一种深刻的对话关系：一方面，双方都充分理解对方之所为；另一方面，双方都认为对方之做法有不可取之处而予以讥讽或批评。隐者与儒者在行为选择上的最大区别当然在于是否出仕。隐者拒绝出仕而选择隐居，理由是，行事当深厉浅揭，随时为宜，既处"滔滔者天下皆是也"之乱世，则只有避之以洁其身，"知其不可而为"之行不仅于事无补，且难免于降志辱身。《论语·宪问》记载晨门和荷蒉两位隐者的故事如下：

> 子路宿于石门，晨门曰："奚自？"子路曰：

"自孔氏。"曰:"是知其不可而为之者与?"

> 子击磬于卫,有荷蒉而过孔氏之门者,曰:"有心哉,击磬乎?"既而曰:"鄙哉,硁硁乎?莫己知也,斯则已而已矣。深则厉,浅则揭。"子曰:"果哉!末之难矣。"

孔子对于隐者,颇怀敬意,在某种意义上甚至还可以说是引为知音,且几次有说服之心而不能。在此处所引"子击磬于卫"章中,孔子对荷蒉本有责难之意而不达;在上引《论语·微子》"子路从而后"章中,孔子"使子路反见之"而不果;在《论语·微子》"楚狂接舆歌而过孔子"章中,孔子"欲与之言"而不得:

> 楚狂接舆歌而过孔子,曰:"凤兮凤兮!何德之衰?往者不可谏,来者犹可追。已而已而!今之从政者殆而!"孔子下,欲与之言。趋而辟之,不得与之言。[1]

孔子对于隐者的批评,仅有微词,见于上引《论语·微子》"长沮、桀溺耦而耕"章。在孔子看来,隐者绝人逃

---

[1] "往者不可谏,来者犹可追"之典出现于陶渊明《归去来辞》:"悟已往之不谏,知来者之可追。"

世之举无异于与鸟兽同群,虽欲行洁身自好之逸操,实未可谓取法乎上。[1]《论语》特别记载了孔子批评沮溺等人这一点时的怅然失意之貌。对隐者更为明确的批评见于上引《论语·微子》"子路从而后"章中子路语。子路以"不仕无义"论断隐者,点出隐者的问题乃在于"欲洁其身而乱大伦",语气虽更激烈,仍可以代表儒者的立场。[2]

如果说隐者与儒者之间的关系可以"同归而殊途,一致而百虑"来刻画,那么,隐者与儒者的主要分歧,并不出在双方对于何谓美好生活的理解上,而是出在双方对于达至美好生活之途径的看法上。隐者与儒者对于美好生活的共同理解,最重要的是"天伦之乐"。在《桃花源记》中,有"黄发垂髫,并怡然自乐"之句,在《桃花源诗》中,有"童孺纵行歌,班白欢游诣"之句,皆是对桃花源中隐者享受天伦之乐的生动描绘。如果说仅以天伦之乐言说隐者的生活志向还嫌不够的话,那么,

---

[1] 古注多紧扣"贤者避世"一语而以圣与贤两个等次不同的德阶定位孔子与隐者,从而将儒与隐之间的分歧化解至最小。如皇疏引江熙云:"《易》称'天下同归而殊途,一致而百虑'。君子之道,或出或处,或默或语,所以为归致,期于内顺生徒,外惄教旨也。惟此而已乎。"又云:"故大汤武亦称夷齐,美管仲而无讥邵忽。"又引沈居士云:"世乱,贤者宜隐而全身,圣人宜出以弘物。故自明我道以救大伦。彼之绝迹隐世,实由世乱,我之蒙尘栖遑,亦以道丧。此即彼与我同患世也。彼实中贤,无道宜隐,不达教者也;我则至德,宜理大伦,不得已者也。我既不失,彼亦无违,无非可相非。"
[2] 上引魏了翁《题桃源图》诗中"隐者宁无人礼义,武陵匪独我山川。若将此地为真有,乱我彝伦六百年"之句,正是重申子路之意。

在天伦之乐之外再加上田园之乐，庶几可以概括之。而这也正与儒者对于美好生活的理解一致。实际上我们能够注意到，陶渊明对桃花源中隐者生活之欢乐景象的描绘，亦有其典，此即《论语·先进》"子路、曾晳、冉有、公西华侍坐"章所记曾点言志之语："曰：'莫春者，春服既成，冠者五六人，童子六七人，浴乎沂，风乎舞雩，咏而归。'夫子喟然叹曰：'吾与点也。'"[1]孔子与点之叹，最能体现儒者对美好生活的理解。程颢在解释这一章时说："孔子'与点'，盖与圣人之志同，便是尧、舜气象也。"[2]又说："子路、冉有、公西华皆欲得国而治之，故孔子不取。曾晳狂者也，未必能为圣人之事，而能知孔子之志，故曰'浴乎沂，风乎舞雩，咏而归'，言乐而得其所也。孔子之志在于'老者安之，朋友信之，少者怀之'，使万物莫不遂其性，曾点知之，故孔子喟然叹曰：'吾与点也。'"[3]虽然宋明儒多从天地境界的高度

---

[1] 陶渊明有诗《时运》，亦是绍述曾点之志，实亦可与《桃花源记并诗》、《饮酒》其二十合观。其序云："时运，游暮春也。春服既成，景物斯和，偶影独游，欣慨交心。"其诗云："迈迈时运，穆穆良朝。袭我春服，薄言东郊。山涤余霭，宇暧微霄。有风自南，翼彼新苗。洋洋平泽，乃漱乃濯。邈邈遐景，载欣载瞩。人亦有言，称心易足。挥兹一觞，陶然自乐。延目中流，悠想清沂。童冠齐业，闲咏以归。我爱其静，寤寐交挥。但恨殊世，邈不可追。斯晨斯夕，言息其庐。花药分列，林竹翳如。清琴横床，浊酒半壶。黄唐莫逮，慨独在余。"

[2] 《遗书》第十二卷，收入程颢、程颐著，王孝鱼点校：《二程集》上册，中华书局，2004年，第136页。

[3] 《外书》第三卷，收入程颢、程颐著，王孝鱼点校：《二程集》上册，第369页。

上理解曾点气象，但从中还是可以看出，天伦之乐与田园之乐，为儒者对于美好生活之理解的两个要义。儒者与隐者之不同，则在儒者比隐者多出一种可称为生民之忧的情绪，或者说，儒者具有一种为隐者所避忌的强烈的政治关怀。

在中国古代君主制的条件下，儒者的政治关怀主要落实于君臣之伦，所以君臣之伦历来为儒者所重，在汉代更被列为三纲之首，而出处问题历来是士大夫最切身的问题。但需要注意的是，在先秦儒家那里，特别是在孔子和孟子那里，君臣之伦的意义与重要性皆难比父子之伦。在《论语·微子》中孔子赞许微子为殷之仁臣，而《史记·宋微子世家》记载微子去殷之言曰："父子有骨肉，而臣主以义属。故父有过，子三谏不听，则随而号之；人臣三谏不听，则其义可以去矣。"此义最能表明君臣之伦与父子之伦在儒教义理中的不同地位。从《论语·微子》的记载中我们可以看到，孔子既以"鸟兽不可与同群，吾非斯人之徒与而谁与？"的叹问表明自己与隐者在入仕问题上的不同，又在出处的问题上采取"无可无不可"的态度。孔子提出的最重要的理念是"仁"，而他所谓"仁"又是以"孝悌"为本。至于《论语·子路》中孔子论"父为子隐，子为父隐"为"直在其中"，更是表明父子之伦为儒教之核心义理。君臣之伦亦为孔子所重视，如《论语·颜渊》中记载孔子答齐景公问政时说："君君，臣臣，父父，子子。"但是，君臣之伦在孔子那里似乎并不被归为核心义理，或者更严谨地说，在义理层面比不上父子之伦重要。简而言之，入仕是为了行道，而父子之伦则直接为道之所系。

在孟子那里，情况也类似。孟子以圣人为"人伦之至"，并以舜"尽事亲之道"的例子来说明父子之伦相对于君臣之伦的根本性和优先性："孟子曰：天下大悦而将归己，视天下悦而归己犹草芥也，惟舜为然。不得乎亲，不可以为人。不顺乎亲，不可以为子。舜尽事亲之道而瞽瞍厎豫，瞽瞍厎豫而天下化。瞽瞍厎豫而天下之为父子者定，此之谓大孝。"（《孟子·离娄上》）在回答弟子桃应的设问时孟子再一次表达了同样的意思："桃应问曰：'舜为天子，皋陶为士，瞽瞍杀人，则如之何？'孟子曰：'执之而已矣。''然则舜不禁与？'曰：'夫舜恶得而禁之？夫有所受之也。''然则舜如之何？'曰：'舜视弃天下犹弃敝蹝也。窃负而逃，遵海滨而处，终身䜣然，乐而忘天下。'"（《孟子·尽心上》）在孟子的理解中，舜之所以能视天下轻若草芥、敝屣，是因为他视父子重如泰山、华岳，至于舜"终身䜣然，乐而忘天下"之乐，当然就是天伦之乐。

关于君臣之伦与父子之伦之关联，亦有需要澄清者。有人认为将家庭生活中的父子之伦直接扩展到政治生活中就成了君臣之伦。此诚似是而非之论。君臣之伦就其起源而言亦来自家庭，即家庭内的主仆之伦。来自主仆之伦的君臣之伦与父子之伦在形式上有相同之处，即都表现为主从关系：臣之从属于君与子之从属于父，都是从属关系，但二者的实质并不一样。如果说父子之伦的实质是以亲属，那么，君臣之伦的实质则是以事共，或者如上引微子所言是以义合。而即使根据较早的经典，对君臣之伦的正确理解，也必须关联于君民之伦，而君民之伦又必须关联于天民之伦。《尚书·泰誓》云："惟天地，万物父母；惟人，万物之灵。亶聪明，作元后，元后作民父母。"又云："天佑下民，作之君，作之师，惟其克相上帝，宠绥四方。"君为民之父母，此乃天之所命，换言之，君民之伦是比照父子之伦而设，其理由在于，天地为民之父母，而君位既然为天地所设，其职责就是为民父母。于是，君臣之伦必须以诉诸天命的君民之伦为基础，质言之，臣作为君之属下，其职责自然是辅助君成就其敬德保民之事。

如果说这种刻画主要对应的是孔子以前的时代的话，那么，对君臣之伦的理解至孔子而有一变。在礼坏乐崩的处境中，孔子挺立教统，对士的形象进行了重新塑造。[1] 以"仕而优则学，学而优则仕"而言，在孔子以前，对士的理解的重心在"仕"，强调的是任官职事，孔子对士的理解的重心则在"学"，突出的是弘道崇德。士的使命被厘定为"志于道，据于德，依于仁，游于艺"，用余

---

[1] 参见唐文明：《治统与教统》，收入氏著：《近忧：文化政治与中国的未来》，华东师范大学出版社，2010年。

英时的话来说这是使"士阶层从封建身份中解放出来而正式成为文化传统的承担者"[1]。这一转变意义重大，使得弘道成为士人出仕的根本目的，从而也影响到了君臣之伦的重新建构。简而言之，既然士人出仕的根本目的在弘道，那么，道就成为君臣之伦的规范性基础。[2]这样一来，臣对君的从属关系实质上来自士对于道的遵从，因此其前提是君对于道的遵从。如果君不遵从于道，则臣不必固执于对君的从属关系。

对君臣之伦的理解至秦汉又有一变，此即三纲说的法家化。我们现在一般所理解的三纲说可以说是儒家三纲说法家化的后果，这是无可怀疑的。[3]在君为臣纲、父为子

---

[1] 余英时：《道统与政统之间》，收入氏著：《士与中国文化》，上海人民出版社，1987年，第90页。

[2] 因孔子挺立教统而在士与君之间发展出来的三种伦理分别是师、友、臣，参见余英时：《道统与政统之间》，收入氏著：《士与中国文化》，第100页及以下。但根据刘咸炘的看法，师、友、臣三种伦理并不是到春秋时期才出现的，而是见于更早的时期："是故臣道有等差，有师臣者，汤之于伊尹，桓公之于管仲，臣其所受教也。有友臣者，舜尚见帝，帝亦飨舜，迭为宾主，天子而友匹夫也。有具臣者，则臣其所教也。"这一点提醒我们，对于君臣一伦因孔子挺立教统而导致的变化，既不应忽略其意义，亦不应有过分夸大的理解。引文见刘咸炘：《臣道》，收入刘咸炘著，黄曙辉编校：《刘咸炘学术论集（哲学编）》中册，广西师范大学出版社，2010年，第310页。

[3] 刘咸炘说："邪说既兴，毁弃纲常，世皆惑之，非果圣人强立尊卑为上制下也。伪儒阴用法家，以混正道，兆于荀卿，成于叔孙通，后儒相率盲从，以致此也。……司马谈论法家曰：'尊主卑臣。'刘向论申子曰：'尊君卑臣，崇上抑下，合于六经。'观谈、向之言，专主抑下，乃法家之主旨，六经虽明尊卑，不如是也。使儒家以此为主旨，则谈不系之法家矣。"见刘咸炘：《臣道》，收入刘咸炘著，黄曙辉编校：（转下页）

纲、夫为妇纲的思想中，臣对君、子对父、妇对夫的从属关系得到了重新强化，并以律法的形式确立了下来，奠定了古代中国文明的基石。尽管如此，在实际历史上，三纲说因其单方面强调臣对君、子对父、妇对夫的从属关系而易生苦厄。不过，在古代中国，父为子纲与夫为妇纲很少为人诟病，最为人诟病的正是君为臣纲。[1]这绝非偶然，而是同父子、夫妇与君臣之伦之差异有关。质言之，父子、夫妇皆以亲属，"夫妇正则父子亲"宜为风俗之厚者，且父子、夫妇所涉皆为家庭事务，故父子、夫妇之伦所生之苦厄远比君臣之伦为少、为轻。

陈寅恪《桃花源记旁证》的谋篇布局

现代以来解读《桃花源记并诗》最为流行的观点，大约当数梁启超提出的乌托邦说。在《陶渊明之文艺及

（接上页）《刘咸炘学术论集（哲学编）》中册，第313页。刘咸炘指出三纲为儒家伦理法家化的后果，亦不认为儒家本来之三纲说有崇上抑下之义。在他看来，三纲本来是"责君、父、夫之词"，而以崇上抑下之义解三纲，是出于后人的误解："近世多排三纲之说，辩护者则谓出《白虎通》引礼纬《含文嘉》，非孔子之言，此卤莽不甚解之误也。纬文曰：'君为臣纲，父为子纲，夫为妇纲。'纲者张也，若罗网之有纪纲，而万目张也，此固明明责君、父、夫之词，岂务尊上而抑下哉？"见刘咸炘：《臣道》，收入刘咸炘著，黄曙辉编校：《刘咸炘学术论集（哲学编）》中册，第315页。

[1] 先秦隐者避人避世之说，魏晋士子自然名教之辨，明末黄宗羲原君原臣之思，皆是针对君臣之伦。

其品格》一文中，梁启超说："渊明有他理想的社会组织，在《桃花源记》和诗里头表现出来。……这篇记可以说是唐以前第一篇小说，在文学史上算是极有价值的创作。这一点让我论小说沿革时再详细说他。至于这篇文的内容，我想起他一个名叫做东方的Utopia（乌托邦）。所描写的是一个极自由极平等之爱的社会。荀子所谓'美善相乐'，惟此足以当之。……后人或拿来附会神仙，或讨论他的地方年代，真是痴人前说不得梦。"[1] 从某种意义上说，乌托邦说乃是慨想羲皇说的一个翻版，只不过其中使用了"乌托邦"这个来自西方的新颖概念。因此，非常自然的是，梁启超在提出乌托邦说的同时亦如古代持慨想羲皇说者一样对神仙说和实有说提出了批评。至于"极自由极平等之爱"的论断，则不可目为西方现代政治哲学中的自由、平等理念，此无须多言。梁启超刻画了陶渊明内心的精神张力和变化历程，提出了对陶渊明的生活志向和精神品格的一个整体理解。而他对《桃花源记并诗》的解读，正是以此为基础的。梁启超以豪气、多情、严正概括陶渊明人格中"潜伏的特性"。关于陶渊明豪气的一面，梁启超在引证了陶渊明的一些诗文后说："他所崇拜的是田畴、荆轲一流人，可以见他的性格是那一种路数了。朱晦庵说：'陶却是有力，但诗健而意闲。隐者多是带性负气之人。'此语真能道着痒处。

---

[1] 见梁启超：《陶渊明》，商务印书馆，1929年，第24—25页。

要之,渊明是极热血的人,若把他看成冷面厌世一派,那便大错了。"[1]关于陶渊明多情的一面,梁启超用以解释他的"耻事二姓",但又不同意以此为陶渊明诗文的主调:"宋以后批评陶诗的人,最恭维他'耻事二姓',几乎首首都是惓念故君之作。这种论调,我们是最不赞成的。但以那么高洁那么多情的陶渊明,看不上那'欺人孤儿寡妇取天下'的新主,对于已覆灭的旧朝不胜眷恋,自然是情理内的事。"[2]关于陶渊明严正的一面,梁启超特别强调儒学对于陶渊明的意义:"他虽生长在玄学佛学氛围中,他一生得力处和用力处都在儒学。"[3]"他只是平平实实将儒家话身体力行。"[4]在分析了陶渊明人格中的这些"潜伏的特性"之后,梁启超如是总结陶渊明的精神品格:"他一生品格立脚点,大略近于孟子所说'有所不为''不屑不洁'的狷者,到后来操养纯熟,便从这里头发现出人生真趣味来,若把他当作何晏、王衍那一派放达名士看待,又大错了。"[5]

与梁启超的观点形成鲜明对照的是陈寅恪的观点。

---

[1] 见梁启超:《陶渊明》,第9页。此处,梁启超引证了《杂诗》之二、之五,《拟古》之二,《咏荆轲》,《读山海经》。
[2] 见梁启超:《陶渊明》,第11页。此处,梁启超提到了《拟古》九首。
[3] 见梁启超:《陶渊明》,第12页。此处,梁启超接着引用了《饮酒》其二十。
[4] 见梁启超:《陶渊明》,第14页。此处,梁启超接着引用了《癸卯岁始春怀古田舍》。
[5] 见梁启超:《陶渊明》,第14页。

就陶渊明整个的精神品格而言，如果说梁启超主要受了慨想羲皇说的影响的话，那么，陈寅恪则是耻事二姓说的拥护者。在由燕京大学哈佛燕京学社于1945年刊印的《陶渊明之思想与清谈之关系》一文中，陈寅恪力图还原魏晋时期自然与名教之辨的政治语境，并将之与陶渊明的精神与思想进行比较，又结合陶渊明家传的信仰，提出以"耻事二姓"理解陶渊明的政治主张最为恰当，从而亦对梁启超的有关看法提出了批评：

> 取魏晋之际持自然说最著之嵇康及阮籍与渊明比较，则渊明之嗜酒禄仕，及与刘宋诸臣王弘、颜延之交际往来，得以考终牖下，固与嗣宗相似，然如咏荆轲诗之慷慨激昂及读山海经诗精卫刑天之句，情见乎词，则又颇近叔夜之元直矣。总之，渊明政治上之主张，沈约宋书渊明传所谓"自以曾祖晋世宰辅，耻复屈身异代，自［宋］高祖王业渐隆，不复肯仕。"最为可信。与嵇康之为曹魏国姻，因而反抗司马氏者，正复相同。此嵇、陶符同之点实与所主张之自然说互为因果，盖研究当时士大夫之言行出处者，必以详知其家世之姻族连系及宗教信仰二事为先决条件，此为治史者之常识，无待赘论也。近日梁启超氏于其所撰陶渊明之文艺及其品格一文中谓"其实渊明只是看不过当日仕途混浊，不屑与那些热官为伍，倒不在乎刘裕的王业隆与不隆"。"若

说所争在什么姓司马的,未免把他看小了。"及"宋以后批评陶诗的人最恭维他耻事二姓,这种论调我们是最不赞成的。"斯则任公先生取己身之思想经历,以解释古人之志尚行动,故按诸渊明所生之时代,所出之家世,所遗传之旧教,所发明之新说,皆所难通,自不足据之以疑沈休文之实录也。[1]

正如上文已经提到的,慨想羲皇说与耻事二姓说这两种观点,都能在陶渊明的一些诗文中找到印证。朱自清在《陶诗的深度》一文中说:"历代论陶,大约六朝到北宋,多以为'隐逸诗人之宗',南宋以后,他的'忠愤'的人格才扩大了。本来《宋书》本传已说他'耻复屈身异代'等等。经了真德秀诸人重为品题,加上汤汉的注本,渊明的二元的人格才确立了。"[2]不同时代的士人或学者对陶渊明理解上的侧重的不同,部分原因应当从持论者所处的历史脉络中去寻找。隐逸与忠愤,的确是陶渊明精神中所具有的两个重要面向,关键要看这两个面向在陶渊明一个人身上以怎样的关系和方式表现出来,如此方能得到一个更为综合、更为全面的理解。就此而言,梁启超反对以耻事二姓为理解陶渊明之主调的看法不为无

---

[1] 陈寅恪:《金明馆丛稿初编》,上海古籍出版社,1980年,第203—204页。本篇下引该书同此版本。
[2] 见朱自清著,朱乔森编:《朱自清全集》第三卷,江苏教育出版社,1988年,第6—7页。

据,因为至少陶渊明的不仕,在时间上要早于刘裕篡晋。[1]不过,梁启超立论太过,大有否认耻事二姓对于理解陶渊明之重要性的嫌疑,而这一点正触动了陈寅恪的心结。陈寅恪很看重包括君臣之义在内的三纲说在中国文化中的价值。在《王观堂先生挽词并序》一文中,陈寅恪对于王国维的守节殉清给予高度评价,在挽词中说他是"一死从容殉大伦",在序中则说:

> 吾中国文化之定义,具于白虎通三纲六纪之说,其意义为抽象理想最高之境,犹希腊柏拉图所谓Idea者。若以君臣之纲言之,君为李煜亦期之以刘秀;以朋友之纪言之,友为郦寄亦待之以鲍叔。其所殉之道,与所成之仁,均为抽象理想之通性,而非具体之一人一事。[2]

并顺带讥讽梁启超"旧是龙髯六品臣,后跻马厂元勋列"[3]。这或许正是陈寅恪批评梁启超淡化耻事二姓对于理解陶渊明之重要性的一个原因所在。而陈寅恪在批评梁

---

[1] 朱自清显然在这一点上也赞成梁启超,在《陶诗的深度》一文中,他说:"陶诗里可以确指为'忠愤'之作者,大约只有《述酒》诗和《拟古》第九。"见朱自清著,朱乔森编:《朱自清全集》第三卷,第8页。
[2] 陈寅恪:《寒柳堂集》寅恪先生诗存,上海古籍出版社,1980年,第6页。
[3] 同上书,第10页。

启超时提到"任公先生取己身之思想经历,以解释古人之志尚行动",仍是重述原来讥讽之语,虽然其时梁启超已经作古。

陈寅恪对《桃花源记并诗》的理解,构成他对陶渊明整个精神品格之理解的重要一环,尽管他认为陶渊明传世作品中"最可窥见其宗旨者,莫如形影神赠答释诗,至归去来辞、桃花源记、自祭文等尚未能充分表示其思想"。[1]陈寅恪详细阐述他对《桃花源记并诗》的理解,是在发表于1936年《清华学报》第十一卷第一期的《桃花源记旁证》一文中。

从一般的学术眼光来看,这是一篇中规中矩的考证文章。考证的主要结论见诸文末作者总括本篇论证之要点的前三点:

> (甲)真实之桃花源在北方之弘农,或上洛,而不在南方之武陵。(乙)真实之桃花源居人先世所避之秦乃苻秦,而非嬴秦。(丙)桃花源记实之部分乃依据义熙十三年春夏间刘裕率师入关时戴延之等所闻见之材料而作成。[2]

至于为何要为《桃花源记》作一考证文章,陈寅恪在文中

---

[1] 陈寅恪:《金明馆丛稿初编》,第197页。
[2] 同上书,第178页。

两次交代了自己的谋篇之意。在文章的一开头,陈寅恪说:

> 陶渊明桃花源记寓意之文,亦纪实之文也。其为寓意之文,则古今所共知,不待详论。其为纪实之文,则昔贤及近人虽颇有论者,而所言多误。故别拟新解,以成此篇。止就纪实立说,凡关于寓意者,概不涉及,以明界限。[1]

在文章快结束时,陈寅恪引用了苏轼《和桃花源诗序》中的话,然后加按语说:

> 古今论桃花源者,以苏氏之言最有通识。洪兴祖释韩昌黎桃源图诗,谓渊明叙桃源初无神仙之说,尚在东坡之后。独惜子瞻于陶公此文中寓意与纪实二者仍牵混不明,犹有未达一间。至于近人撰著或袭苏洪之意,而取譬不切,或认桃源实在武陵,以致结论多误。故不揣鄙陋,别拟新解。要在分别寓意与纪实二者,使之不相混淆。然后钩索旧籍,取当日时事及年月地理之记载,逐一证实之。穿凿附会之讥固知难免,然于考史论文之业不无一助,或较古今论辨此记之诸家专向桃源地志中讨生活者聊胜一筹乎?[2]

---

[1] 陈寅恪:《金明馆丛稿初编》,第168页。
[2] 同上书,第177—178页。

这两段交代自己谋篇之意的话有很多隐微之处，对此加以探究一则可以澄清陈寅恪对《桃花源记并诗》的看法受到古人何种影响，一则可以显明陈寅恪在现代人文学的学科体制中以何种方式接引传统。首先比较容易注意到的一点是，为桃花源作一考证文章的前提是认为桃花源实有其地，而陈寅恪写作《桃花源记旁证》的一个重要原因，正是他赞同苏轼提出的桃花源实有说。与此相关，陈寅恪提到"其为纪实之文，则昔贤及近人虽颇有论者，而所言多误"，其中"昔贤"当指苏轼以及苏轼之后赞同苏轼实有说之士人，至于"近人"，大概是指王先谦。在《读吴窓斋尚书桃源记书后》一文中，王先谦在肯定了苏轼对于《桃花源记并诗》的解读（见上引文）之后说："余又以为秦人避乱居此，亦自有说。《史记·秦本纪》昭襄王时，司马错定蜀，二十七年，错因蜀攻楚黔中，拔之，三十年，立黔中郡。《括地志》云：'故城在辰州沅陵县西二十里。'刘梦得《登司马错故城》诗自注：'秦时错征五溪蛮城，在武陵沅江南。'是当日沅、澧左侧，皆秦兵威所至。吾意必有秦人戍役不归，寻幽选僻，相率聚居，若交趾、马流之比，而为之魁首，抑岂无一二奇杰，如卢生、徐市之流，知乱世未艾，号召部署，堑险自固，不与人境通。历世蒙业，遂习而相忘欤？此其情事可揣而得也。"[1]王先谦引用《史记》、

---

[1] 余良栋等修：《桃源县志》第十二卷，第423页。

《括地志》及刘禹锡诗注等材料，试图将秦人避乱之事坐实，虽自言"此其情事可揣而得也"，其实正与陈寅恪所谓"钩索旧籍，取当日时事及年月地理之记载，逐一证实之"的思路相一致。可以说，陈寅恪写作《桃花源记旁证》的思路正是来自王先谦，只是他认为王先谦的考证有误而已。

其次，亦有可说者是陈寅恪对苏轼的批评："独惜子瞻于陶公此文中寓意与纪实二者仍牵混不明，犹有未达一间。"上文已论及，在苏轼之后持寓意说解读《桃花源记并诗》者往往批评苏轼因过分拘泥地理解某些文字而提出实有说。[1]陈寅恪对苏轼的批评在很大程度上就是为了回应这些意见。就是说，表面上看起来陈寅恪是在批评苏轼对于《桃花源记》中寓意与纪实二者牵混不明，实际上他是顺着苏轼的思路进一步完善苏轼的观点，指明只要区分寓意与纪实二者，就可以免于苏轼后来遭到的那些批评。换言之，正如苏轼是顺着韩愈的思路进一步阐发才提出实有说一样，陈寅恪是顺着苏轼的思路进一步阐发才提出明确区分寓意与纪实二者的。

但这么说还不能刻画出陈寅恪明确区分《桃花源记》中寓意与纪实两部分的全部意思。认为《桃花源记》既是一篇寓意之作，又是一篇纪实之作，且在寓意的层面

---

[1] 亦如上文所论及，这种看法忽略了苏轼提出实有说的一个重要动机，即反对神仙说。

谈寓意，在纪实的层面谈纪实，这可以说是对苏轼观点的进一步完善。但陈寅恪对《桃花源记并诗》中寓意与纪实部分的区分并不止于此，而是扩展到了文本构成的层面。其中用来作为关键证据的是旧题陶潜撰的《搜神后记》：

> 寅恪于与渊明之家世信仰及其个人思想皆别有所见。疑其与搜神后记一书实有关联。以其轶出本篇范围，姑置不论。搜神后记卷一之第五条即桃花源记，而太守之名为刘歆，及无"刘子骥欣然规往"等语。其第六条纪刘驎之即子骥入衡山采药，见洞水南有二石囷，失道问径，仅得还家。或说囷中皆仙灵方药。驎之欲更寻索，不复知处事。……据此推测，陶公之作桃花源记，殆取桃花源事与刘驎之二事牵连混合为一。[1]

而文末作者总括该篇论证之要点的第四点正是："(丁)《桃花源记》寓意之部分乃牵连混合刘驎之入衡山采药故事，并点缀以'不知有汉，无论魏晋'等语所作成。"[2]综合整篇文章的内容，我们可以明确，陈寅恪实

---

[1] 陈寅恪：《金明馆丛稿初编》，第174页。从这里的引文也可以看到，完成于1945年的《陶渊明之思想与清谈之关系》，其核心见解早在陈寅恪九年前写作《桃花源记旁证》时已为胸中之竹。
[2] 陈寅恪：《金明馆丛稿初编》，第178页。

际上认为，在《桃花源记》一文中，从"晋太元中"至"遂与外人间隔"是纪实的部分，从"问今是何世"至"后遂无问津者"则是寓意的部分，其中"问今是何世，乃不知有汉，无论魏晋"等是将两部分牵合于一的点缀之语。

要理解陈寅恪何以如此截然地在文本构成的层面将《桃花源记》区分为寓意之部分与纪实之部分，必须涉及他对《桃花源记并诗》之寓意的解读。在文章一开始陈寅恪就说："止就纪实立说，凡关于寓意者，概不涉及，以明界限。"看起来这是严守历史学的考证规矩，而他也的确将这一规矩贯彻于文中考证的部分。但从整个文章来看，陈寅恪不仅未对《桃花源记并诗》之寓意保持沉默，而且做了非常明确的断言。在考证的部分结束之后，陈寅恪笔锋一转，说：

> 又陶诗拟古第二首云：辞家夙严驾，当往志无终。问君今何行，非商复非戎。闻有田子泰，节义为士雄。斯人久已死，乡里习其风。生有高世名，既没传无穷。不学狂驰子，直在百年中。吴师道礼部诗话云：始（田）畴从刘虞，虞为公孙瓒所害，誓言报仇，卒不能践，而从曹操讨乌桓，节义亦不足称。陶公亦是习闻世俗所尊慕尔。寅恪案，魏志一一田畴传云：遂入徐无山中，营深险平敞地而居，躬耕以养父母。百姓归之，数年间至五千余家。据此，田子泰之

> 在徐无山与郗鉴之保峄山固相同，而与檀山坞桃原之居民即桃花源之避秦人亦何以异？商者指四皓入商山避秦事，戎者指老子出关适西戎化胡事。然则商洛崤函本为渊明心目中真实桃花源之所在。而田畴之亮节高义犹有过于桃源避秦之人。此所以寄意遣词遂不觉联类并及欤？吴氏所言之非固不待辨。而其他古今诂陶诗者于此亦皆未能得其真解也。[1]

而文末作者总括该篇论证之要点的第五点正是："（戊）渊明拟古诗之第二首可与桃花源记互相印证发明。"[2]

由此可见，陈寅恪对《桃花源记并诗》之寓意的解读，重点在耻事二姓，或更为严密地说，乃在以沮溺之志寓意耻事二姓。此点亦见于《陶渊明之思想与清谈之关系》一文提及《桃花源记》之处：

> 有一事特可注意者，即渊明理想中之社会无君臣官长尊卑名分之制度，王介甫桃源行"虽有父子无君臣"之句深得其旨，盖此文乃是自然而非名教之作品，借以表示其不与刘寄奴新政权合作之意也。[3]

---

[1] 陈寅恪：《金明馆丛稿初编》，第176—177页。
[2] 同上书，第178页。
[3] 同上书，第203页。

这一既有历史渊源又有现实关切的主见对于我们理解陈寅恪为何要严格地区分《桃花源记》中纪实之部分与寓意之部分至关重要。概而言之，一方面，陈寅恪反对以神仙说解读陶渊明笔下的桃花源，从而不仅认可苏轼提出的实有说，而且认为苏轼的看法"最有通识"；另一方面，在对《桃花源记并诗》之寓意的理解上，陈寅恪的解读以耻事二姓说为主。[1]这是陈寅恪写作《桃花源记旁证》一文时就已经确立的先见，而这一先见对于写作这篇以考证为主的文章始终发挥着主导性的作用。换言之，陈寅恪给自己设置的课题实际上是，在现代人文学的学科体制内，特别是在他自己所从事的历史学这一学科门类内，如何通过一种新的论说方式将他对《桃花源记并诗》的整体理解呈现出来？

毫不奇怪，考证成为他处理这一课题的主要的方法论选择。更具体地说，在现代人文学的学科体制内，要捍卫苏轼提出的桃花源实有说，考证其所处之地是最强硬、最有力的一个论说方式，而考证桃花源所处之地又必须以桃花源实有说为前提。而且，在现代语境中，如果考证能够成功，其意义之重大迥异于古代：对于苏轼而言，桃花源就在生活的不远处，且在人世间有很多；对于陈寅恪而言，桃花源已然成为一种已逝文化之遗迹或象征，而证明其真实存在就等于说这种理想的田园生

---

[1] 此点与苏轼对《桃花源记并诗》之寓意的理解未必相同。

活并非子虚乌有，在古典时代是有其现实性的。于是我们也看到，陈寅恪在考证桃花源所处之地时举了坞壁生活的许多例子，其实也有暗应苏轼"天壤间若此者甚众"之看法的意味，甚至开启桃花源到底在何处的争论这一议题设置本身也有暗应苏轼这一看法的意味。此外，上文曾经说过，陈寅恪考证桃花源所处之地的思路实际上是步王先谦的后尘。虽然就考证作为一种方法论而言二者基本上是一样的，但考证在二者各自的论说语境中的重要性是不同的。在王先谦那里，考证的负担比较轻，就是说，考证只是理解桃花源实有说的一个思想环节，如果缺了这个环节，对于桃花源实有说未必有实质性的影响；但在陈寅恪那里，桃花源实有说的立论负担——即使不是全部，至少也是大部分——被放在了考证上面，如果考证不成功，桃花源实有说就可能面临巨大的困难。

陈寅恪对于以考证的方式捍卫桃花源实有说的困难与问题显然非常清楚，故而说"穿凿附会之讥固知难免"。但他又非常自信地说，"然于考史论文之业不无一助"，其实是想表明他的史学书写的一个特别做法的。这个特别的做法如果借用伽达默尔的术语，可以概括为真理与方法的问题。简而言之，陈寅恪实际上是想以科学的方法来阐明古典的真理，就其思路而言颇类于王国维晚年提出的"二重证据法"。然而，陈寅恪在以这一做法展开他的论说时也明显地呈现出它的不足。上文已经提到，《桃花源记旁证》虽然以考证为主，但在考证部分结束之后，陈寅恪笔锋一转，探讨了对《桃花源记并诗》之寓意的理解，而上文也已经说明，陈寅恪对《桃花源记并诗》之寓意的理解对于他写作《桃花源记旁证》发挥了主导性的作用。如果桃花源有何寓意比桃花源是否实有更为重要，那么，这其实意味着，在最根本的理解上，陈寅恪并不求助于考证，而是求助于诠释。他只是在部分论说的方式上诉诸考证而已。

与这个真理与方法的问题相关的另一个例子，是自述私淑于陈寅恪的唐长孺写的《读〈桃花源记旁证〉质疑》。这篇文章作于陈寅恪完成《桃花源记旁证》二十余年后。按照唐长孺的理解与概括，"陈先生所论证的专在'纪实'部分。文中从避难入山推到坞保组织，又从坞保推到'檀山坞'和'皇天源'。又以'皇天源'所在地的阌乡即古之桃林而推到桃花源"[1]。唐长孺的主要看法是认为"桃花源的故事本是南方的一种传说，这种传说晋、宋之间流行于荆湘，陶渊明根据所闻加以理想化，写成了'桃花源记'"[2]。所以在文中他首先针对陈寅恪的几个推论提出质疑，认为陈寅恪的立论"缺乏足够的证据"，然后同样"钩索旧籍，取当日时事及年月地理之记载"，说明陶渊明可能根据当时流行的一个传说写作了

---

[1] 唐长孺：《魏晋南北朝史论丛续编》，生活·读书·新知三联书店，1959年，第163页。
[2] 唐长孺：《魏晋南北朝史论丛续编》，第164页。这种传说论与梁启超所提出的以《桃花源记》为"唐以前第一篇小说"的看法是一致的。

《桃花源记》。到此为止,唐长孺的论说步步不离考证的方法:一方面是质疑陈寅恪原来的考证有漏洞,一方面是重新考证类似于桃花源的传说流行于晋宋之间。但在文章的后半部分,即在考证的部分结束之后,唐长孺也是笔锋一转,提出陈寅恪从史书上找出来的那些避难入山的集团不可能有《桃花源记》里所描述的那种理想的田园生活:"我们知道当时避兵不管入山或是流移他乡通常都是由宗族乡里中的首领统率的,集团中间一开始就包含着两个对立的阶级。……我们可以承认豪强统率下的集团既然是以宗族、乡里组成,所以也可能带有一定程度的公社色彩。……可是我们必须指出存在于这种集团中的另外一个更重要的因素。宗族、乡里组织纵然带有残余的公社性质,但是既然为其中的豪强(通常是官僚)所统率,这个豪强就必然要利用现存的组织为自己服务……纵使在短期间公社残余发挥了一些作用,但终于要走回原来发展的道路,即是成员的封建化。……因此,如"桃花源记"所述的那种没有剥削的生活,那种'虽有父子无君臣'的秩序是和那时常见的避兵集团的坞壁生活很不相同的。"[1]

毋庸赘言,唐长孺写作此文的一个主导性的先见是以阶级斗争为主调的马克思主义社会发展史观,因而在他的笔下,《桃花源记》里描述的那种田园生活是"氏族

---

[1] 唐长孺:《魏晋南北朝史论丛续编》,第172—174页。

公社残余"的表现，而陈寅恪从史书中发掘出来的坞壁生活集团仍以两个对立的阶级为基本结构。[1]这就是说，虽然唐长孺此文也是以考证为主，但在对桃花源的根本理解上，并不是也不可能依赖于考证；而且，虽然唐长孺写了这样一篇考证文章表明他事先已经接受了桃花源实有说，但他的这一持论与陈寅恪所赞同的、由苏轼提出的桃花源实有说已经相去甚远。在陈寅恪那里，考证的方法最终服务于田园生活这个理想的古典真理；而在唐长孺那里，考证的方法最终服务于阶级斗争这个现实的政治真理。这种对比一方面显示出现代人文学如果要以接引古典教化传统为主旨的话，则必须警惕方法的霸道而应直接关注真理。另一方面也显示出现代人文学在接引古典教化传统时所面临的困境：或者方法变得与真理无关，最终放弃真理；或者方法变成一个排斥阀，最终废黜真理。[2]

总而言之，陈寅恪为了展开自己对《桃花源记并诗》

---

[1] 唐长孺之所以强调《桃花源记》取材于蛮族的故事，也是因为他认为蛮族的社会发展阶段正是氏族公社末期："蛮族的社会发展阶段虽然我们知道得不多，大致还逗留在氏族公社末期，他们内部已经出现了世袭的氏族贵族，但没有显著的奴隶生产制，内部的阶级矛盾也是不显著的。蛮族人民当然要受自己贵族的剥削和压迫，但这不是主要的，主要的压迫来自外部的各皇朝统治者。"唐长孺：《魏晋南北朝史论丛续编》，第170页。
[2] 就前一个方面而言，伽达默尔有很大的贡献；就后一个方面而言，伽达默尔缺乏自觉。

之寓意的理解而采取的论说策略是：通过考证论证桃花源实有说，通过对陶渊明其他诗文的诠释并结合陶渊明的传记资料来说明《桃花源记并诗》之寓意主要在耻事二姓；在配合以新材料的情况下，严格区分《桃花源记》中寓意之部分与纪实之部分，从而使实有说与寓意说两得无碍。这一论说策略直接决定了文章的布局：先交代写作的界限与方法；然后明确考证部分的任务，并展开考证；考证完毕关键性地点出寓意；最后论及前人理解之长短以提示写作动机，并再一次重申写作方法。就其意图而言，这一论说策略可谓一箭三雕。其一，如果论说成功，可以捍卫他所赞同的、由苏轼提出的桃花源实有说。其二，如果论说成功，在一定意义上也可以维护他对《桃花源记并诗》之寓意的理解。上文已经提到，对耻事二姓说的一个重要反驳是根据《桃花源记》中"无论魏晋"一语推出陶渊明在此作中并未有意表达守晋节之心，而陈寅恪在对《桃花源记》的文本进行明确区分时是以"不知有汉，无论魏晋"等语为将寓意之部分与纪实之部分牵合于一的点缀之语。这实际上是淡化乃至取消了"无论魏晋"等语的语义力量，从而将针对耻事二姓说的这个反驳意见消除了。其三，由于刘骥之入山采药的故事中有"仙林方药"的记载，所以，指出《桃花源记》部分取材于这个故事在一定意义和一定程度上也对神仙说的产生做出了某种具有文献证据的解释。

余 论

儒教隐逸主义的另一种可能性

陶渊明年轻时服膺儒教,也想成就一番事业,后来在动荡不安的政治现实中选择归隐。在此过程中,他被迫思考了一个至关重要的历史哲学问题,即大道沦丧的问题。就陶渊明所动用的思想资源而言,他的道丧论主要来自《庄子》和《论语》中所记载的隐者的立场。隐者与儒者的相同处主要在于二者都高度认可父子一伦,或者说二者都认可家庭对于人类生活的本真性意义,不同处主要在于隐者不认可君臣一伦而儒者相反,或者说隐者不认为政治对于人类生活具有本真性意义而儒者相反,这一点我们在引言中已经做过一个简要的说明。但将这一思想差异关联于历史哲学,背后仍有深刻、复杂的理论问题有待进一步展开。此处我们就儒教的道丧论历史哲学及其背后可能涉及的理论问题做一脉络性的探索。

将陶渊明的思想归宿笼统地定位在隐者与儒者之间,这自然是正确的,但仅仅这么说显然还不够明晰。以隐者与儒者的关系而论，对于陶渊明的思想定位我们可以分析出三种可能的理解：一种是认为隐者与儒者构成了陶渊明思想中的一个主要张力，而陶渊明自己未能很好地解决这个张力；另一种是认为陶渊明最终的思想归宿在隐者，但儒者是他一直念念不忘的精神记忆；还有一种是认为陶渊明自始至终都是儒者而不是隐者，他的归隐选择完全能够在儒学内部的义理中得到恰当的理解。第一种理解显然是错误的，因为陶渊明显然充分直面了隐者与儒者之间的思想张力，并对这种思想张力提出了明确的解决方式，因而在思想归宿上他有非常明确的指向。[1]具体来说，这一指向不仅隐含地表现在他在《饮酒》组诗中对子路问津故事的改写中，也明确地表现在他在《桃花源记并诗》中对于有父子无君臣的社会理想的向往之中。而这也就是说，第二种理解才是正解。

至于第三种理解，其实就是我们在引言中分析过的逸民说。而在真德秀之后，明、清以来的大多数陶渊明解读者都倾向于这种理解。[2]第三种理解虽然并不切

---

[1] 朱自清说陶渊明"泽于道家者深，泽于儒家者浅"，可以说是说对了一半，其实应当说陶渊明"泽于道家者深，泽于儒家者亦深"才对。引文见朱自清：《陶渊明年谱中之问题》，收入王质等撰，许逸民校辑：《陶渊明年谱》，第269页。

[2] 如明人黄文焕《陶诗析义》自序曰："古今尊陶，统归平淡；以平淡概陶，陶不得见也。析之以炼字炼章，字字奇奥，分合隐现，险峭多端，斯陶之手眼出矣。钟嵘品陶，徒曰隐逸之宗；以隐逸蔽陶，陶又不得见也。析之以忧时念乱，思扶晋衰，思抗晋禅，经济热肠，语藏本末，（转下页）

合实际,但我们能够顺着这种理解提出一个新的问题,即,儒门内的隐者何以可能?或者说,儒教隐逸主义(Confucian Hermeticism)何以可能?[1] 按照我们在引言中分析过的隐者与儒者的区别,儒教隐逸主义就是一个矛盾修辞(oxymoron),因为二者在是否认可君臣一伦的问题上针锋相对。不过,既然服膺儒教的人也有可能选择隐逸,那么,思考儒教隐逸主义的可能性就是正当的。如果说儒教经典中的逸民或后世所说的遗民也能够放在儒教隐逸主义这一范畴下来理解,那么,需要说明的是,我们这里所指向的是一种从理论上来说更为根本的、与历史哲学问题密切相关的另一种儒教隐逸主义,甚至是

(接上页)涌若海立,屹若剑飞,斯陶之心胆出矣。若夫理学标宗,圣贤自任,重华、孔子,耿耿不忘,六籍无亲,悠悠生叹,汉、魏诸诗,谁及此解?斯则靖节之品位,竟当俎豆于孔庑之间,弥久而弥高者也。"见《陶渊明资料汇编》上册,第152页。又如清人吴淇《六朝选诗定论》曰:"《诗三百篇》,作者不必尽圣贤之徒,而圣贤之徒为多,而周公尤为拔萃。故删《诗》十仅存一,而周公无逸诗。六朝诗,其作者圣贤之徒甚少,相类者止陶靖节一人,其所为诗每合乎圣贤之道。使夫子生六朝之后,其于诸人之诗,诚未知其取舍,若靖节之诗,必多所存。惜《选》主词不主意,所取者少耳。靖节之人,圣贤之人也,其言纯乎圣贤之言。唐以后,合乎圣贤之言者,惟杜少陵而已。然靖节之诗,全是'己欲立而立人,己欲达而达人';少陵之诗,正是'老者安之,朋友信之,少者怀之'之意。世人谓少陵每饭不忘君,少陵虽遭丧乱,而继立者犹是唐家,故其词显著。靖节独当易姓之际,更有难于言者,观入宋以后诗,以甲子纪年,何尝一刻忘君哉。"见《陶渊明资料汇编》上册,第179—180页。

[1] 这里使用"隐逸主义"一词,沿用了魏晋以降将"隐逸"作为一个范畴的惯例,而不是指隐者与逸民的合称。

一种直接蕴含于儒教信仰中的隐逸主义。更具体一点说，如何看待孔子之后或秦以后的历史时段，这是儒教历史哲学必须回答的一个问题，而对这一问题的回答能否开展出一种内在于儒教信仰的隐逸主义主张，才是我们此处所关心的问题。

清人钟秀在《陶靖节纪事诗品》中已经明确提出了"儒隐"（Confucian Hermit）的概念，让我们先来分析一下他的这一看法。钟秀首先指出，陶渊明虽然也是隐者，但他"全一身之乐，未尝忘一世之忧"，因而不同于"僻隐之流"或"孤隐之流"：

> 知有身而不知有世者，僻隐之流也，其乐也隘；知有我而不知有物者，孤隐之流也，其乐也浅。惟陶公则全一身之乐，未尝忘一世之忧，如《饮酒》第二十是也。晋人放达，非庄即老，独元亮抗志大圣，寄慨硕儒，于天命民彝之大，世道人心之变，未尝漠然于怀，其所以快饮者，亦不得已之极思耳。……有晋一代，知尊孔子者，元亮一人而已，此岂孤僻一流人所能望其项背者哉！[1]

然后他就明确指出，陶渊明堪称三代以后的"儒隐"：

---

[1] 见《陶渊明资料汇编》上册、第243—244页。

> 后人云晋人一味狂放,陶公有忧勤处,有安分处,有自任处。秀谓陶公所以异于晋人者,全在有人我一体之量,其不流于楚狂处,全在有及时自勉之心。……若后世所称,不过如宋景濂所云,竹溪逸民,戴青霞冠,披白鹿裘,不复与尘事接;所居近大溪,篁竹翛翛然;当明月高照,水光潋滟,共月争清辉,辄腰短箫,乘小舫,荡漾空明中。箫声挟秋气为豪,直入无际,宛转若龙吟深泓,绝可听。此得隐之皮貌,未得隐之精神,得隐之地位,未得隐之情性。似此一味作快乐,不知有世,不知有物,天地间亦何赖有此人乎?三代而后,可称儒隐者,舍陶公其谁与归……[1]

钟秀对陶渊明思想的定位大体上还是宋以来逐渐流行的"耻事二姓"说,但他从乐天与忧时两个层面解读陶渊明的心境,颇有慧识,而他在品评陶渊明的人格特质时拈出的"儒隐"概念,也颇有新意。[2] 如前所述,"耻事二姓"说对应于儒教经典中的"逸民"概念或后世所谓的

---

[1] 见《陶渊明资料汇编》上册,第244—245页。
[2] 钟秀还说:"元亮先生为晋遗民,不以仕为嫌,不以隐为高雅,有无可无不可本领,即其临流赋诗,见山忘言,旨趣高旷,未尝拘于境地。"见《陶渊明资料汇编》上册,第240页。另,从乐天与忧时两个层面概括中国文化的特质,见何兰芳:《乐天与忧时——中国文化特质再探》,载《北方论丛》,2022年第6期。

儒教隐逸主义的另一种可能性 | 285

"遗民"概念，而这并不是对陶渊明思想归宿的恰当定位。不过，亦如前所述，我们在此想要进一步探讨的问题是"儒隐"这个概念不同于儒教经典中的"逸民"与后世所谓的"遗民"的另一种可能性。更直接地说，如果一个儒教服膺者基于大道沦丧的历史意识能够将隐逸作为一种合乎其信仰的理性选择，那么，从儒教信仰内部来看，"儒隐"或"儒教隐逸主义"就是成立的，就不是矛盾修辞。

再换一个角度来说，陶渊明的道丧论主要来自《庄子》和《论语》中所记载的隐者的立场，而我们现在想要思考的问题则是，某种版本的道丧论是否或能否存在于儒教内部的义理之中？在分析陶渊明的道丧论时我们其实已经比较性地指出了孔子及其弟子关于"道不行"的断言，且已经说明，孔子及其弟子虽然有"道不行"的断言，但作为儒教的创立者他们在大多数时候仍然相信通过政教的努力能够在很大程度上改善乃至转化这个充满着种种问题的现实世界。不过，仅限于《论语》中孔子及其弟子关于"道不行"的断言并停留在这个地步上讨论这个问题可能是不够的，另一处值得重视的文献是《春秋公羊传》所记载的发生在孔子晚年的西狩获麟事件：

西狩获麟。孔子曰："吾道穷矣。"

至少从修辞上讲,"道穷"与"道不行"有明显的不同。"道不行"可能是说在当下的状况中道不行,而"穷"有"穷尽""完结"的意思,于是"道穷"就不是指一般意义上的"道不行",而是指道趋向于穷尽或完结。[1]不难看到,这么理解的"道穷"就和"道丧"在语义上基本相同了。如果说《公羊传》的这一记载表达了儒教内部的道丧论,那么,又该如何理解这种道丧论呢?首先可以明确的是,这种儒教内部的道丧论不同于陶渊明所理解的道丧论。陶渊明的道丧论是指自然之道的沦丧,是将历史刻画为由人的心智的逐渐运用而引发的人与万物的本性逐渐被遮蔽的过程,而且孔子在这一过程中被厘定为恢复自然之道的最后努力。相反,儒教所谓道,则是指圣王之道,关联于自然则是指圣王发挥人文的力量来成全自然之道。于是,儒教内部的道丧论必然是指圣王之道的沦丧。在此我们或许能够想到程颐《明道先生墓表》的话:"周公没,圣人之道不行;孟轲死,圣人之学不传。道不行,百世无善治;学不传,千载无真儒。无善治,士犹得以明夫善治之道,以淑诸人,以传诸后;无真儒,天下贸贸焉莫知所之,人欲肆而天理灭矣。"[2]而后来朱子在与陈亮的辩论中则将程颐的这种历史意识做了更为清晰的发挥:"尧、舜、三王、周公、孔子所传之

---

[1] 当然也不能简单地将这句话理解为孔子觉得自己快要离开这个世界了。
[2]《明道先生墓表》,收入程颢、程颐著,王孝鱼点校:《二程集》,第640页。

道,未尝一日得行于天地之间。"[1]

程颐的话里隐含着一个意思,圣王之道在周公之后就终结了,而孔子开创的圣人之学是对圣王之道的继承,但并不是一种直接意义上的继承。如果将这里的"圣人之学"置换为"圣人之教",那么,我们就可以说,程颐的话里所表达的历史意识也隐含着儒教成立的根据,即,圣王之道丧而圣人之教立,或更简单地表述为,王道丧而儒教立,或更干脆地表述为,道丧而教立。必须指出的是,道丧而教立并不仅仅是宋儒的信念,比如欧阳修说"由三代而上,治出于一,而礼乐达于天下;由三代而下,治出于二,而礼乐为虚名"[2],其实也是以礼乐之虚实来刻画道丧而教立这一重大历史转变。章学诚说:"三代以上,官师合一,治教无二;三代以下,官师分职,治教分途。"又说:"盖君师分而治教不能合于一,气数之出于天者也。周公集治统之成,而孔子明立教之极。"[3]其实也是从治统与教统的关系来刻画道丧而教立这一重大历史转变。

圣王之道沦丧是圣人之教挺立的前提,这可能是一个很多人从未深思过的重要看法。圣王之道凝聚于礼乐,

---

[1] 朱熹:《答陈同甫》,收入朱熹撰,朱杰人、严佐之、刘永翔主编:《朱子全书》第21册,第1583页。
[2] 欧阳修、宋祁撰:《新唐书·志第一·礼乐一》,中华书局,1975年,第307页。
[3] 章学诚著,叶瑛校注:《文史通义校注》,中华书局,1985年,第122页。

礼乐至周公而大备。孔子生于礼坏乐崩之际，周游列国，欲复周公之道，失败后定六经以立教。由此可见，孔子立教正是应对大道沦丧的行动，因而也是对大道沦丧的彻底宣告。而这也就意味着，服膺孔子之教本身就隐含着对大道沦丧的承认。不过对于大道沦丧的问题，过去儒门缺乏深入的思考，我们在此参照《庄子》中的道衰论，对此一问题做一简要分析。

孔子曾说："道之将行也与，命也；道之将废也与，命也。"这是将道之不行归诸命运的作用。道就是宇宙生成与化育的过程。如果认定宇宙初创之始是一个完美的开端，正如我们曾经思考过的，存在一个完美的宇宙原初秩序，那么，就需要解释作为道之不行的原因的命运何以可能。[1]从宇宙生成与化育的过程来看，这里的"命运"特指种种偶然的导致事物脱离其本然秩序的力量，即孟子所谓的"非正命"。[2]而从作为道之开端的完美的宇宙原初秩序到道之不行，意味着恶的因素严重地影响了宇宙化育的过程，于是就需要解释恶的起源问题。而且很显然，只有解释了恶的起源问题，才能解释作为道之不行的原因的"非正命"何以可能。

孟子曾说："牛山之木尝美矣，以其郊于大国也，斧

---

[1] 关于完美的宇宙原初秩序，参见我在《极高明与道中庸：补正沃格林对中国文明的秩序哲学分析》一书中的思考。
[2] 孟子曰："莫非命也，顺受其正。是故知命者不立乎岩墙之下。尽其道而死者，正命也。桎梏死者，非正命也。"（《孟子·尽心上》）

斤伐之,可以为美乎?是其日夜之所息,雨露之所润,非无萌蘖之生焉,牛羊又从而牧之,是以若彼濯濯也。人见其濯濯也,以为未尝有材焉,此岂山之性也哉?虽存乎人者,岂无仁义之心哉?其所以放其良心者,亦犹斧斤之于木也,旦旦而伐之,可以为美乎?其日夜之所息,平旦之气,其好恶与人相近也者几希,则其旦昼之所为,有梏亡之矣。梏之反覆,则其夜气不足以存;夜气不足以存,则其违禽兽不远矣。人见其禽兽也,而以为未尝有才焉者,是岂人之情也哉?故苟得其养,无物不长;苟失其养,无物不消。孔子曰:'操则存,舍则亡;出入无时,莫知其乡。'惟心之谓与?"又说:"仁,人心也;义,人路也。舍其路而弗由,放其心而不知求,哀哉!人有鸡犬放,则知求之;有放心而不知求。学问之道无他,求其放心而已矣。"(《孟子·告子上》)可见从根本上说,仁义之心为人所本具,此之谓本心或良心;而恶的起源正在于本心或良心的放失。更具体一点说,"操则存,舍则亡"是心的特点,这意味着人的本心可能持存也可能放失。本心的持存意味着人接通天地之心,故而趋向于善;本心的放失意味着人背离天地之心,故而趋向于恶,这就是孟子对恶的起源的一个可能的回答。

也不难想到,由本心的放失所导致的恶对宇宙化育过程的影响是全方位的,或者说既包括对人事的影响也包括对自然的影响。就对人事的影响而言,政治上的恶是至关重要的。这当然是由政治的特殊性所决定的。政治会影响到每个人的生活，尤其是在一个政治体中处于牵一发动全身的特殊地位的君主，其本心的持存与放失会通过感应而对民心、民性产生很大影响，如陆贾所言："尧舜之民，可比屋而封；桀纣之民，可比屋而诛。"政治上的恶会导致民性堕落，民性堕落又会助长政治上的恶。如此恶性循环，则每况愈下，积重难返，乃至于对自然也会产生严重的影响。关于政治对自然的影响，古典儒学的一个典型的看法可以简明地表达为：善政生善气，善气出祥瑞；恶政生恶气，恶气出灾异。由此可见，本心的放失亦是"非正命"得以可能的根本原因，无论这里的"非正命"是指人事领域的还是指自然领域的。

那么，我们能否设想一个民性彻底堕落的历史时刻呢？无疑，这样的历史时刻意味着人的至善本性被完全遮蔽。孟子说人性本善，其中的"人性"是一个形而上的概念；而"民性"则是一个历史概念，是指具体历史时段中实际的人性状况。此处人性与民性的区分类似于或对应于宋儒所言天命之性与气质之性的区分。天命之性是指人的本然之性，是纯然至善的，气质之性则是指天命之性落入气质之中，会因气质的清明与驳杂而呈现出刚柔与善恶的不同面向。既然气质的清明与驳杂来自于一代代的累积，那么，"气质"就可以被理解为一个历史概念。而这就意味着气质之性的概念与民性的概念比较接近了。要说二者的不同，则气质之性的概念与天命之性的概念相对而言，侧重的仍是每个个体所禀有的人性,而民性的概念与人性概念相对而言,侧重的是某一个时代的人民实际的人性状况。

一个民性彻底堕落的历史时刻是否只是我们理论上的推导与设想,而从未在儒教历史上被思考过呢?看起来是如此。不过,既然我们正是从儒教内部的道丧论出发才引出民性堕落的主题,那么,不难想到,一个民性彻底堕落的时刻也正是大道彻底沦丧的时刻。从这一点上说,民性的彻底堕落正是对大道沦丧的一个有效解释。大道沦丧从政治的角度上说就是王道政治的终结。王道政治的终结意味着民众的本然善性已无法通过政治的手段被激发出来,原有的感应机制已难以发挥作用,而这正是因为民性的彻底堕落,或者说是因为民众的本然善性被彻底遮蔽。[1]因此,就政治上的恶与民性堕落之间所形成的恶性循环而言,民性的彻底堕落意味着在无教的情况下圣王之治不再可能。

民性的彻底堕落意味着圣王之治不再可能,由此引发的重大历史后果就是一种划时代的政治沉沦,此即秦政的出现。陶渊明诗文中出现的避秦主题背后即是对这种划时代的政治沉沦的批判性思考,只不过他的这种批判性思考是基于老、庄思想而非孔、孟思想。在如何看待秦政的问题上,道家立场与儒教立场虽然有重要的不

---

[1] 性恶论的出现即意味着民众的本然善性被彻底遮蔽,由此我们可以定位荀子思想的意义。此处不及详细展开。

同，但在基本倾向上仍有关键的一致之处。这一点我们恰恰可以通过简单地比较陶渊明与朱子的历史哲学而清晰地看到。前面我们已经引用过朱子的话："尧、舜、三王、周公、孔子所传之道，未尝一日得行于天地之间。"这个观点自然也意味着对秦以后的历史的一种评判，即朱子在与陈亮讨论汉、唐时所说的，汉、唐不过是秦政的延续，不过是在秦政的基础上"架漏牵补，过了时日"而已。而陶渊明则认为孔子汲汲于恢复羲、农时代才有的真淳，孔子之后大道彻底沦丧，乃至狂秦出现；至于汉，虽有传经者的殷勤努力亦无补于事，而魏、晋更不足论，此即《桃花源记》中"不知有汉，无论魏晋"一句的政治寓意所在。由此可见，陶渊明和朱子都认为，秦政的出现意味着一种划时代的政治沉沦，意味着历史的一个堕落性的根本转折，尽管他们对于历史的评判标准并不相同。[1]

一个儒教服膺者如果对王道政治的终结有着充分的认识，那么，面对秦以来的沉沦化的政治，他会有何种态度呢？在回答这个问题之前，让我们再次回到我们在引言中已经做过一个简单分析的《论语》中所记载的孔

---

[1] 在《圣王史识中的绝对民主制时代》一文中，我发挥程、朱的历史哲学将上古到三代的历史称为"道治时代"，而将秦已降的历史——包括我们现在所谓的现代——称为"法持时代"。在我看来，这才是内在于儒教经典义理的历史哲学，其倾向显然与现代以来的历史哲学迥然不同。该文收入洪涛主编：《复旦政治哲学评论》第十二辑，上海人民出版社，2020年。

子针对逸民所说的话。在阐述了逸民的三种不同类型后，孔子说："我则异于是，无可无不可。"对于孔子这句自我表白的话，朱子引用孟子描述孔子时所说的"可以仕则仕，可以止则止，可以久则久，可以速则速"来解释，这当然是正确的，但这句话的深层含义仍有待进一步阐明。程树德在解释此句时引用了清人郑虎文《吞松阁集》中的一段话：

> 若论出处之道，子与逸民原不得异。逸民不忘世原与孔子同，特本领则大异，使出而得行其道，则如孟子所谓皆能以朝诸侯有天下者不异也。使不出，则逸而民之已耳。盖逸民可治一世，不可治万世。若孔子遇，则尧舜文武且复出矣；不出，则即以尧舜文武治万世。是出亦可，处亦可，所谓无可无不可者，当作如此解。则故未尝逸，未尝民也，直尧舜文武万世矣。故文王既殁，文不在兹乎，此孔子以道统自任也，其辞显。此章孔子以治统自任也，其辞隐。[1]

对于"无可无不可"这句孔子自我表白的话，郑虎文通过分析孔子与逸民的同与异给出了一个明确的解释。孟子在与弟子公孙丑的对话中曾论及孔子与伯夷的同与异，

---

[1] 程树德撰：《论语集释》第四册，第1286页。

这是郑虎文理解孔子与逸民的同与异的重要依据。因此，要真正理解郑虎文的这个解释，必须关联于孟子与公孙丑的这段对话：

> 曰："伯夷、伊尹何如？"曰："不同道。非其君不事，非其民不使，治则进，乱则退，伯夷也。何事非君，何使非民，治亦进，乱亦进，伊尹也。可以仕则仕，可以止则止，可以久则久，可以速则速，孔子也。皆古圣人也，吾未能有行焉。乃所愿，则学孔子也。""伯夷、伊尹于孔子，若是班乎？"曰："否。自有生民以来，未有孔子也。"曰："然则有同与？"曰："有。得百里之地而君之，皆能以朝诸侯有天下。行一不义、杀一不辜而得天下，皆不为也。是则同。"曰："敢问其所以异？"曰："宰我、子贡、有若智足以知圣人。污，不至阿其所好。宰我曰：'以予观于夫子，贤于尧舜远矣。'子贡曰：'见其礼而知其政，闻其乐而知其德。由百世之后，等百世之王，莫之能违也。自生民以来，未有夫子也。'有若曰：'岂惟民哉？麒麟之于走兽，凤凰之于飞鸟，太山之于丘垤，河海之于行潦，类也。圣人之于民，亦类也。出于其类，拔乎其萃，自生民以来，未有盛于孔子也。'"（《孟子·公孙丑上》）

郑虎文指出，孔子与逸民皆不忘世，这一点当然毋庸置疑。他又认为，对于出处之道，孔子亦与逸民无异。其实按照孟子所说伊尹与伯夷"不同道"，一个"何事非君"，一个"非其君不事"，而孔子对于伊尹和伯夷皆高度赞扬，很难说孔子在出处之道上就与逸民完全无异。孔子说自己"无可无不可"，看起来既不同于伯夷，也不同于伊尹。那么，这究竟是一种什么样的态度呢？郑虎文认为逸民可治一世，不可治万世，而孔子可治一世，亦可治万世。很明显，"逸民可治一世"的观点正来自孟子论伯夷、伊尹与孔子之同："得百里之地而君之，皆能以朝诸侯有天下。行一不义、杀一不辜而得天下，皆不为也。"而"孔子可治万世"的看法，正是为公羊家所极力阐发的孔子素王说。基于以上认识，郑虎文认为，孔子说自己"无可无不可"，意思是说自己"出亦可，处亦可"。很明显，这一看法背后的理解正是认为孔子出则可治一世，不出则可治万世。郑虎文最后认为，孔子"无可无不可"的自我表白其实是孔子"以治统自任"的表现，只不过在表达上比较隐晦而已。说孔子"以治统自任"，即是说孔子欲治万世，故而对于治一世采取"无可无不可"的态度。

分析到这里，我们就有可能更为深入地领会孔子"无可无不可"的自我表白背后到底是一种什么样的政治态度了。直观地看，孔子"无可无不可"的自我表白可能意味着，对孔子来说，出仕不出仕似乎已经不那么重要了。而之所以如此，从消极的方面看可能是因为孔子深知圣王之道已经终结，过去的礼乐政刑已无法真正发挥作用，因此像他年轻时那样汲汲于得君行道已不再能够奏效；从积极的方面看则可能是因为孔子此时已然确定了立教化以治万世的目标，从而治一世已不再是他的核心关切。[1]换句话说，孔子所处的时代已然不同于伊尹所处的时代，对孔子以及孔子之后的儒者来说，单纯的"志伊尹之所志"已然是一个无法实现理想的选择。而像伯夷那样的逸民"非其君不事"，表现的本来是其高风亮节，但在大道沦丧的时代，反而有了一种更独特的意义，因为对于行道而言，政治已然不再是直接有效的途径。但这并不是说孔子因为大道沦丧的历史意识从而在政治上倒向了与逸民完全一样的态度。孔子针对逸民而说"我则异于是"，当然是在说自己与逸民的差异。因此，关键是如何理解孔子自己所认为的他与逸民的差异。对于孔子而言，他定六经以立教化，欲为万世开太平，本身就包含着超越政治的面向。而且，如果教化的权重超过了政治，那么，政治就成为一个可以出也可以入的领域。

那么，孔子出入政治的方式是什么呢？此处将孔门弟子及孟子以孔子为至圣的看法与公羊家所极力阐发的以孔子为素王的看法结合起来，我们就能够说，孔子

---

[1] 此处所谓"教化"，显然已不是传统圣王之道中的礼乐政刑之教，而是涵盖了身、家、国、天下等全部生活领域的德教。

首先作为至圣，为教化之主，其次作为素王，为虚拟之君。[1]以出入政治而言，此即是说，孔子出则为教主，入则为拟君。正是由于孔子为至圣，为教主，又可以为素王，可以为拟君，所以他才能够说"无可无不可"。就此而言，上引孟子与公孙丑的对话中，孟子"乃所愿，则学孔子"的自我表白也颇值得玩味。孟子先说伯夷与伊尹"不同道"，一个"非其君不事"，一个"何事非君"，又说孔子"可以仕则仕，可以止则止，可以久则久，可以速则速"，意思是孔子超越了伯夷与伊尹，然后说自己"乃所愿，则学孔子"，这显然意味着他并未在出处问题上完全站在伊尹一边——当然他也不会站在伯夷一边。而在之后的对话中孟子就引出了孔门弟子对孔子的看法：宰我认为孔子"贤于尧舜"，子贡和有若认为孔子"生民未有"。这当然都是认为孔子为至圣。而我们也不难推知，素王说是以至圣说为前提的。

那么，对于孔子之后服膺孔子所立教化的信仰者来说，素王说意味着什么呢？说孔子可治万世，其实是说孔子所立教化具有永恒的价值，在任何时代都可有补于世道人心。"治万世"的说法虽然与"治一世"一样使用了政治语言，其实其含义远远超出了政治。如果一定要将"治万世"的说法落实于政治，那就只能有一种途径，

---

[1] 此处所谓"虚拟之君"，显然不同于康有为从英国政治体制中概括出来的"虚君"，故我们简称为"拟君"。

即以孔子为素王。此即是说，在圣王之道业已终结的时代，或者说在遭遇了暴秦那样的历史性政治沉沦之后的法持时代，政治生活唯一的希望就是以孔子为素王。而对于服膺儒教的信仰者来说，以孔子为至圣素王的信念会导致一种政治态度，即，只愿做孔子之民，或者说，只愿孔子为君。这种政治态度自然会导致一种对现实政治的逃逸态度，即面对任何现实政治都有理由说"非其君不事"，除非现实政治承认孔子为至圣素王。甚而至于，即使现实政治承认孔子为至圣素王，儒教信仰者仍然有隐逸的理由，既然现实政治终究是沉沦化的政治。[1]

推论至此，一种内在于儒教信仰的隐逸主义就呼之欲出了。概而言之，对于儒教信仰者来说，面对沉沦化的现实政治，隐逸主义之所以是一种合理的主张和选择，是因为隐逸者基于孔子为至圣素王的信念而只愿做孔子之民，只愿孔子为君。既然这种内在于儒教信仰的隐逸主义仍遵循了"非其君不事"的实践推理逻辑，那么，我们就可以将这种内在于儒教信仰的隐逸主义信念称为儒教信仰者的逸民意识。不过，需要指出的是，这种逸民意识不同于《论语》中所记载的伯夷等人的传统的逸民意识，因为其所指向的"君"并不是现实政治中

---

[1] 需要指出的是，这么说并不意味着儒教信仰者对于现实政治完全否定。一个儒教信仰者也是处于一个现实政治中的人。如果说前一个身份激发他只愿做孔子之民，那么，后一个身份则要求他承担现实政治中的责任。

的"君",而是作为素王或拟君的孔子。换言之,这是一种紧密关联于以孔子为至圣素王的儒教信念的超越的逸民意识,而我们或许能够在孔子"无可无不可"的自我表白中看出些许蛛丝马迹。

参考文献

一、陶渊明研究著作

北京大学北京师范大学中文系、北京大学中文系文学史教研室编:《陶渊明资料汇编》上、下册,中华书局,1962年。

戴建业:《澄明之境——陶渊明新论》,华中师范大学出版社,1998年。

邓安生:《陶渊明新探》,文津出版社,1995年。

陶渊明著,丁福保笺注,郭潇、施心源整理:《陶渊明诗笺注》,华东师范大学出版社,2017年。

古直:《层冰堂五种·层冰文略续编》,台湾编译馆中华丛书编审委员会,1984年。

龚斌:《陶渊明年谱考辨》,江西人民出版社,2018年。

陶渊明著,龚斌校笺:《陶渊明集校笺(修订本)》,上海古籍出版社,2019年。

龚斌:《南山的真意:龚斌说陶渊明》,上海古籍出版社,2023年。

梁启超:《陶渊明》,商务印书馆,1929年。

刘奕:《诚与真:陶渊明考论》,上海古籍出版社,2023年。

陶渊明著,逯钦立校注:《陶渊明集》,中华书局,2018年。

逯钦立:《陶渊明年谱稿》,收入氏著:《逯钦立文存》,中华书局,2010年。

孟二冬:《陶渊明集译注及研究》,昆仑出版社,2008年。

齐益寿:《黄菊东篱耀古今——陶渊明其人其诗散论》,台湾大学出版中心,2016年。

陶潜撰,汤汉注:《宋刊陶靖节先生诗注》影印版,中国书店,2021年。

陶渊明著,陶澍注,龚斌点校:《陶渊明全集》,上海古籍出版社,2015年。

王叔岷:《陶渊明诗笺证稿》,中华书局,2007年。

王瑶编注:《陶渊明集》,人民文学出版社,1956年。

王质等撰,许逸民校辑:《陶渊明年谱》,中华书局,1986年。

温汝能:《陶诗汇评》,新文丰出版公司,1980年。

陶潜著,杨勇校笺:《陶渊明集校笺》,上海古籍出版社,2007年。

叶嘉莹:《叶嘉莹说陶渊明饮酒及拟古诗》,中华书局,2015年。

袁行霈:《陶渊明集笺注》,中华书局,2003年。

二、陶渊明研究论文

陈寅恪:《陶渊明之思想与清谈之关系》,收入氏著:《金明馆丛稿初编》,生活·读书·新知三联书店,2001年。

陈寅恪:《桃花源记旁证》,收入氏著:《金明馆丛稿初编》,生活·读书·新知三联书店,2001年。

范子烨:《"游目汉庭中":陶渊明与扬雄之关系发微———以〈饮酒〉其五为中心》,载《四川师范大学学报(社会科学版)》,2013年第2期。

逯钦立:《〈形影神〉诗与东晋之佛道思想》,收入氏著:《逯钦立文存》,中华书局,2010年。

唐长孺:《读〈桃花源记旁证〉质疑》,收入氏著:《魏晋南北朝史论丛续编》,生活·读书·新知三联书店,1959年。

徐声扬:《〈形影神〉主旨探究》,载《九江师专学报(哲学社会科学版)》,1987年第3期。

朱自清:《陶诗的深度》,收入朱自清著,朱乔森编:《朱自清全集》第三卷,江苏教育出版社,1988年。

三、其他著作

班固著,颜师古注:《汉书》第七册,中华书局,1962年。

程颢、程颐著,王孝鱼点校:《二程集》,中华书局,2004年。

程树德撰:《论语集释》,中华书局,1990年。

陈寅恪：《寒柳堂集》，上海古籍出版社，1980年。

顾炎武著，黄汝成集释，栾保群、吕宗力校点：《日知录集释（全校本）》，上海古籍出版社，2006年。

郭庆藩撰，王孝鱼点校：《庄子集释》，中华书局，2016年。

李小荣：《〈弘明集〉〈广弘明集〉述论稿》，巴蜀书社，2005年。

刘咸炘：《太史公知意》，收入刘咸炘著，黄曙辉编校：《刘咸炘学术论集（史学编）》下册，广西师范大学出版社，2007年。

韩愈著，刘真伦、岳珍校注：《韩愈文集汇校笺注》第三册，中华书局，2010年。

逯钦立：《逯钦立文存》，中华书局，2010年版。

欧阳修、宋祁撰：《新唐书·志第一·礼乐一》，中华书局，1975年。

钱穆：《论语新解》，九州出版社，2011年。

钱锺书：《管锥编》第一册，中华书局，1986年。

阮元校刻：《十三经注疏》，中华书局，1980年。

僧祐撰，李小荣校笺：《弘明集校笺》，上海古籍出版社，2013年。

沈德潜：《古诗源》，中华书局，2006年。

沈约撰：《宋书》，中华书局，1974年。

司马迁撰，裴骃集解，司马贞索隐，张守节正义：《史记》第七册，中华书局，1982年。

唐开韶、胡焯编纂，刘静、应国斌校点：《桃花源志略》，岳麓书社，2008年。

唐文明：《极高明与道中庸：补正沃格林对中国文明的秩序哲学分析》，生活·读书·新知三联书店，2023年。

王子今：《千秋太史公：司马迁的史学与人类学》，书海出版社，2018年。

章学诚著、叶瑛校注：《文史通义校注》，中华书局，1985年。

赵顺孙：《四书纂疏·论语纂疏》下册，文史哲出版社，1986年。

朱熹撰，朱杰人、严佐之、刘永翔主编：《朱子全书》，上海古籍出版社、安徽教育出版社，2010年。

四、其他论文

贺麟:《王船山的历史哲学》,收入氏著:《文化与人生》,商务印书馆,2006年。

何兰芳:《乐天与忧时——中国文化特质再探》,载《北方论丛》,2022年第6期。

李幸玲:《六朝神灭不灭论与佛教轮回主体之研究》,收入《台湾师范大学国文研究所集刊》第三十九号,台湾师范大学国文研究所,1995年。

刘咸炘:《臣道》,收入刘咸炘著,黄曙辉编校:《刘咸炘学术论集(哲学编)》中册,广西师范大学出版社,2010年。

唐文明:《治统与教统》,收入氏著:《近忧:文化政治与中国的未来》,华东师范大学出版社,2010年。

唐文明:《圣王史识中的绝对民主制时代》,收入洪涛主编:《复旦政治哲学评论》第十二辑,上海人民出版社,2020年。

余英时:《道统与政统之间》,收入氏著:《士与中国文化》,上海人民出版社,1987年。

后 记

在中国,大概只要上过小学的人都知道陶渊明,而喜欢陶渊明对普通的中国人来说也是一件很自然、很平常的事。我开始有意识地读陶,大约是从1998年秋季起。有一天我偶然看到王安石的诗《桃源行》,其中"虽有父子无君臣"一句,让我一下子明白了桃花源的社会秩序。当时我刚硕士毕业,继续在北大攻读博士学位,人伦问题正是我关注的一个焦点,所以对于这样的诗句特别敏感。从此之后,我有空时就会翻翻陶集,并不是带着一个研究者的心态,而是纯粹出于兴趣随意地翻阅,在自己的意念中有时仅仅是在想要打发无聊或是为了逃避虚无感时才想起来去读陶,或如梁启超所说,"读陶集自娱"。《桃花源记》自然是我一开始时读得最多的一篇——那时我才惊讶地得知,陶渊明其实还写了一首《桃花源诗》,与《桃花源记》合在一起称为《桃花源记并诗》。我着迷于陶渊明这篇作品的寓意,于是除了一些流行的注本，也会找一些研究文章来读，从中感受到的乐趣颇多。

等到我将自己对《桃花源记并诗》的阅读体会写成文章时已经是2011年了。我之所以认为值得写出来，主要的关切还在人伦问题。我那时的思考主题其实可以概括为"桃花源与现代性"。试想，如果我们接受现代社会废除君臣之伦的基本立场，而又认为父子之伦应当保留，那么，我们所期望的理想的现代社会秩序——有父子无君臣——不就与桃花源的社会秩序一样了吗？因此，我将桃花源的社会秩序关联于传统儒家的人伦关切，从隐者与儒者的区别与联系切入对这篇作品的解读。接受贡华南教授的约稿，我这篇题为《隐者的生活志向与儒者的政治关切——对〈桃花源记并诗〉的解读与阐发》的文章最终发表在杨国荣教授主编的《思想与文化》第十一辑（华东师范大学出版社，2011年）。在收入本书时，我对该文做了一些修改，主标题也改为《虽有父子无君臣》。

《形影神》组诗也很早因其浓郁的哲学意味引起了我的注意。形神关系是魏晋时期中国哲学的一个重要主题，尤其关联于佛教思想在中国的开展。对此问题我本没有特别的兴趣，但在多次读过这篇作品后，阅读时产生的一些理解上的疑问深深地吸引了我。比如说，"形"代表肉身，"神"代表灵魂，那么，"影"代表什么呢？又比如说，《形赠影》中说"谓人最灵智，独复不如兹"，似乎是一方面说人为万物之灵，另一方面又说人不如草木,这如何讲得通?再比如说,"立善常所欣,谁当为汝誉"究竟该如何理解?当然,最大的疑问还是如何理解原诗序文中提到的"神辨自然以释之",换言之,陶渊明究竟持什么样的自然观呢?在阅读了陈寅恪、逯钦立等人的相关研究文章之后,我并没有涣然冰释之感。理解的过程其实就是不断品味、不断欣赏的过程。直到我意识到陈寅恪错误地将陶渊明判定为神灭论者从而错误地将他作为范缜的先驱时,我才对"纵浪大化中"这一名句有了更深入的理解;而对慧远报应思想的研读最终让我明白了陶渊明所说的"神辨自然以释之"究竟是什么意思。2021年冬,我写完了解读《形影神》组诗的《渴望不朽与纵浪大化》一文,该文随后发表于《中国儒学》第十八辑(中国社会科学出版社,2022年)。在收入本书时,我对该文也做了一些修改。

在体会《桃花源记》中"乃不知有汉,无论魏晋"一句的寓意时,我已经意识到《饮酒》其二十表达了陶渊明独特的历史哲学,于是萌生了解读《饮酒》组诗的念头。《饮酒》组诗一共二十首,是陶渊明组诗中最长的,研究起来难度也更大。我从叶嘉莹对《饮酒》组诗的解读看起,结合一些注本和研究资料,很快就了解了前人对此组诗的主要看法,但对于其中很多理解上的难点,仍是不甚了了。直到2024年春季学期,我才开始动手写作解读这篇作品的《自真风告逝,大伪斯兴》一文。我的做法是首先确定这篇作品的写作背景和文本结构。

从对其九的解读中，可以确定这篇作品是陶渊明在义熙末不受朝廷征召时所写。根据二十首诗各自所表达的意思的重要程度与关键程度，我认为这二十首诗可分为五节，每节四首，且每节各有一个主旨，而五节又构成一个总的主旨。写作此文的快乐程度远远超出了我的预想，尤其是对这二十首诗中的孔子形象的深度分析，让我常常生出"我才是陶渊明的知音"的真切感受。另外，值得一提的是在此书的余论部分，我以"儒教隐逸主义的另一种可能性"为题，探究了一个之前我已经注意过的儒学主题：在道治时代终结之后的法持时代，儒门信徒是否可能或是否应当持有一种超越的逸民意识？对这个问题以及由此引申出的一系列问题，我在此书余论部分的探讨还仅仅是一个开始，而背后的关切却非常现实，且非常重要。另外需要说明的是，应刘梦溪先生约稿，我将《自真风告逝，大伪斯兴》一篇中解读《伯夷列传》的一小节以《从〈伯夷列传〉看司马迁的天道论与教化论》为题发表于《中国文化》2024年秋季号。

　　三篇论文的排列并未按照我的写作次序，而是按照陶渊明的三篇作品的写作次序，因此书的副标题"陶渊明精神世界中的自然、历史与社会"也反映了对这个次序的理解。主标题《隐逸之间》也是我斟酌再三确定下来的，或许能够恰当地反映陶渊明思想的变化与内在张力。尽管在思想上有很大关联，但作为解读陶渊明的三篇作品的三篇论文，它们是可以独立成篇的。读者可以根据自己的兴趣选择阅读。当然，如果想对陶渊明的思想有一个整体的认识，那么，三篇论文就都应该读，因为自然、历史与社会这三者对于理解陶渊明的思想来说都是至关重要的。

在我进入陶渊明研究的过程中，有一天我突然意识到现代以来的陶渊明研究与清华的密切关系。梁启超、陈寅恪、朱自清，这三位任教清华的学术大家，都在现代以来的陶渊明研究领域有着重要的贡献，而我在我的研究中实际上一直在与他们对话。后来还有毕业于清华哲学系的李长之先生，也写过研究陶渊明的专著；毕业于清华中文系的王瑶先生，也是陶渊明研究专家。甚至在现代以来的陶渊明研究中颇有建树的逯钦立先生，本来就读于北京大学哲学系、中文系，毕业于西南联合大学，从其自述中也可以发现，他的治学深受闻一多、朱自清、陈寅恪等清华学人的影响。[1]尽管对这一现象做更深度的解释并不容易找到切实而鲜明的证据，但我相信，在那个以革命为主调的年代里，清华学人对陶渊明表现出强烈的兴趣，一定与清华从一开始就形成的以"通古今之变，会中西之异"为宗旨的独特学风有密切关系。换言之，当整个华北都放不下一张平静的书桌时，清华园还是给陶渊明留下了一个位置——这样的理解甚至有

---

[1] 李思清、逯弘捷编：《逯钦立先生年谱初稿》，收入逯钦立：《逯钦立文存》，第850页及以下。

一天让我产生了一个幻觉,感觉陶渊明的魂一直在清华园的上空游荡。

还有一件事必须记下。正当我计划将这三篇论文合在一起变成一本小书时,我看到了我儿子唐泽培在他的语文课上的一篇作文《初读老子》。在这篇作文中,他写道:"老子自己的观点里也说明了,万事万物都是要与其对立面共同产生作用的,那么老子的出世的哲学也必将与一种入世的哲学相配合,儒家的哲学便再好不过了。在社会关系中,以儒家思想来修德成才,使能为可用;不为用,则知不能使人必用己。在自己能主宰的事上,以儒家的积极入世的态度进取;在自己无法控制的事上,以道家出世的态度自逍遥。"他在写作这篇作文时刚刚克服了一次思想上的挫折,所以当我看到他在作文中表达出来的那种儒道互补的生活信念时,心里感到一阵欣慰。于是我告诉他,我正在准备完成一本关于陶渊明思想的小书,而陶渊明的思想在某种意义上也可以说是儒道互补。于是我也告诉他,我要将我正在写作的这本书作为他十八岁的生日礼物送给他。现在这本书完稿了,我的这个愿望即将实现,我的心里又是一阵欣慰。

唐文明
于北京市海淀区学清苑止而巽斋
孔元2576年8月19日